高职高专汽车专业"十三五"规划教材

汽车文化

第2版

主　编　姚美红　林忠玲
副主编　李小燕　唐　馨
　　　　周建军　贺　鸿

机械工业出版社

本书精要地介绍了汽车的诞生与发展、汽车基础知识、世界著名汽车品牌、汽车名人、名车欣赏、汽车造型和色彩、汽车运动、汽车与社会、汽车时尚和现代汽车科技等方面的内容，包括汽车的过去、现在和未来，汽车技术的发展，汽车名人的奋斗历程，并穿插有企业文化、小知识和拓展阅读，既能扩大知识面，又能启迪智慧和对未来的思考，肯定会让你更深层次地认识汽车、热爱汽车。书中配有二维码，扫描可见拓展知识；选用教材者送课件及视频。

本书图文并茂，内容丰富新颖，可作为大中专院校汽车相关专业的教材和非汽车专业学生素质教育的公共选修课教材，也是广大汽车爱好者的理想读物。

图书在版编目（CIP）数据

汽车文化／姚美红，林忠玲主编 .—2 版 .—北京：机械工业出版社，2018.8（2021.9 重印）
高职高专汽车专业"十三五"规划教材
ISBN 978-7-111-60400-6

Ⅰ．①汽⋯ Ⅱ．①姚⋯ ②林⋯ Ⅲ．①汽车－文化－高等职业教育－教材 Ⅳ．①U46－05

中国版本图书馆 CIP 数据核字（2018）第 150194 号

机械工业出版社（北京市百万庄大街 22 号 邮政编码 100037）
策划编辑：齐福江 责任编辑：齐福江 於 薇
责任校对：张 力 封面设计：陈 沛
责任印制：常天培
固安县铭成印刷有限公司印刷
2021 年 9 月第 2 版第 4 次印刷
184mm×260mm・12.25 印张・270 千字
6401—7900 册
标准书号：ISBN 978-7-111-60400-6
定价：39.90 元

电话服务 网络服务

客服电话：010-88361066 机 工 官 网：www.cmpbook.com
　　　　　010-88379833 机 工 官 博：weibo.com/cmp1952
　　　　　010-68326294 金 书 网：www.golden-book.com
封底无防伪标均为盗版 机工教育服务网：www.cmpedu.com

前 言

汽车的发明是人类交通史上重要的里程碑。汽车不仅改变了人们的交通方式，也深刻影响着人们的日常生活。汽车工业的发展为社会创造了丰富的物质财富和大量的就业机会，同时，还不断创造出丰富多彩的精神财富，形成了独具特色的汽车文化。本书是机械工业出版社高职高专汽车专业"十三五"规划教材。

汽车文化涵盖的内容非常广泛，从广义上来讲，凡是在汽车发明、设计、生产和使用过程中形成的一切物质财富和精神财富，都称为汽车文化。一般来说，可以将汽车文化分为两大类：一类是汽车本身的技术文化，如汽车的基本类型、编号、构造、行驶原理、基本性能、技术发展等内容，侧重介绍汽车的技术知识；另一类是汽车人文文化，包括汽车发展史、企业文化、品牌文化、名人文化、美学文化、制度文化、时尚文化等内容，侧重介绍汽车的精神内涵。

本书从汽车文化的宝库中汲取灵感，从不同侧面向读者展示了汽车文化的丰富内涵，系统介绍了汽车的诞生与发展、汽车基础知识、世界著名汽车品牌、汽车名人、名车欣赏、汽车造型和色彩、汽车运动、汽车与社会、汽车时尚、现代汽车科技等有关汽车文化的知识。

本书图文并茂，内容丰富新颖、生动有趣、通俗易懂，在书中相关部分二维码，扫码可见相关内容的电子资源。本书可作为大中专院校汽车相关专业的教材和非汽车专业学生进行素质教育的公共选修课教材，同时也是广大汽车爱好者的理想读物。

本书由姚美红、林忠玲主编，李小燕、唐馨、周建军、贺鸿任副主编，参加编写的人员有王春燕、田忠民、储明、刘福华、宋爱民、康杰、彭国平、王俊雄、陈敬渊、秦文福等。在编写过程中，鲁东大学张震海同学做了大量视频

处理工作,在此表示感谢。同时,我们参阅了大量的文献和资料,在此也向这些文献和资料的原作者们表示感谢。

对选作教材的学校送课件及视频资料,申请邮箱:1243186996@qq.com。

由于编者水平所限,书中难免有错误和不足之处,敬请专家和读者批评指正。

编　者

目 录 Contents

前 言

第一章 汽车的诞生与发展 …… 1
第一节 自动车辆的探索 …… 1
第二节 汽车的诞生 …… 5
第三节 汽车技术发展的六个里程碑 …… 9
第四节 世界汽车工业发展史 …… 15
第五节 中国汽车工业发展史 …… 18
思考题 …… 22

第二章 汽车基础知识 …… 23
第一节 汽车的定义 …… 23
第二节 四冲程内燃机的基本结构和工作原理 …… 24
第三节 汽车的基本构造 …… 27
第四节 汽车行驶基本原理与使用性能 …… 34
第五节 汽车的分类 …… 36
思考题 …… 40

第三章 世界著名汽车品牌 …… 41
第一节 德国汽车公司及车标 …… 41
第二节 美国汽车公司及车标 …… 47
第三节 法国汽车公司及车标 …… 52
第四节 意大利汽车公司及车标 …… 54
第五节 英国汽车公司及车标 …… 56
第六节 日本汽车公司及车标 …… 59

第七节 其他国家著名汽车公司及车标 …… 65
第八节 中国著名汽车公司及车标 …… 68
思考题 …… 75

第四章 汽车名人 …… 76
第一节 欧洲的汽车奇才 …… 76
第二节 美国的汽车人杰 …… 79
第三节 日本的汽车精英 …… 84
第四节 中国的汽车名家 …… 86
思考题 …… 88

第五章 名车欣赏 …… 89
第一节 各国名车与历史文化 …… 89
第二节 老爷车 …… 91
第三节 现代超级跑车 …… 95
第四节 未来的概念车 …… 98
思考题 …… 103

第六章 汽车造型和色彩 …… 104
第一节 汽车外形的发展 …… 104
第二节 影响汽车造型的因素 …… 111
第三节 现代汽车的造型设计 …… 112
第四节 汽车色彩 …… 117
思考题 …… 119

第七章 汽车运动 …… 120
第一节 汽车运动概述 …… 120

第二节　汽车运动的分类 …………… 122
第三节　汽车运动的魅力 …………… 128
第四节　中国汽车运动 ……………… 129
思考题 …………………………………… 132

第八章　汽车与社会 …………… 133

第一节　汽车与环境 ………………… 133
第二节　汽车与能源 ………………… 136
第三节　汽车与交通 ………………… 137
第四节　汽车研发制造与相关
　　　　产业 ……………………… 142
思考题 …………………………………… 150

第九章　汽车时尚 ……………… 151

第一节　汽车俱乐部 ………………… 151

第二节　汽车展览会 ………………… 153
第三节　汽车与媒体 ………………… 157
第四节　汽车收藏 …………………… 160
第五节　汽车礼仪 …………………… 162
第六节　汽车命名 …………………… 165
思考题 …………………………………… 168

第十章　现代汽车科技 ………… 169

第一节　发动机和底盘新技术 ……… 170
第二节　安全新技术 ………………… 172
第三节　节能环保新技术 …………… 181
第四节　汽车新材料 ………………… 185
思考题 …………………………………… 187

第一章 汽车的诞生与发展

> **学习目标**
> 1. 了解自动车辆的探索过程。
> 2. 熟悉奔驰一号汽车与戴姆勒一号汽车的发明过程。
> 3. 掌握汽车技术发展的六个里程碑及技术特点。
> 4. 了解世界汽车工业和中国汽车工业发展史。

汽车作为人类 100 多年来最伟大的发明之一,是人们不懈追求的产物,从车轮、畜力车、蒸汽机、内燃机、真正意义上的汽车到现在飞奔在公路上的速度与美的精灵,都是集体智慧和劳动的结晶。

追寻汽车的足迹,让我们看到了文明的演进,看到了由技术驱动的社会变革,看到了人类永不停止的创新和探索。汽车为人类带来了激情,实现了梦想,带来了工业生产方式的革新,也影响着国家经济的命运兴衰。

第一节 自动车辆的探索

一、从滑动到滚动

1. 橇的发明

公元前 4000 年左右,人们学着把东西放在木制的架子上,用马或牛在前面拖拉,发明了最初的运输工具——橇。这样,人们用滑动实现了运输方式的第一次飞跃。

2. 轮的发明

公元前 3000 年左右,人们从野草被风吹得在地上滚动的现象中得到启发,把圆木、滚石等放在重物的下面,使托运重物轻松了很多,这就是原始的轮。

3. 车轮的发明

轮子的直径越来越大。后来,人们对实心轮加以改进,轮子逐步演变为用辐条支承轮辋的车轮。这样,人们从滑动到滚动,实现了运输方式的第二次飞跃。

二、车的发明与发展

1. 车的发明

我国早在公元前约 2600 年的黄帝时期，就已经普遍使用两轮车了。在中国古代神话中，有黄帝造车之说，故黄帝又号称轩辕氏。轩是古代一种有围棚的车，辕是车的基本构件。

2. 车的早期发展

最初的车都是由人力推动的，称为人力车。后来，人们开始用牛、马拉车，称为畜力车。夏初大禹时期（公元前 2000 多年），就已经专门设立了管理和制造车辆的官员——车正。商代（公元前 1600 年），已经能制造出相当高级的两轮车了，采用辐条做车轮，外形结构精致华美。西周时期（公元前 771 年），马车已经很盛行了。春秋战国时期（公元前 770—公元前 221 年），各诸侯国之间战争频繁，马车便纳入了战争的行列，而且成为代表一个国家强盛的极明显标志。秦始皇统一中国后，为了更好地实现全国政治、经济、文化的统一，大力发展国家车马大道（驿道），开始形成以咸阳为中心的陆路交通网。陕西临潼秦始皇帝陵出土的战车式样（图 1-1）代表了 2000 年前车辆的制造水平。

3. 国外马车的发展

公元 13 世纪左右，中国的马车制造技术通过丝绸之路和海路传到了欧洲。16 世纪的欧洲大量发展了双轴四轮马车，这种车有了转向盘，出现了活动车门和封闭式结构，在车身和车轴之间实现了弹簧连接，使乘坐的人感觉更为舒适。随着马车技术的进一步发展，马车的用途进一步扩展。1829 年，英国伦敦出现了第一辆马拉式公共马车，这是最早的城市公交车（图 1-2）。

图 1-1　2000 年前的秦始皇兵马俑战车

图 1-2　1829 年英国伦敦的城市公交车

三、形形色色的自动车

1420 年，英国人制造出一种滑轮车（图 1-3）。1465 年，意大利人巴尔丘里奥设计了风力推进车。1600 年，荷兰人西蒙·斯蒂芬发明了双桅风帆车（图 1-4）。1630 年，法国人汉斯·赫丘发明了发条车（图 1-5）。以上所谓自动车的尝试，都存在先天不足，均以失败而告终。

图1-3 滑轮车

图1-4 双桅风帆车

图1-5 发条车

四、蒸汽机的发明

17世纪后期,火药的爆发力、蒸汽压力、活塞运动机构等技术和发明纷纷出现。1712年,英国人托马斯·纽科门研制出活塞往复运动压板式蒸汽机。尽管他发明的蒸汽机很不完善(耗煤量大,效率低),但毕竟降低了人们的体力劳动强度,因而在欧洲流行了近60年。

1769年,英国格拉斯戈大学的工人詹姆斯·瓦特(1736—1819)在大量试验的基础上,改进了纽科门蒸汽机,制成了一台单动式蒸汽机,并且获得了第一台蒸汽机(图1-6)的专利权。1782年瓦特又研制成功一种新式双向蒸汽机,并且可以广泛地应用在各种机器上。1788年,英国政府正式授予瓦特制造蒸汽机的专利证书。

蒸汽机的发明掀起了轰轰烈烈的第一次工业革命,为实用汽车的发明创造了必要的条件,并为汽轮机和内燃机的发展奠定了基础。

五、蒸汽机车的诞生

1769年,法国陆军工程师、炮兵大尉尼古拉斯·古诺(1725—1804)用自己天才般的想象力,经过6年的苦心研究,将一台蒸汽机装在了一辆三轮货车上,以蒸汽产生的动力来拖动大炮(图1-7)。

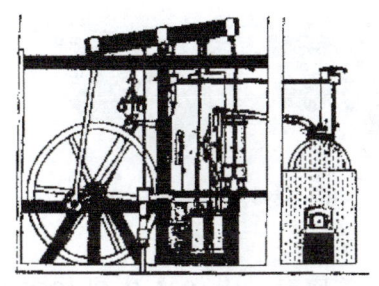
图1-6 1769年瓦特发明的蒸汽机

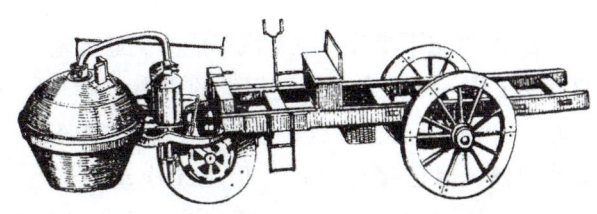
图1-7 第一辆蒸汽汽车

1801年，英国工程师理查德·特雷蒂克制成了能够乘坐8人、车速为9.6km/h的蒸汽汽车（图1-8），试车时锅炉烧毁。

1825年，英国人哥尔斯瓦底·嘉内公爵制造了一辆蒸汽公共汽车。这辆车的发动机装在后部，后轴驱动，前轴转向，可乘坐18人，车速为19km/h，并开始了世界上最初的公共汽车营运（图1-9）。

图1-8　1801年理查德·特雷蒂克研制的蒸汽汽车

图1-9　1825年英国最早的蒸汽公共汽车

然而，用蒸汽机驱动的汽车，锅炉是必需的重要设备，庞大而笨重的锅炉及其所需的固体燃料占据了蒸汽汽车的大部分空间。操纵蒸汽汽车至少需要两个人（一人专门负责烧锅炉）。此外，蒸汽机热效率低、噪声和废气污染等问题，使其在与内燃机的竞争中失败。1923年，美国最后一辆蒸汽汽车出厂。

六、电动汽车

电磁现象的发现、电动机和发电机的发明以及蓄电池的诞生，为电动汽车的问世创造了全部条件。1873年，英国人罗伯特·戴维森制造了世界上最初的电动汽车，其长4.8m、宽1.8m，使用铁、锌、汞合金与硫酸进行反应的一次性电池。之后，人们不断地对电动汽车进行改进。1898年，美国人冉尼纳齐驾驶电动汽车，在法国举行的爬山竞赛中击败了参赛的所有蒸汽汽车和内燃机汽车，引起汽车界对电动车的关注。在1899年的汽车大赛中，蓄电池汽车还创造了时速106km/h的世界车速记录（图1-10）。

图1-10　1899年的蓄电池汽车

在19世纪下半叶，电动汽车成为交通运输的重要工具，因为当时已经问世的内燃机汽车还处于幼稚期，性能不佳，故障多；蒸汽汽车虽然成熟，但已接近尾声。但由于电动汽车一次充电的续驶里程太短，蓄电池的质量和体积都很大等原因，从1935年到1955年间，电动汽车完全在公路上消失，并从此进入了一个"沉睡时代"。

第二节 汽车的诞生

一、汽车诞生的前夜

内燃机是一种动力机械，它是通过使燃料在机器内部燃烧，并将其放出的热能直接转换为动力的热力发动机。内燃机的发明是从往复活塞式机构开始的，使用的燃料有煤气、汽油、柴油等。小型内燃机的发明发展历程见表1-1。

表1-1 小型内燃机的发明发展历程

时间	人物和贡献
1794 年	英国人斯特里特提出从燃料的燃烧中获取动力，并且第一次提出了燃料与空气混合的概念
1801 年	法国人勒本提出煤气机工作原理
1824 年	法国工程师萨迪·卡诺在《关于动力及其发生的内燃机考察》一书中揭示了"卡诺循环"的学说
1833 年	英国人赖特提出了直接利用燃烧压力推动活塞做功的设计
1860 年	法国电器工程师莱诺根据英国人斯特里特的混合气理论和法国人勒本的煤气机工作原理，制成用来驱动车辆的实用煤气机，获得法国第 43624 号专利
1861 年	法国的铁路工程师罗夏发表了进气、压缩、做功、排气等容燃烧的四冲程发动机理论，并于 1862 年 1 月 16 日被法国当局授予了专利，但因罗夏拖欠专利费，其专利失效
1866 年	德国工程师尼古拉斯·奥托（图1-11）成功地试制出在动力史上有划时代意义的立式四冲程煤气内燃机。1876 年又试制成了第一台实用的活塞式四冲程内燃机（图1-12），并于 1877 年 8 月 4 日取得了四冲程内燃机的专利。后来，人们一直将四行程循环称为奥托循环。奥托以"内燃机奠基人"的称号载入史册，奥托内燃机的发明为汽车的诞生奠定了基础
1881 年	英国工程师克拉克研制成功第一台二冲程的煤气机，并在巴黎博览会上展出
1883 年	德国的戈特利布·戴姆勒（Daimler）和威廉·迈巴赫改进了奥托的四冲程内燃机，开发了第一台用汽油代替煤气作为燃料的卧式汽油机
1892 年	德国人鲁道夫·狄塞尔（Disel）（图1-13）经过多年潜心研究，提出了压燃式柴油机的理论。1897 年，狄塞尔成功地试制出世界上第一台柴油机。压缩点火式内燃机的问世，引起了世界机械业的极大兴趣，压缩点火式内燃机也以发明者名字而命名为"狄塞尔发动机"
19 世纪 80 年代	通过将近 100 年的努力，小型内燃机终于在技术上取得了突破性进展。正是因为小型内燃机技术上的突破，才为其安装在车辆上创造了条件

图 1-11 尼古拉斯·奥托

图 1-12 1876 年第一台实用活塞式四冲程内燃机

图 1-13　鲁道夫·狄塞尔和柴油发动机

鲁道夫·狄塞尔

小知识：　　　　工作循环和发动机冲程

发动机工作循环（Working Cycle）：活塞式内燃机的工作循环是由进气、压缩、做功、排气等四个工作过程组成的封闭过程。

四冲程（Four-stroke）发动机（图见第二章）：曲轴每旋转两转，活塞上下往复运动四个行程而完成一个工作循环的发动机。

二冲程（Two-stroke）发动机（图1-14）：曲轴每旋转一转，活塞上下往复运动两个行程而完成一个工作循环的发动机。

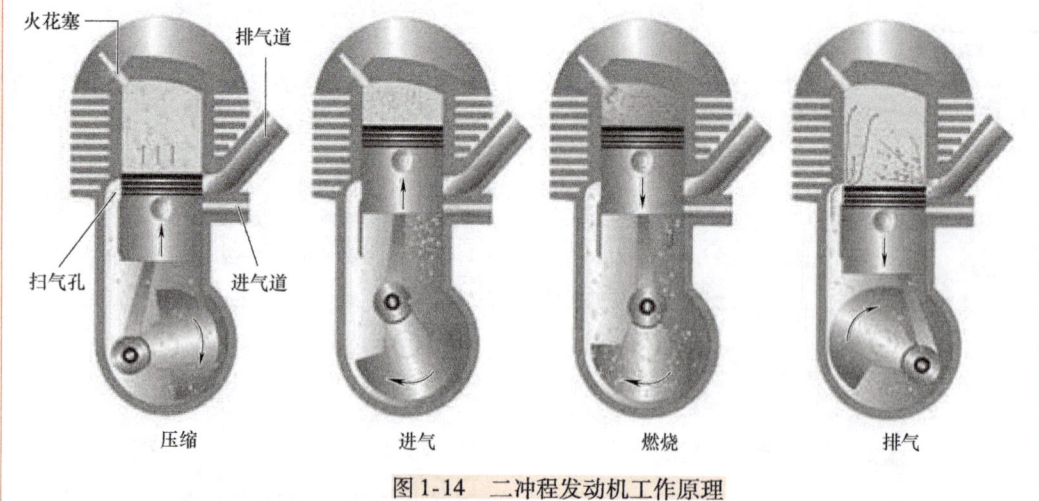

图 1-14　二冲程发动机工作原理

二、奔驰一号汽车的诞生

卡尔·本茨（Karl Benz，1844—1929）被称为"汽车之父"。他从小就表现出过人的动手能力，1866 年他从卡尔斯鲁厄综合科技学校毕业，开始了自己的创业生涯。

最初，卡尔·本茨一直在曼海姆经营气体发动机生意。1878 年，34 岁的本茨曾试制过二冲程煤气发动机，但没有成功。1879 年，本茨终于首次试验成功了一台二冲程发动机。1883 年，本茨创建了奔驰公司和莱茵煤气发动机厂。从 1884 年初到 1885 年 10 月，本茨研制出了单缸汽油发动机，并将其装到一辆三轮车上，这就是世界上公认的第一辆汽车"奔驰一号"（图 1-15）。本茨于 1886 年 1 月 29 日向德国专利局申请了汽车发明专利，注册号是 37435（图 1-16）。

这辆汽车采用的是水冷、单缸、四冲程、排量为 0.9L 的汽油发动机，功率为 0.63kW/(400r/min)，最高速度达 18km/h，装有散热器、蓄电池和点火线圈；靠一根操纵杆控制方向，采用齿轮齿条转向器；动力经齿轮和链条传到后轴，后轴有两个半轴组成，中间装有差速器；装有变速器、制动装置和钢板弹簧悬架。

图 1-15 奔驰一号汽车

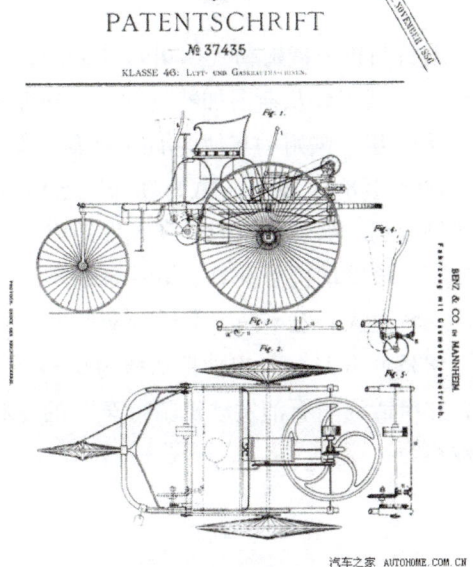

图 1-16 1886 年本茨申请的汽车发明专利的专利证书

拓展阅读

第一位女驾驶人和第一个加油站

1886 年德国的卡尔·本茨制造出世界上第一辆汽车，但由于该车的性能还不完善，发动机工作时噪声很大，而且传递动力的链条常常发生断裂，因而在汽车经过的道路上，人们经常看见的是人推车而不是人坐车。在那个马车的时代，汽车受到人们的嘲笑，被斥为无用的怪物。在关键时刻是他的妻子贝尔塔（图 1-17）支持了他。贝尔塔为了向大众公开她丈夫研究多年的汽车，她和两个儿子于 1888 年驾驶着经过本茨反复改进的汽车从曼海姆出发，途经维斯洛赫添油加水，直驶普福尔茨海姆去探望孩子的祖母，全程 144km。这次历史性的试验为汽车的发展做出了贡献，贝尔塔成为第一个开车的女性，维斯洛赫成为第一个加油站。

图 1-17 第一位女驾驶人贝尔塔

三、戴姆勒一号汽车的诞生

戈特利布·戴姆勒（Gottlieb Daimler，1834—1900）是另一位现代汽车的伟大创始人。1859 年，戴姆勒从斯图加特技术学校毕业，并先后前往法国和英国学习。

1881 年，戴姆勒与他的朋友威廉·迈巴赫合作开办了当时的第一家汽车工厂。

1883 年 8 月 15 日，戴姆勒和迈巴赫制造出了首台戴姆勒卧式发动机，并于 12 月获得了德国专利。随后，他们把卧式发动机改装成尽可能小的立式发动机，于 1885 年 4 月获得专利。该发动机是世界上第一台立式机，戴姆勒把它取名为"立钟"（图 1-18）。它体积小、转速快、效率高，最适合交通工具使用，是后来汽车汽油机和航空汽油机的鼻祖。

1885 年 8 月，戴姆勒将功率为 0.8kW 的"立钟"发动机装到了一辆木制双轮自行车上，并申请到"石油发动机骑行车"的专利，这就是世界上第一辆摩托车。因此，戴姆勒又被称为"摩托车之父"（图 1-19）。

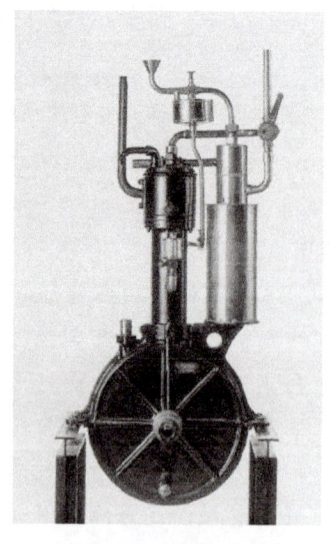

图 1-18 第一部立式发动机"立钟"

图 1-19 戴姆勒和他的第一辆摩托车

1886年，戴姆勒和迈巴赫将一台经过改进的立式汽油发动机安装在为庆祝妻子生日而购买的一辆四轮大马车上，于是被尊称为"戴姆勒一号"的四轮汽车诞生了（图1-20）。这辆汽车采用的是水冷、单缸、四冲程、排量为0.47L的汽油发动机，功率为1.1kW（655r/min），最高速度达17.5km/h。该车装有摩擦式离合器，采用转向杆转向，后轮驱动，车前挂着一盏灯笼用于夜晚照明。

图1-20　1886年的戴姆勒一号汽车

> 戴姆勒与本茨的成功是站在巨人的肩膀上取得的。早在第一辆汽车发明之前，与它相关的许多发明就已经出现了，如充气轮胎、弹簧悬架、内燃机点火装置等。因此，汽车的诞生凝聚了无数人上千年的努力，是许多发明或技术的综合运用，是全人类的共同成果，只不过在此中间，戴姆勒与本茨等一些人的贡献更直接、更明显而已。

第三节　汽车技术发展的六个里程碑

汽车技术已有100多年的历史，有一些独具一格的设计在汽车发展史上占有突出的地位，曾经影响甚至决定了汽车演变的方向。

一、梅赛德斯时代

19世纪末，法国的帕纳尔-勒瓦索公司建立了一种新的汽车传动系统布置方案——帕纳尔系统。

帕纳尔系统的地位是1901年由当时的戴姆勒发动机公司真正确立起来的。当年，戴姆勒公司有一位杰出的汽车推销商，名叫埃米尔·耶利内克（Emil Jellinek），他很喜欢赛车。汽车赛在当时就是一种有效的汽车广告，耶利内克看到了这一点，并用他的那辆奔驰车参加过许多次比赛。但是，他那辆功率为20kW的汽车很难胜过法国的赛车，于是他说服设计师迈巴赫设计出了一种全新型号的汽车，在机械性能及外形上都做了较大的改进。1901年3月，埃米尔·耶利内克用女儿的名字Mercedes（图1-21）作为汽车的牌号登记，参加了"尼扎赛车周"。这种新赛车战胜了所有的对手，一鸣惊人。法国汽车俱乐部的秘书长保罗·梅昂说："我们进入了梅赛德斯时代。"

图1-21　梅赛德斯

小知识：　　　　　　　　**帕纳尔系统**

将发动机装在车前部，通过离合器、变速装置和齿轮传动装置把驱动力传到后轮，这种方案后来被称为"帕纳尔系统"（图1-22）。目前，大多数载货汽车采用这种方案。

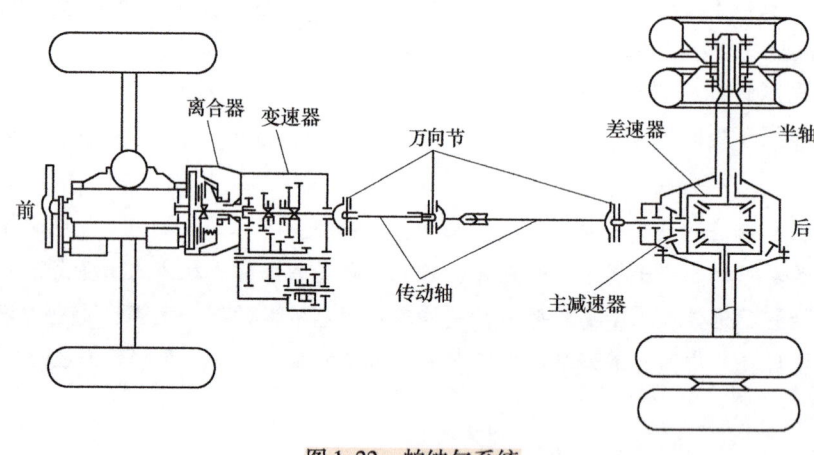

图1-22　帕纳尔系统

拓展阅读

充气轮胎的发明及其在汽车上的应用

1888年英国苏格兰兽医约翰·伯德·邓禄普看到儿子自行车的实心橡胶轮在石头路上颠簸很厉害，他受花园浇花水管的启发，用一根通过活门充气的管子，外面涂上橡胶做保护层，做了一个气胎。这种气胎缠在车轮上，要修补内管的刺孔，必须首先用苯把涂的橡胶泡下来，修好后再涂上橡胶。这种新轮胎一开始受到人们的嘲笑，但他的儿子骑此车参加比赛获得了第一名，于是此项发明开始受到人们的重视。邓禄普为他的发明申请了专利，并放弃了兽医职业，建立了世界上第一家轮胎制造厂，开始生产橡胶轮胎。从1894年起，早期大批量生产的"希尔德布兰德"和"沃尔米勒"牌摩托车正式使用了邓禄普轮胎。1895年，法国人米其林兄弟把1888年发明的自行车充气轮胎经过改良后安装在汽车上，参加巴黎至波尔多的比赛，才出现首辆使用这种轮胎的汽车。

二、福特的T型车时代

1908年10月1日，汽车技术史上树起了第二个里程碑，美国汽车城底特律开始生产福特T型车。它的成功除了改变汽车工业的流水线生产方式之外，还有其先进实用的汽车技术。

第一章　汽车的诞生与发展

亨利·福特的T型汽车（图1-23）是一种没有先例的技术典型。T型汽车装有四缸发动机，功率为14.7kW（1 600r/min），发动机排量为2 884mL，它可以用最低劣的汽油，甚至可以用煤油比例很大的混合油，非常坚固耐用，被描写为只有骨头和肌肉。由T型车推广开来的创新还有许多，如转向盘左置使乘客出入方便；首次将发动机气缸体和曲轴箱做成单一铸件，首次使用可拿掉的气缸盖以利检修；首次大量使用由福特汽车公司自己生产的轻质耐用

图1-23　亨利·福特的T型车（1924年）

的钒钢合金；T型车灵巧的行星齿轮变速器让新手也觉得换档轻松自如。这些技术至今还在应用。

在这一时期，汽车技术的进步还有以下突出表现：
1）1911年利兰公司的凯特林研制成功了电动起动机。
2）汽油中加四乙基铅，降低爆燃燃烧。
3）车轮采用低压轮胎。
4）发明了变速器换档装置——同步器。
5）车身不再都是黑色，杜邦漆的发展使车身颜色日益丰富。

> **拓展阅读**
>
> ### 电动起动机的发明及应用
>
> 　　早期汽车通过手摇曲柄起动发动机。1911年2月17日，查尔斯·凯特林发明的电动起动机试装成功，从此起动汽车再也不需要随时冒着生命危险了。同时，凯迪拉克30型汽车也成为世界上第一辆装配电动起动机的汽车。

三、雪铁龙强盗车时代

1919年，法国企业家安德烈·雪铁龙率先在欧洲实行汽车的流水线生产。1934年3月24日，雪铁龙委托安德烈·勒费弗尔及其助手莫里斯·圣蒂拉制造成功了一款名叫7A的前驱动汽车。该车将前轮驱动、承载式车身、通过扭杆实现单轮减振、液压制动等技术集中在一辆汽车上，并且是成批生产。这种汽车具有结构紧凑、质量轻、底板高度低、高速行驶操纵稳定性好等优点，其设计方案即使在60多年后的今天也没有过时。在许多警匪电影中，这种车由于性能可靠而被用作逃跑的车辆，被人称为成功的"强盗车"。这种车只在个别地方做了一些小修改，连续生产了25年。雪铁龙的7A前驱汽车在法国树起了汽车史上的第三个里程碑。

在这一时期，汽车技术的进步还有以下突出表现：
1）液压制动系统的发明。

2）汽车减振性能的提高。

3）1939 年，奥兹莫比尔汽车公司发明了自动变速器。

四、甲壳虫汽车的神话

1933 年德国的保时捷博士设计了一种类似甲壳虫外形的汽车（图 1-24）。1938 年，大众推出了经过进一步改型的 38 系列车型，它装载的空冷、直列、4 缸、排量为 986mL 的发动机，能输出 17.65kW 的功率，车重 750kg。这款坚实且具有与众不同外形的车，就是甲壳虫汽车的鼻祖。由于第二次世界大战的原因，甲壳虫汽车直到 1949 年才真正大批量生产，并以一种车型累计生产超过 2 000 万辆的记录畅销世界各地。

图 1-24　甲壳虫汽车

甲壳虫汽车在全球成功的原因除了市场状况十分有利（大众汽车厂是在全世界汽车紧缺的时候生产民用汽车的）以及较好的售后服务和配件供应外，还有其技术方面的优势：

1）波尔舍最大限度地发挥了甲壳虫汽车的长处，改善了汽车的空气动力性。

2）甲壳虫汽车精致的加工工艺（不讲究豪华）、可靠的装备（结实耐用）、低廉的价格、较低的维修费用是成功的最重要因素。

在这一时期，汽车技术的进步还在钢丝子午线轮胎、盘式制动器、前后轮独立悬架、燃油喷射技术和奔驰的涡轮增压柴油机方面有突出的表现。

拓展阅读

子午线轮胎的发明及特点

1946 年，法国米其林轮胎公司试制生产了全世界第一个子午线轮胎。子午线轮胎的帘线与胎体中心线呈 90°角，像地球子午线排列，因此称为子午线轮胎（Radial tires）。子午线轮胎具有滚动阻力小、使用寿命长、降低油耗 3%～8%、缓冲性能好、负荷能力较大、散热性能好、可适应高温、能够高速行驶等优点，应用越来越广泛。

子午线轮胎

拓展阅读

麦弗逊式独立悬架的发明

1934 年，麦弗逊（图 1-25）主持 Cadet 项目，设计出一种全新悬架方式：将减振器和弹簧合二为一，单独安装在车轮前轴，这就是麦弗逊独立悬架（图 1-26）。1947 年，麦弗逊加入福特公司。福特公司于 1949 年推出的 Vedette 车型，成为世界上第一款搭载麦弗逊前独立悬架的车型。

图 1-25　麦弗逊

图 1-26　麦弗逊式独立悬架

五、摩擦时代

随着汽车工业的发展，汽车保有量越来越多，随之出现能源消耗、交通事故、排放污染等问题，各国相继出台一系列节能、安全、排放方面的法规。各汽车厂家为了争夺市场，在汽车的节能、安全、排放等技术方面下大功夫。节能方面采用电喷发动机；安全方面在汽车上加装安全装置（ABS、安全气囊、安全防护网等）；环保方面在汽车上加装排气净化装置等（三元催化转化器、排气再循环系统 EGR、曲轴箱通风等）。但是，一方面的改善可能对另一方面有影响，如加装了排气再循环 EGR，可能影响发动机的经济性和动力性；再如，加装了安全装置就增加了汽车的自重，从而导致油耗的增加。这样，节能、安全、排放三者之间的相互摩擦引发了一个时代的产生。

在这个时代，日本以其大量研制生产的安全、牢固、节油、廉价的小型汽车异军突起，超过了一直以生产豪华汽车为主的欧美国家，在 1980 年坐上了汽车王国的宝座。

拓展阅读

转子发动机及发明人

弗里斯·汪克尔（Felix Wankel，1902—1988），德国工程师，被誉为"转子发动机之父"（图1-27a）。

1924 年，汪克尔在海德堡建立了自己的公司，他花了大量的时间在那里进行转子发动机的研制。1929 年取得第一个转子发动机专利。1954 年，汪克尔在 NSU 公司研制成功第一台转子发动机（图1-27b）。1958 年，美国柯蒂斯-莱特公司与汪克尔所在的德国 NSU 公司合作研究，使发动机结构变得更简单、合理，体积、重量和零件数量减少一半以上，运转平稳、振动小、排放低，并于 1959 年经过寿命试验后获得成功。

a) b)

图1-27 弗里斯·汪克尔及日产的转子发动机

1960年，第一辆装有转子发动机的轿车在NSU公司问世。1964年，NSU公司和雪铁龙在日内瓦组建合资企业COMOBIL公司，首次把转子发动机装在轿车上成为正式产品。不过转子发动机的大量应用不在德国，而在日本。1967年，日本东洋工业公司（现马自达汽车公司）购买了汪克尔转子发动机的专利，解决了一些技术问题，并将其装在马自达轿车上开始成批生产。

六、智能化网络化时代

进入20世纪90年代，节能、安全、环保仍然是汽车业高度重视的课题。

在节能方面，扩大塑料、铝合金、镁合金等高强度、轻质材料的应用，解决汽车轻量化问题，改善汽车结构，设计风阻系数小的汽车外形。

在安全方面，开发应用主动安全装置（ABS、ASR、EBD、ESP、智能灯光系统、自动驾驶系统等）、被动安全装置（安全气囊、安全转向柱、安全玻璃等）、防盗装置等。

在环保方面，为了实施欧洲Ⅳ、Ⅴ号排放控制标准，除采用动力集成控制系统、多气门和后处理装置外，越来越多的车型采用涡轮增压、中冷直喷技术。各公司大力开发双燃料或双动力系统汽车，对电动汽车的研究也投入了更多的资金和人力。

上述三个方面的进步依赖于汽车技术的智能化、网络化。智能化是在车身各部位装上各类传感器，犹如千里眼、顺风耳，能提供各类所需的信息，由车载控制单元（ECU）对运行状况进行调控，如汽车卫星定位系统、交通诱导系统、汽车夜视系统、空气悬架避振系统、车距报警系统、汽车防抱死制动系统（ABS）和防侧滑（ASR）制动系统、汽车燃油喷射系统（EFI）等。网络化是传统汽车与现代信息技术高度结合的产品，汽车上各大系统的高度整合是网络汽车最显著的特征。

第四节 世界汽车工业发展史

一、流水线生成方式——汽车工业的开始

美国汽车大王亨利·福特（Henry Ford）为世界汽车工业的形成做出了突出的贡献。福特于1903年创立了福特（Ford）汽车公司，1908年推出了世界闻名的福特T型车，一直到1927年停产共生产了1500多万辆。

亨利·福特于1913年在福特海兰公园工厂首创的流水装配线，为汽车制造业，乃至整个工业界带来了伟大的变革。因为采用流水作业，装配每辆汽车底盘时间由12h降到1.5h，使汽车成本大降，所产汽车的价格比当时欧洲所生产的汽车便宜了1/3~1/2，一辆车由最初的850美元最终降到了265美元。

1915年，福特一个公司的汽车年产量就占美国汽车公司总产量的70%，而当时生产汽车历史较长的德、英、法等欧洲各国的汽车总产量也不过是美国产量的5%。T型车的出现，使汽车从有钱人的专利品变成了大众化的商品。在长达20年的T型车生产期间，T型车被称为"运载整个世界的工具"。

流水线生产方式是当时先进工业生产技术与管理的典范，为汽车产业及制造业的发展做出了巨大贡献，福特汽车公司因此被誉为"汽车现代化的先驱"。

二、汽车产品多样化时代

第二次世界大战以前，欧洲人就已经开始对美国汽车的一统天下不满。但是，由于当时欧洲的汽车公司尚不能大批量生产和降低售价来与美国汽车公司竞争，于是以新颖的汽车产品，例如发动机前置前驱动、发动机后置后驱动、承载式车身、微型节油车等，尽量适应不同的道路条件及爱好等要求，来与美国汽车公司抗衡。因此，形成了由汽车产品单一型到多样化的变革。针对美国车型单一、体积庞大、油耗高等弱点，欧洲汽车公司开发了多姿多彩的新型车，例如严谨规范的奔驰、宝马，轻盈典雅的法拉利、雪铁龙，雍容华贵的劳斯莱斯、美洲虎，神奇的甲壳虫，风靡全球的"迷你"等车型纷纷亮相。多样化的产品成为最大优势，规模效益也得以实现。

到1966年，欧洲汽车产量突破1000万辆，比1955年产量增长5倍，年均增长率为10.6%，超过北美汽车产量，成为世界第二个汽车工业发展中心。到1973年，欧洲汽车产量提高到1500万辆，世界汽车工业的中心又由美国转回欧洲。

三、丰田精益的生产方式

1933年，丰田纺织厂设立汽车分部，并决定在三年后开始制造汽车。在汽车制造方面，丰田没有多少经验，但聪明的丰田人坚守一个信条——模仿比创造更简单。如果能在模仿的同时给予改进，那就更好。他们认为，首先必须生产安全、牢固、经济、传统的汽车，而不是创新型的产

精益生产

品。1955 年，丰田汽车公司推出一款设计精巧、排量 1.5L 的小轿车，命名为"皇冠 RS"，两年后又以 Toyopet 的名称将其出口到美国。其实该车极为传统，没有使用任何现代技术，但是做得十分精巧，价格也不贵。

20 世纪 60 年代，日本丰田汽车公司探索出独特的、令世界耳目一新的"丰田生产方式"（图 1-28）。它是将生产过程的各个环节联系在一起，组成一个完整体系，并以"精益思想"为根基，以寻求"消除一切浪费，力争尽善尽美"为最佳境界的新的生产经营体系。这一体系从产品计划开始，通过制造的全过程、协作系统的协调一直延伸到用户。它一改以往制造业在大量生产方式体制下的经营思想，以看板方式为代表的"三及时"（在必要的时间—按必要的量—生产必要的产品）作为精髓理念，以"及时生产"（JIT，just in time）（即不断地降低成本、无废品、零库存和无止境的产品更新）为追求目标，因而被理论界称为"精益生产方式"。可以说，这一思想是丰田汽车公司集体智慧的结晶，它由丰田汽车公司普及到日本汽车工业，又从汽车工业扩展到整个制造业，从而将日本推向经济强国之列。

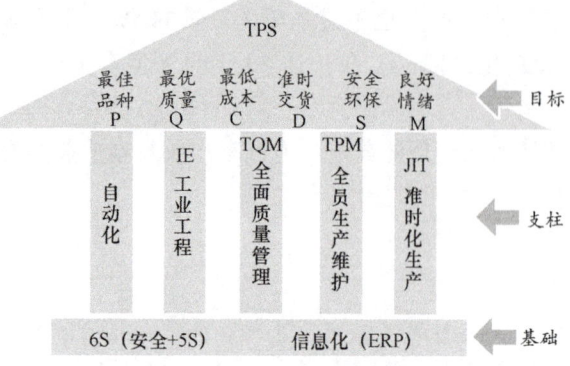

图 1-28 丰田精益之屋

精益生产与丰田生产线的不同

到了 1973 年，日本汽车出口量达到 200 万辆。1977 年，日本汽车出口量达到 400 万辆。1980 年，日本汽车出口量猛增到 600 万辆。日本实现了汽车国内销售量和出口量双高速增长，迎来了日本汽车工业的发展，创造了世界汽车工业发展的奇迹。

四、集团化和国际化时代

进入 20 世纪 90 年代以来，由于全球汽车生产能力过剩普遍达到 30%，而且世界上还在不断地新建汽车企业，加之各国对安全、排放、节能法规日趋严格，产品开发成本、销售成本大幅度提高，许多汽车企业不能适应汽车市场的激烈竞争或者竞争能力很弱，促使汽车工业全球性产业结构调整步伐明显加快，汽车跨国联盟已成为世界汽车工业发展的潮流。许多发达国家的汽车公司通过扩张、合并、兼并等手段，扩大了自身规模，降低了汽车成本，增强了自身竞争力，并为集团公司的进一步扩张、合并和兼并创造了条件。国际汽车工业形成了"6+3"的格局。"6"指通用、福特、戴姆勒·克莱斯勒、大众、丰田、雷诺-日产，"3"指本田、宝马、标致-雪铁龙，其产量已占世界汽车产量 80% 以上。然而，一场金融危机将其加速瓦解，全球汽车产业逐渐形成了"7+2"的格局。"7"指通

第一章　汽车的诞生与发展

用、福特、大众、丰田、标致-雪铁龙、雷诺、菲亚特，"2"指本田和现代起亚。全球汽车产业格局进行大洗牌，全球汽车产业资源将重划。

强强联合使汽车技术、产品和企业国际化的特征更加明显，汽车大企业更具实力和竞争力。汽车企业并购的目的是争夺技术、生产规模的制高点，并且突出核心业务，发展相关多元业务以掌握市场的主动权，发挥规模效益，增强竞争力。在第二次世界大战后，人们普遍认为汽车生产的经济规模在 30 万~40 万辆，但是到了 20 世纪 80 年代，30 万辆是一个工厂的经济规模，而作为一个能够生存的汽车公司，其规模应该在 100 万辆以上。现在，有些学者认为应该是 400 万辆，福特公司研究认为，真正具有全球竞争力的汽车公司，年销量必须超过 500 万辆。

五、发展中国家普及汽车的世纪

在 20 世纪，汽车主要在发达国家普及，随着经济的发展，各发展中国家对汽车的需求不断增多，进而开始汽车普及的进程。因此，21 世纪是发展中国家普及汽车的世纪。

由于发展中国家经济发展水平低，使得人口总数六倍于发达国家的发展中国家具有巨大的汽车潜在需求，发展中国家将成为汽车列强进行势力扩张和全球竞争的新的领域。有些大型汽车公司向发展中国家输出资本和技术，在发展中国家建立分公司或独资、合资企业。随着发展中国家对汽车需求的更大增长，必将进一步推动世界各大汽车公司进入发展中国家，从而导致世界汽车工业进一步向国际化方向发展。

六、超精益汽车生产方式

汽车企业的兼并重组推动了世界汽车生产方式的变化，以全球制造、全球采购、平台战略、模块化生产、通用化生产、当地化生产等为代表，超精益生产方式正在形成。

● **平台战略**——就是以汽车构成中不变的总成和零部件（即看不见的总成和零部件）为基础组成一个平台，在这个平台上再加上可变的总成和零部件（即看得见的总成和零部件），从而在一个平台上能够生产出多品牌、多款式的汽车。一个产品平台必须有 100 万辆的规模支持，而为了占领广泛的市场，一个集团至少要有四个以上的平台。通过平台战略，可缩短产品开发周期，精简生产过程，发挥经济规模效应，改善生产批量结构，提高劳动生产率，降低生产成本，并有利于全球合作。

● **模块化生产**——代表的新趋势是汽车厂把最耗费人工的装配环节向零部件制造业转移，而零部件制造业已经从单纯供应零部件向供应大总成和模块转变，最终将变为汽车公司只掌握整车开发和品牌，汽车制造将完全依赖大的零部件供应商。

● **通用化生产**——指世界各大汽车公司在新老车型之间、在国内外之间积极推行零部件通用化，成为集中生产、降低成本的有效方法，既节省了产品的开发费用，又无须增添新的设备，因此使用通用零部件的趋势正在扩大。

● **高成组化**——指将汽车零部件分成若干个系统和模块，按系统和模块成组生产和供应，以简化协作关系，提高装配效率和质量，提高零部件生产水平，降低零部件生产成本。

● **在技术制高点方面**——各大公司正在争夺的是电动汽车和智能交通系统。

为提高产品竞争力,国际汽车工业广泛采用上述战略,使新产品开发费用和工作量部分地转嫁到零部件供应商,风险共担,实现在全球范围内合理配置资源,提高产品通用化程度,有效控制产品质量,大幅度降低生产成本。

第五节　中国汽车工业发展史

中国的汽车工业从诞生到现在经历了若干发展阶段,从日本侵略者占领下的早期发展阶段,到如今中国汽车生产商已赢得了自己的一席之地,并向历史悠久的跨国巨头发起了挑战。与20世纪的中国历史一样,中国汽车工业也同样历经了几番起伏。尽管外国企业一直占据着重要地位,但是从20世纪30年代以木炭为动力的汽车,到如今比亚迪公司在电池方面取得的突破,中国企业家和工程师在自主创新方面的探索从未停止过。

一、旧中国的汽车梦

1. 第一辆行驶在中国境内的汽车

1901年匈牙利人李恩时（Leinz）开创先河,把第一辆汽车引进了中国。他订购了两辆奥兹莫比尔 Oldsmobile 汽车（图1-29）,从美国出发,最终运抵上海。翌年,上海市政府颁发了中国第一块汽车牌照。

2. 第一辆由中国人进口的汽车

1902年,怀有政治野心的袁世凯从香港花巨款进口了一辆美国人设计制造的汽车（图1-30）送给慈禧太后。但慈禧将它打入"冷宫",这代表了垂死的封建王朝对现代文明的一种本能性抗拒。

3. 木炭汽车

抗战前夕,为改变中国交通落后和依赖"洋油"的被动局面,留法归来的青年工程师汤仲明、向恭柱等人经三年的钻研,1930年终于研制成功了木炭代油炉用于汽车,速度可达26km/h,消耗木炭0.5kg/km,加炭一次可行驶4h。1931年夏天,这款汽车首次在河南郑州试驾。这种汽车在中国一直使用到20世纪50年代末,随着我国进口石油以及自产石油的增多,这种汽车被逐渐淘汰。

图1-29　第一辆行驶在中国境内的汽车（1901年）

图1-30　第一辆由中国人进口的汽车（1902年）

4. 旧中国的国产汽车

1928年，辽宁迫击炮厂更名为"民生工厂"。建厂初期只生产一些汽车配件及民需用品，后来利用原来生产迫击炮的设备研制载货汽车。根据国内实际情况及道路状况，决定以美国"万国牌"汽车为样本制造两种型号的载货汽车：一种是 75 型，2t，适用于城镇；一种为 100 型，3t，适用于路况较差的地区。1931年5月，第一辆国产汽车——民生牌75型载货汽车问世（图1-31），47.8kW，六缸汽油发动机，液压制动，装载 1 816kg，最高速度64km/h，除了少数重要部件委托国外依本厂图样代制，其余均为自制。遗憾的是，不久后九·一八事变爆发，民生工厂被日军侵占。

二、新中国第一辆汽车的诞生

1950年2月，中国与苏联签订友好条约，苏联援助中国建设一座现代化汽车厂。

1953年7月15日，第一汽车制造厂举行奠基仪式。经过三年的艰苦奋斗，建设者们铺设了总长达数万公里的地下管道，安装了上万台设备，完成了全部技术资料的翻译与转化，终于在神州大地上建立起了一座现代化的汽车厂。

1956年7月13日，第一批12辆解放牌汽车（图1-32）（以苏联生产的吉斯150型汽车为范本，根据中国的实际情况改进部分结构而设计）驶下总装线，中国人自己大批量生产汽车的时代开始了。

图1-31　民生牌75型载货汽车（1931年）

图1-32　第一批解放牌汽车（1956年）

三、中国的高级汽车——红旗轿车

1958年5月5日，第一汽车制造厂（简称一汽）生产出第一辆东风CA71轿车，其发动机是以德国奔驰190型轿车发动机为样机制造的，变速器是我国设计制造的三档机械变速器，底盘则参考法国西姆卡的基本结构进行了部分改进，整车最高速度为128km/h。

1958年7月1日至8月3日，在一个月的时间，一汽通过搞"群众运动"的形式制作出了第一辆红旗轿车（图1-33），车型编码CA72-IE。该车装有V形八缸、顶置气门发动机，最大功率147kW，最高车速为185km/h。此车发动机、底盘基本上是仿制的，车身则是以1955年型克莱斯勒帝国牌C69高级轿车为蓝本，在没有预先绘图的情况下，由工人直接从油泥模型中取得样板制成。

1958年12月至1959年9月，一汽以第一辆红旗轿车为基础，经四轮改型设计、试制与试验，生产出第一代定型产品CA72红旗牌高级双排座轿车，并一次试制10辆送北京参加国庆10周年庆典活动，同时利用CA72型改制成检阅车供天安门阅兵式使用。

1960年初，一汽开始以CA72型为基础改制了三排座型的红旗轿车，经过多次试验，终于在1965年国庆前夕定型生产出三排座型的红旗CA770高级轿车。

图1-33　中国第一辆红旗高级轿车CA72-IE（1958年）

从那以后，红旗牌高级轿车连续生产至1981年，共生产1800余辆，使用范围遍及全国主要大城市，是全部部级以上领导干部的公务用车。

虽然在以后相当长的时间内，一汽几度试制红旗牌变型车以期提高性能，但均因效果不太理想而未能如愿，1984年被迫完全停产。但一汽人不愿轻易放弃这块响当当的牌子，仍在执着追求。1993年，一汽人又制造出了新一代红旗牌高级轿车。现在红旗轿车有世纪星、名仕、盛世、H7、L9等系列。

四、新中国汽车工业发展的几个时期

1. 第一阶段

1950—1956年，为创始期，汽车制造厂只有一汽。

2. 第二阶段

1957—1966年，为初步发展阶段，汽车制造厂有南京汽车制造厂、上海汽车制造厂、济南汽车制造厂、北京汽车制造厂。

1）南京汽车制造厂。1958年3月10日，生产跃进NJ130型2.5t载货汽车。原型是苏联的嘎斯51型，同年6月试制出第一辆NJ230型1.5t越野汽车。

2）上海汽车制造厂。1958年9月，上海汽车装配厂试制成功第一辆凤凰牌轿车。1960年10月，该厂迁厂扩建，更名为上海汽车制造厂。1964年12月，开始生产上海牌SH760型轿车（图1-34）。从上海轿车投产到20世纪80年代，上海汽车制造厂是中国唯一一家普通轿车制造厂。

图1-34　上海SH760型轿车（1964年）

3）济南汽车制造厂。1959年，济南汽车制造厂参照捷克生产的斯柯达706RT型8t载货汽车设计我国的重型载货汽车。1960年4月，试制成功黄河牌JN150型8t重型载货汽车（图1-35）。

4）北京汽车制造厂。1961年国防科委批准了以北京汽车制造厂作为生产轻型越野车的基地。1961年试制出第一辆北京BJ210型越野汽车，1966年5月开始生产BJ212越野车

（图1-36）。

图1-35 黄河牌JN150型8t重型载货汽车（1960年）

图1-36 北京BJ212轻型越野汽车（1966年）

3. 第三阶段

1967—1978年，为坚持发展期，汽车制造厂有"二汽""川汽""陕汽"三大生产基地，各省市还有自行投资兴建的汽车厂。

1）"二汽"。1964年，"二汽"被列为第三个五年计划。1965年12月，中国汽车工业总公司决定成立第二汽车制造厂筹备处，确定厂址位于湖北省十堰镇。1975年7月，建成东风EQ240型2.5t越野汽车生产基地并投产（图1-37）。1978年7月，生产EQ140型5t载货汽车。

2）"川汽"。1966年3月，在四川大足建立了四川汽车制造厂。1971年7月，红岩牌CQ260越野汽车在綦江齿轮厂批量生产。

3）"陕汽"。陕西汽车制造厂厂址在陕西省岐山县麦里西沟。1974年12月，延安SX250重型越野车鉴定定型。

4）开发生产矿用自卸汽车。1969年7月，周恩来总理指示"国家急需矿用载货汽车"。上海汽车底盘厂试制成功上海SH380型32t和SH361型15t矿用自卸车。1971年12月，一汽试制成功60t矿用自卸车。

图1-37 "二汽"生产的载货汽车（1975年）

4. 第四阶段

1978—1993年，为全面发展阶段，基本形成了一汽、二汽、上海三大基地，天津、北京、广州三小基地，生产桑塔纳、切诺基、华利、夏利、标致、斯太尔、依维柯、奥迪、富康等轿车。1993年生产129.7万辆，跃居世界第12位。

5. 新的发展阶段

1994年以后，中国汽车工业进入新的发展时期。这阶段的主要任务：首先，重点支持2～3家汽车企业集团迅速成长为具有相当实力和竞争力的大型企业，改革生产厂过多、投资分散、生产规模小、效益低的不合理状况；其次，解决一次又一次引进低水平产品的问题，着力增强汽车产品的自主开发能力，提高产品质量和技术装备水平，加速赶上国际先进水平；最后，随着人们生活水平的提高以及对轿车需求量的增长，制定政策鼓励个人购买汽车，并为轿车的普及做好准备。

6. 现在

2009 年，随着美国经济陷入衰退，美国的汽车销量大幅下滑。在大洋另一端，我国的汽车市场仍阔步前进。2009 年，我国成为全球最大的汽车市场。根据中国汽车工业协会统计，2001—2014 年期间，我国汽车产销量从 234.44 万辆和 236.36 万辆增至 2372.29 万辆和 2349.19 万辆，成为全球汽车行业的主要增长点。2016 年，我国汽车产销均超 2800 万辆，连续八年蝉联全球第一。截至 2016 年年底，我国机动车保有量达 1.94 亿辆，汽车驾驶人超过 3.1 亿人。按照当前的产销趋势，到 2017 年年底，我国汽车保有量将提前突破 2 亿辆的水平；预计到 2022 年，汽车保有量或逼近 3 亿辆。

现在，我国汽车行业经过重组、并购，形成中国第一汽车集团公司、东风汽车公司、上海汽车工业（集团）总公司、中国长安汽车集团股份有限公司、南京汽车集团有限公司、北京吉普汽车有限公司、吉利控股集团有限公司、奇瑞汽车有限公司、北京现代汽车有限公司、广汽本田汽车有限公司、比亚迪汽车有限公司等较大的汽车公司和集团。

思考题

1. 什么是奥拓循环？
2. 第一辆汽车是谁发明的？谁发明了第一辆摩托车？
3. 帕纳尔系统有什么特点？前驱动汽车有什么优点？
4. 什么是丰田精益的生产方式？
5. 什么是平台战略、模块化生产、通用化生产、高成组化？
6. 中国第一批载货汽车和第一辆高级轿车是在什么时间、什么情况下生产出来的？

第二章

汽车基础知识

> **学习目标**
>
> 1. 掌握汽车的定义和基本构造。
> 2. 掌握往复活塞式内燃机的基本结构、基本术语及四冲程内燃机的工作原理。
> 3. 掌握汽车行驶的基本原理,了解汽车的使用性能。
> 4. 熟悉汽车的分类方法。

汽车自1886年诞生以来,已经走过了100多年的风风雨雨。汽车是当今世界上最重要的交通工具之一,它改变了人们的生活方式,扩大了人们的活动半径,缩短了城市与乡村的距离。可以说,没有任何交通工具能完全取代汽车。

第一节 汽车的定义

汽车源自西方。英文中的"汽车"即"Automobile",是由"Auto"(汽车)和"mobile"(会动的)构成的,意思是自己会动的车(自动车)。《辞海》中的解释:汽车是一种能自行驱动,主要供运输用的无轨车辆。原称"自动车",因多装用汽油机,故简称汽车。

美国汽车工程师学会标准SAEJ687C文件中对汽车的定义:由本身的动力驱动(不包括人力、畜力和风力)、装有驾驶操纵装置的、在固定轨道以外的道路或地域上运送客货或牵引其他车辆的车辆。

日本工业标准JISK0101中对汽车的定义:自身装有发动机和操纵装置,不依靠固定轨道和架线,能在陆地上行驶的车辆。

我国国家标准GB/T 3730.1—2001《汽车和挂车类型的术语和定义》中对汽车的定义是:汽车是由自身装备的动力装置驱动,具有四个或四个以上车轮,不依靠轨道或架线而在陆地行驶的车辆,主要用于载运人员和/或货物、牵引载运人员和/或货物的车辆及特殊用途。

按照汽车的上述定义,我国二轮摩托车和三轮机动车都不属于汽车的范畴,不带动力装置的全挂车和半挂车也不算汽车,但当它们与牵引车组合成汽车列车后,则属于汽车。美国、日本、德国对汽车的定义范围比我国广。

第二节　四冲程内燃机的基本结构和工作原理

一、基本结构

由凸轮轴、气门弹簧、进气门、排气门、气缸盖、气缸、机体、活塞、连杆、曲轴、曲轴齿形带轮、张紧轮等，如图2-1所示。

二、基本术语

1. 上、下止点

活塞顶离曲轴回转中心最远处为<u>上止点</u>；活塞顶离曲轴回转中心最近处为<u>下止点</u>，如图2-2所示。

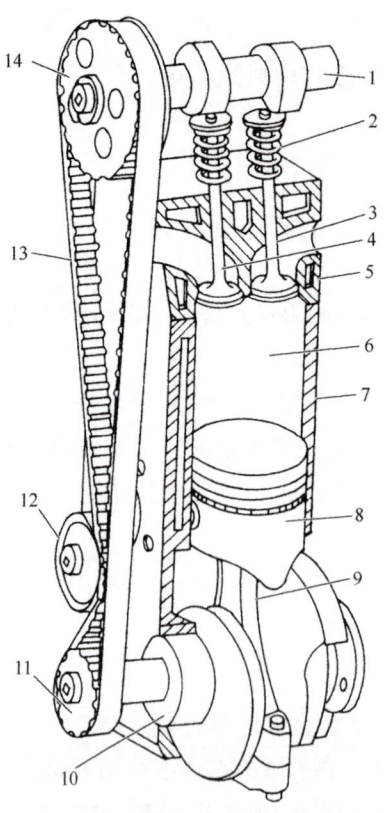

图2-1　往复活塞式内燃机的基本结构
1—凸轮轴　2—气门弹簧　3—进气门　4—排气门　5—气缸盖
6—气缸　7—机体　8—活塞　9—连杆　10—曲轴　11—曲轴齿形带轮
12—张紧轮　13—齿形带　14—凸轮轴齿形带轮

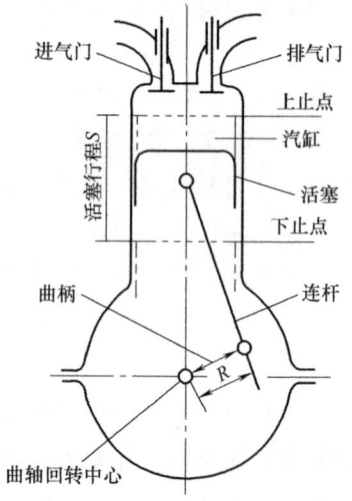

图2-2　往复活塞式内燃机示意图

2. 活塞行程

上下止点的距离 S 为活塞行程。

3. 气缸工作容积

上下止点间所包容的气缸容积为气缸工作容积，记作 V_s。

4. 内燃机排量

内燃机所有气缸工作容积的总和为内燃机排量。

5. 燃烧室容积

活塞位于上止点时，活塞顶面以上气缸盖底面以下所形成的空间称为燃烧室，其容积为燃烧室容积。

6. 气缸总容积

气缸工作容积与燃烧室容积之和为气缸总容积。

7. 压缩比

气缸总容积与燃烧室容积之比为压缩比。

三、四冲程汽油机工作原理

四冲程汽油机经过进气、压缩、做功、排气等四个行程而完成一个工作循环，如图2-3所示。

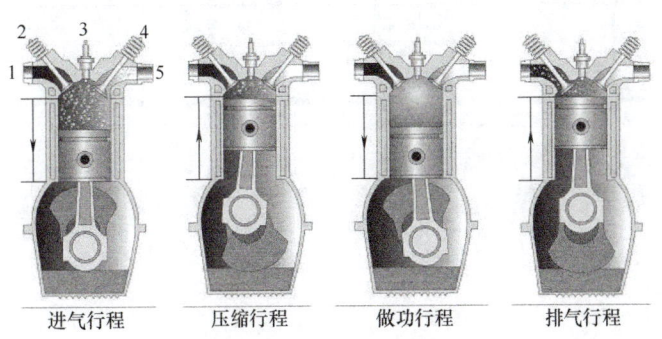

图2-3　四冲程汽油机工作原理示意图
1—排气道　2—排气门　3—火花塞　4—进气门　5—进气道

1. 进气行程

活塞在曲轴的带动下由上止点移至下止点，此时排气门关闭，进气门开启。气缸容积逐渐增大，气缸内形成一定的真空度。空气与汽油的混合物通过进气门被吸入气缸，并在气缸内进一步混合形成可燃混合气。

2. 压缩行程

曲轴继续带动活塞由下止点移至上止点，此时进排气门均关闭，气缸容积不断减少，混合气体被压缩，气缸内压力和温度同时升高。

3. 做功行程

压缩行程结束接近结束时，安装在气缸盖上的火花塞产生电火花，将混合气点燃，放出大量的热能，燃烧气体体积急剧膨胀，压力和温度迅速升高，在压力作用下，活塞由上止点移至下止点，并通过连杆推动曲轴旋转做功，此时，进排气门仍旧关闭。

4. 排气行程

排气门开启，进气门仍旧关闭，曲轴通过连杆带动活塞由下止点移至上止点，此时膨胀过后的燃烧气体（废气）在自身剩余压力和在活塞的推动下，经排气门排出气缸外。当活塞到达上止点时，排气行程结束，排气门关闭。

四、四冲程柴油机工作原理

四冲程柴油机的工作循环（图2-4）同样包括进气、压缩、做功、排气四个过程，在各个活塞行程中，进排气门的开闭和曲轴连杆机构的运动与汽油机的完全相同。只是由于柴油与汽油的使用性能不同，使柴油机和汽油机在混合气形成方法及着火方式上有区别。

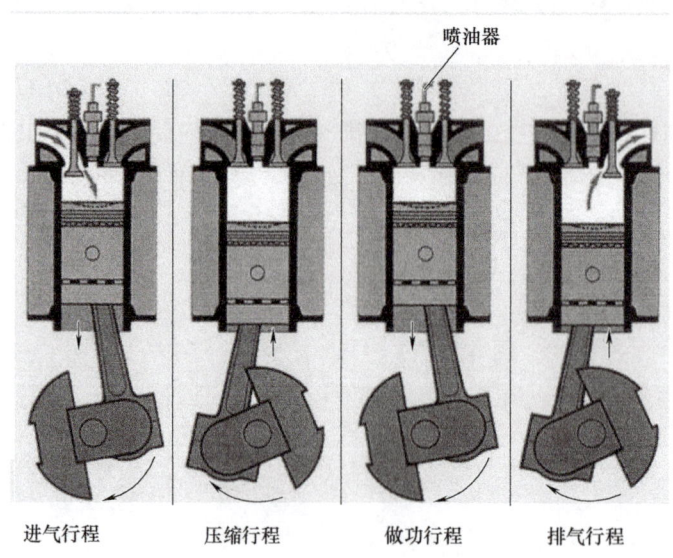

图2-4 四冲程柴油机工作原理示意图

1. 进气行程

在柴油机进气行程中，被吸入气缸的只是纯净的空气。

2. 压缩行程

因为柴油机的压缩比大，所以压缩终了的气体压力较高。

3. 做功行程

压缩行程接近结束时，喷油泵将柴油泵入喷油器，并通过喷油器喷入燃烧室。因为喷油压力高，喷孔直径小，喷出的柴油呈细雾状。细微的油滴在炽热的空气中迅速蒸发汽化，并借助空气的运动，迅速与空气混合，形成可燃混合气。由于气缸内的温度远高于柴油的自燃点，柴油自行着火燃烧。燃烧气体的压力和温度迅速升高，体积急剧膨胀，在气体压力的作用下，活塞推动连杆，连杆推动曲轴旋转做功。

4. 排气行程

同汽油发动机。

第三节　汽车的基本构造

汽车通常由发动机、底盘、车身和电气设备四部分组成。发动机前置后轮驱动轿车的总体构造如图2-5所示。

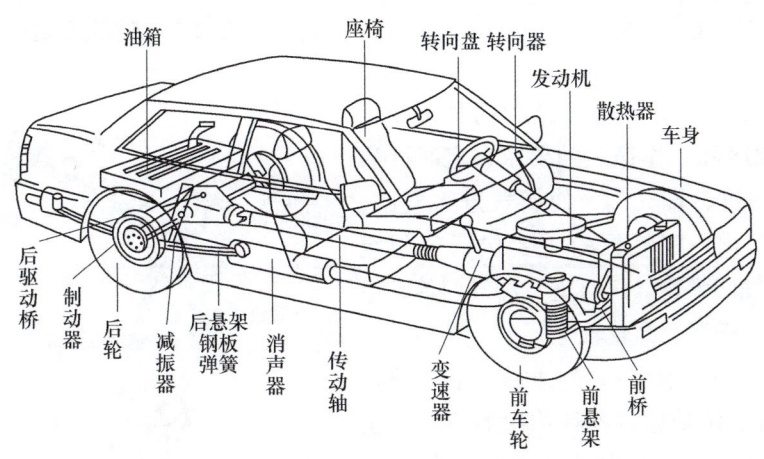

图2-5　发动机前置后轮驱动轿车总体构造

一、发动机

1. 发动机的功用

发动机的功用是使输送进气缸的燃料燃烧而发出动力。目前，应用最广、数量最多的汽车发动机为水冷、四冲程往复活塞式内燃机，其中汽油机用于轿车和轻型客、货车上，而大客车和中、重型货车发动机多为柴油机。

2. 发动机的组成

发动机一般由机体组、曲柄连杆机构、配气机构、燃油供给系统、冷却系统、润滑系统、起动系统、点火系统（汽油机采用）、进排气系统、排气净化装置等组成，有的发动机还有增压系统。

1) 机体组（图2-6）。机体组是发动机各机构、各系统的装配基体，主要包括气缸盖罩、气缸盖、气缸垫、气缸体、曲轴箱、油底壳等。

2) 曲柄连杆机构（图2-7）。曲柄连杆机构的功用是把活塞的往复运动转变成曲轴的旋转运动而输出动力，主要包括活塞组、连杆组、曲轴飞轮组。

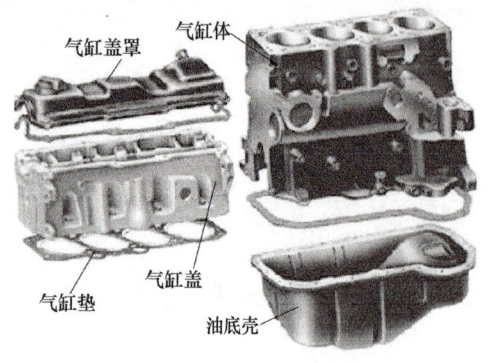

图 2-6 机体组

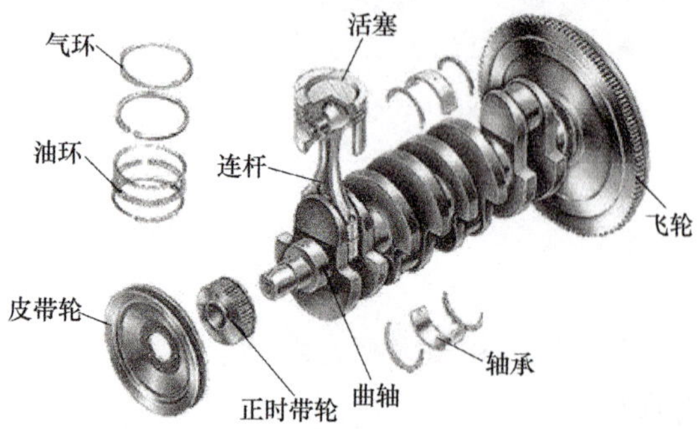

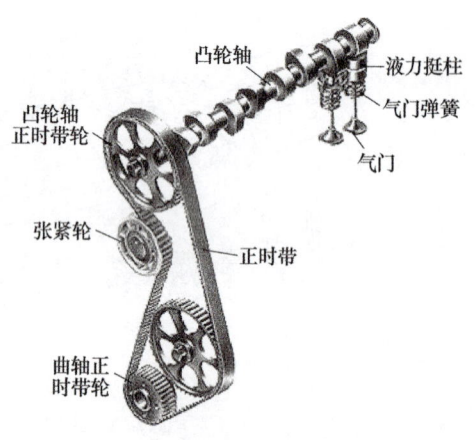

图 2-7 曲柄连杆机构

3）**配气机构**（图 2-8）。其功用是按照发动机的工作顺序和工作循环的要求，定时开启和关闭各缸的进、排气门，使新气进入气缸，废气从气缸排出。配气机构主要包括气门组（进排气门、气门弹簧、气门座）和气门传动组（挺柱、推杆、摇臂、凸轮轴等）。

4）**电控汽油喷射（EFI）系统**（图 2-9）。电控汽油喷射系统是通过各种传感器将发动机的温度、空燃比、节气门状况、发动机的转速、负荷、曲轴位置、车辆行驶状况等信号输入控制单元（ECU），ECU 根据这些信号参数，计算并控制发动机各气缸所需要的喷油量和喷油时刻，由喷油器将一定数量的汽油直接喷入气缸或进气管道内的汽油机燃油供给装置。

图 2-8 配气机构

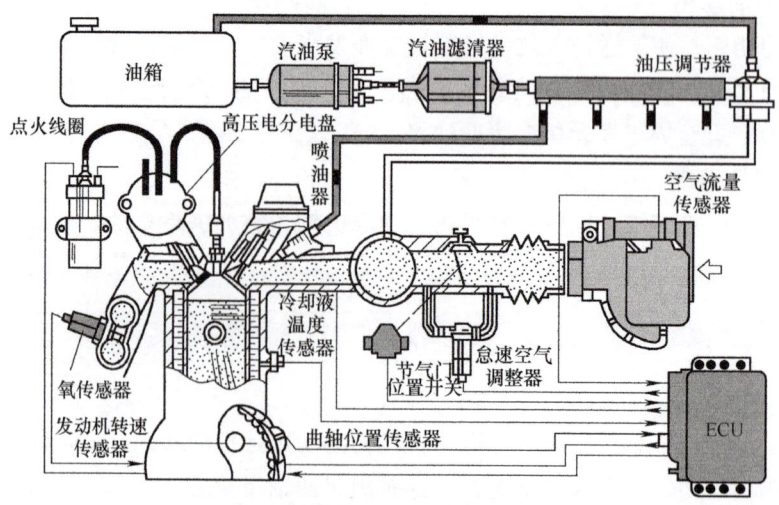

图 2-9 电控汽油喷射（EFI）系统

柴油机燃油系统的功用是根据发动机的不同工况，在适当的时刻，按适当的规律将一定数量和一定压力的柴油喷入燃烧室。机械式柴油供给系统（图2-10）主要包括柴油箱、输油泵、滤清器、喷油泵、喷油器、高低压油管等。电控式柴油供给系统（图2-11）还包括各种传感器、执行器、共轨、ECU等。

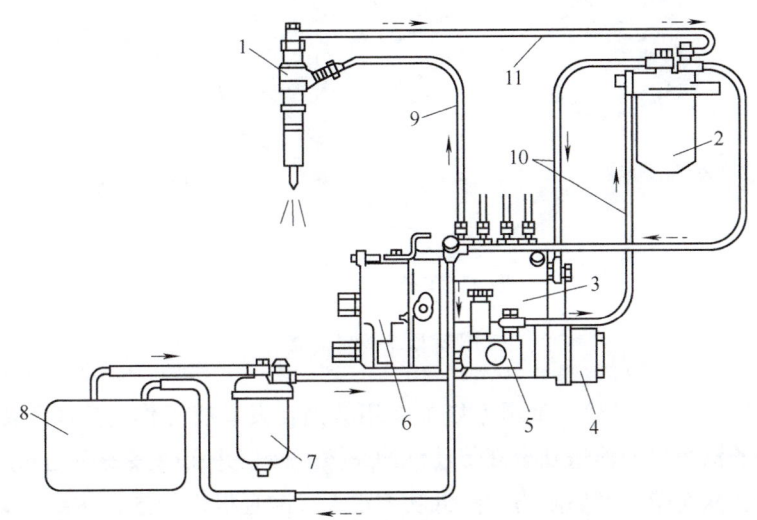

图 2-10　机械式柴油供给系统

1—喷油器　2—柴油滤清器　3—柱塞式喷油泵　4—喷油提前器　5—输油泵
6—调速器　7—油水分离器　8—柴油箱　9—高压油管　10—低压油管　11—回油管

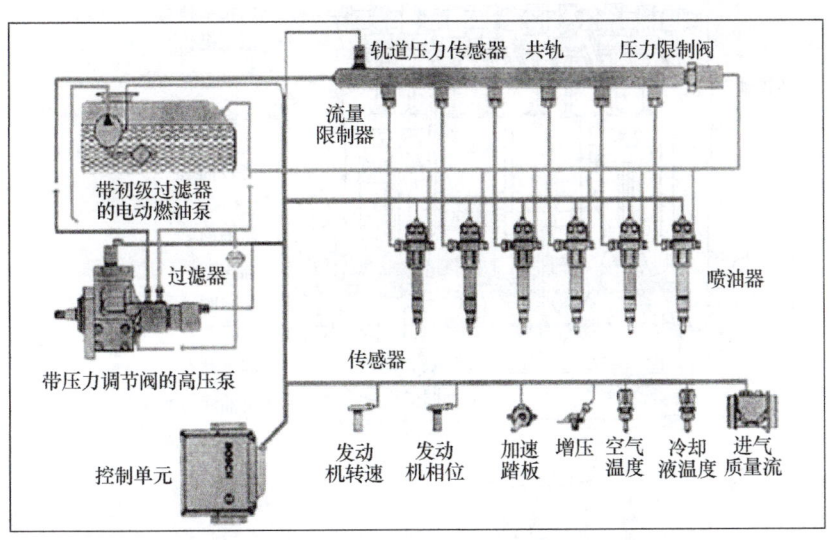

图 2-11　电控式柴油供给系统

5）**冷却系统**（图2-12）。冷却系统的主要功用是把受热零件吸收的部分热量及时散发出去，保证发动机在所有工况下都保持在适当的温度范围。冷却系统主要包括散热器、风扇、水泵、冷却液温度传感器、水套、风扇离合器、节温器、膨胀罐等。

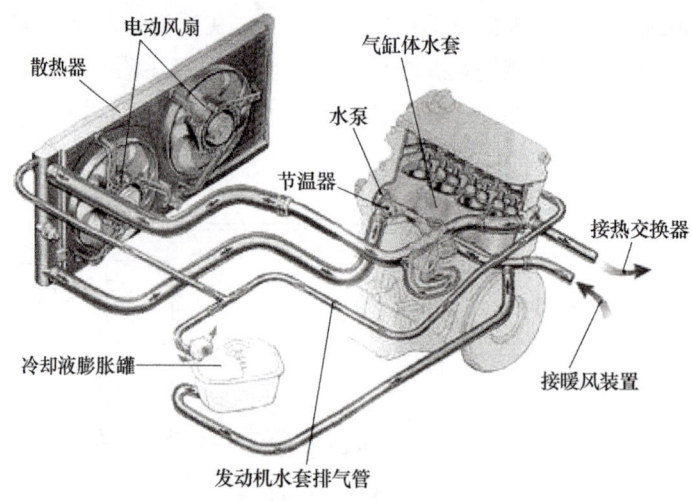

图 2-12 冷却系统

6) **润滑系统**（图 2-13）。润滑系统的功用就是在发动机工作时连续不断地把数量足够、温度适当的洁净机油输送到全部传动件的摩擦表面，并在摩擦表面之间形成油膜，以实现液体摩擦，从而减小摩擦阻力，降低功率消耗，减轻机件磨损，达到提高发动机工作可靠性和耐久性的目的。润滑系统主要包括机油泵、机油滤清器、机油冷却器、集滤器、机油压力表、温度表和机油管道等。

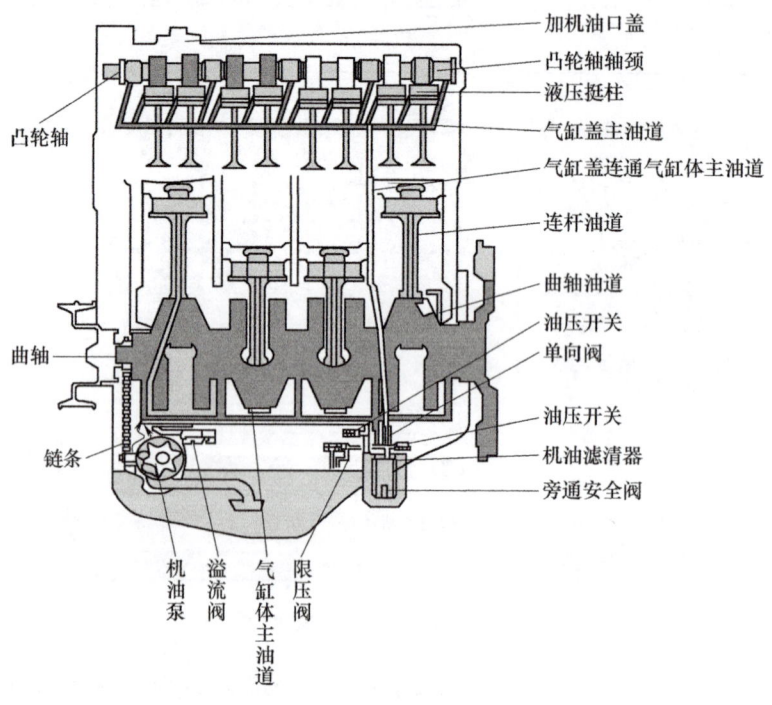

图 2-13 润滑系统

第二章 汽车基础知识

7）起动系统（图2-14）。起动系统的功用是通过起动机将蓄电池储存的电能转变为机械能，带动发动机以足够高的转速运转，以顺利起动发动机。起动系统主要包括蓄电池、点火开关、继电器、起动机等。

8）点火系统（图2-15）。点火系统的基本功用是在发动机各种工况和使用条件下，在气缸内适时、准确、可靠地产生电火花，以点燃可燃混合气。点火系统主要包括火花塞、蓄电池、点火发生器、ECU等。

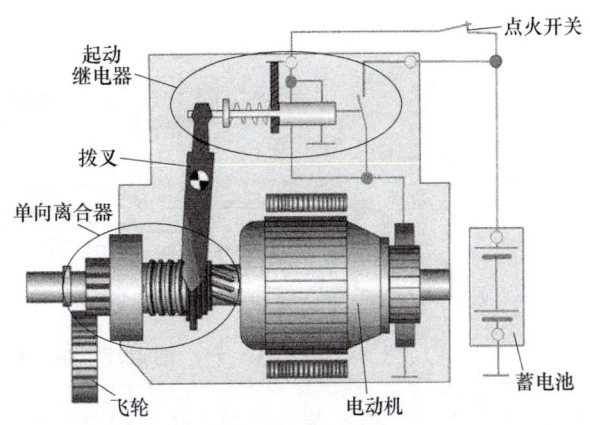

图2-14 起动系统

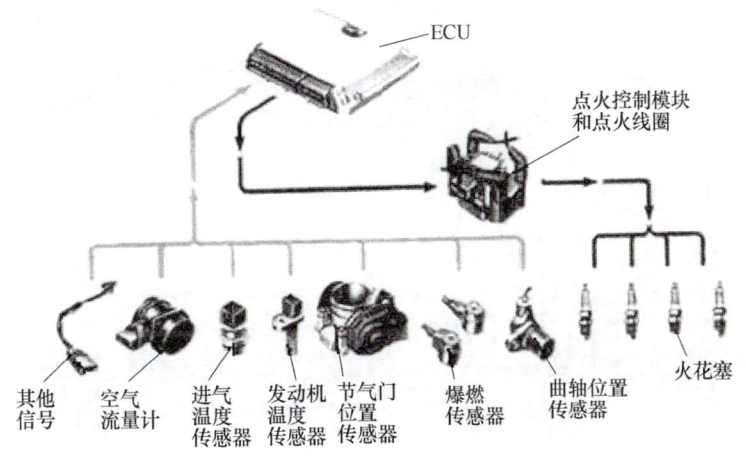

图2-15 点火系统

9）进、排气系统（图2-16）。进气系统的功用是尽可能多和尽可能均匀地向各气缸供给可燃混合气或纯净的空气，包括进气导流管、进气歧管、谐振室、空气滤清器等。排气系统（图2-17）的功用是以尽可能小的排气阻力和噪声，将气缸内的废气排到大气中，包括排气歧管、排气消声器等。

10）排气净化装置。排气净化装置的功用是根据环保法规的要求，在汽车上安装能减少CO、HC、NOx、颗粒物等有害物质排放的装置。包括三元催化转化器、二次空气喷射系统、废气再循环装置、曲轴箱强制

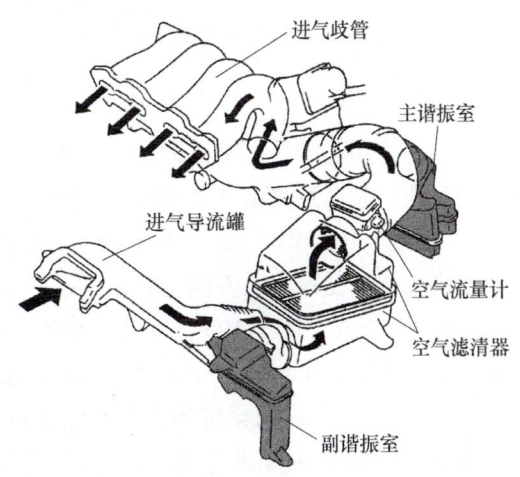

图2-16 进气系统

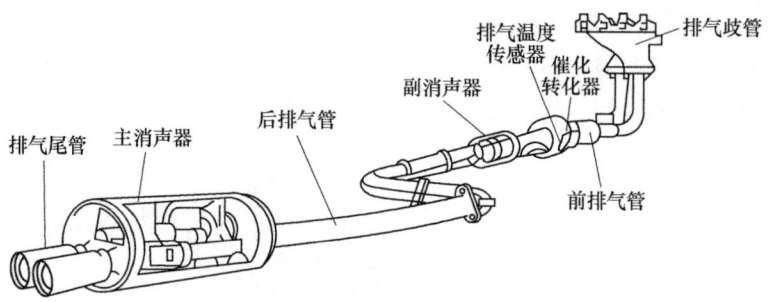

图 2-17 排气系统

通风装置（PVC）、汽油蒸发控制系统（碳罐）等。

11）**增压系统**（图 2-18）。增压系统是将空气预先压缩然后再供入气缸，以提高空气密度，增加进气量的装置，分为废气涡轮增压、机械增压等。增压系统包括 ECU、增压器、传感器、中冷系统等。

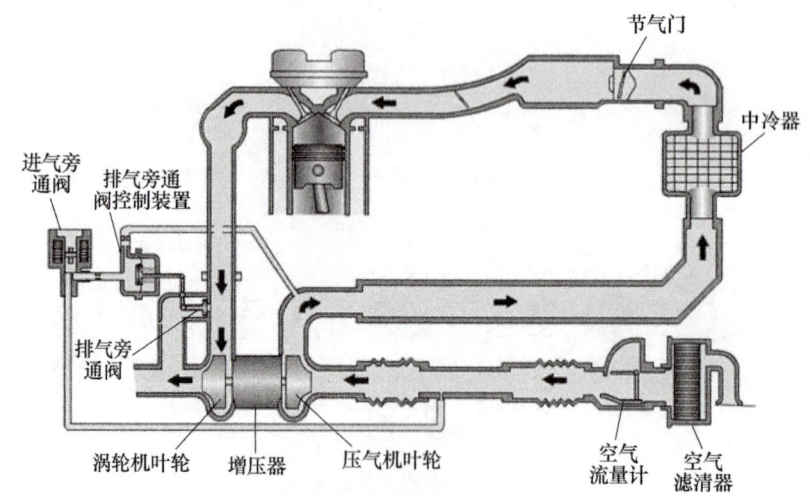

图 2-18 废气涡轮增压系统

二、底盘

底盘的功用是接受发动机的动力，使汽车产生运动，并保证汽车按照驾驶人的操纵安全、正常地行驶。底盘由传动系统、行驶系统、转向系统和制动系统组成。

1）**传动系统**（图 1-22）。传动系统的功用是将发动机的动力传给驱动车轮。传动系统包括离合器、变速器、万向传动装置、驱动桥等部件。

2）**行驶系统**（图 2-19）。行驶系统的功用是将汽车各总成、部件连接成一整体，起支持全车并保证汽车行驶的作用。轮式行驶系统包括车架、车桥、悬架、车轮等。

3）**转向系统**。转向系统的功用是保证汽车能按驾驶人选定的方向行驶。机械转向系统（图 2-20）由转向操纵机构、转向器、转向传动机构等组成。乘用车动力转向系统分为液压助力（图 2-21）和电动助力等。

第二章 汽车基础知识

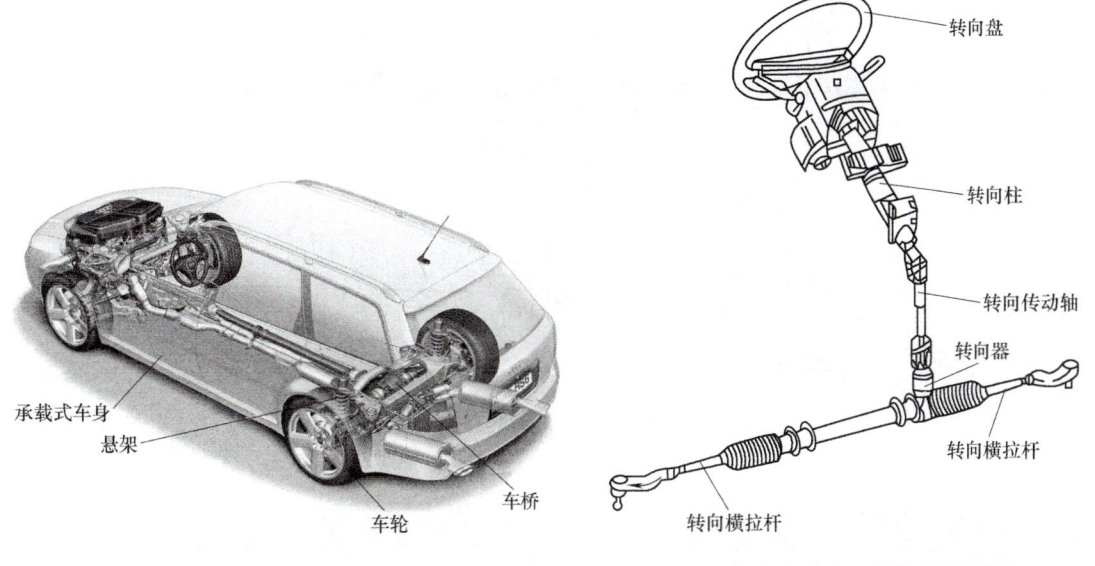

图 2-19 行驶系统　　　图 2-20 齿轮齿条式机械转向系统

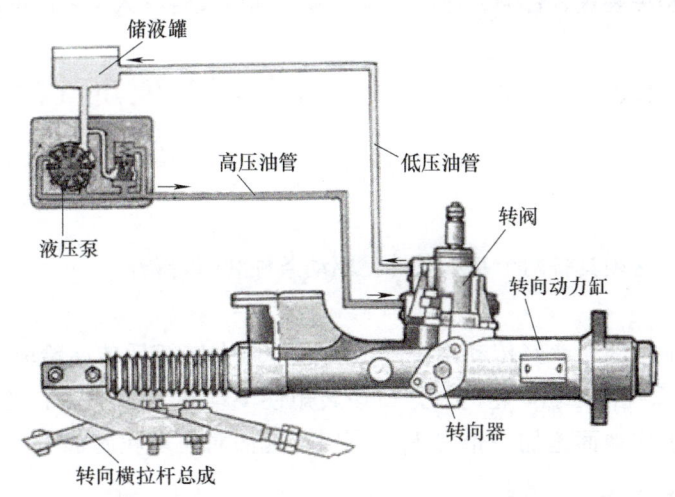

图 2-21 桑塔纳 2000 轿车液压助力转向系统

4）**制动系统**（图 2-22）。制动系统的功用是使汽车减速或停车，并保证驾驶人离去后汽车可靠地停驻。制动系统按制动能源分为人力制动系统（如驻车制动）、伺服制动系统（如真空助力系统，大多数轿车在应用）、动力制动系统（如气压制动系统，东风、解放等中型货车在应用）。

三、车身

车身是驾驶人工作的场所及装载乘客、货物的地方。轿车车身包括车前板制件（车头）和车身本体等；货车车身包括驾驶室、车厢；某些车上还有专用作业设备。车身附件是安装于车身上的附属设备，如座椅、空调、风窗刮水器、玻璃升降器等。

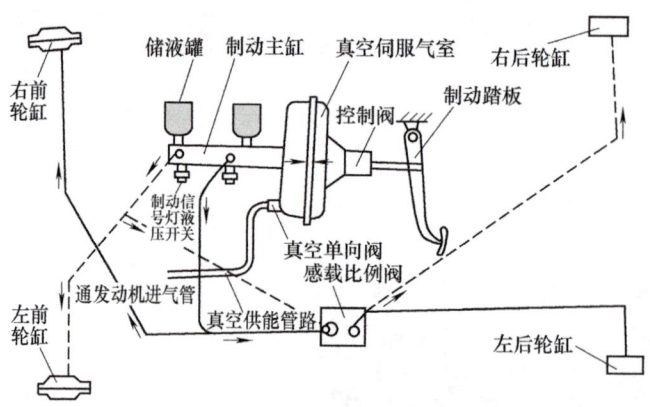

图 2-22 真空助力伺服制动系统

四、电气设备

电气设备包括电源组、发动机起动与点火装置、照明装置、信号装置、仪表、传感与报警装置、自动检测装置、音响、通信设备、微处理机及各种人工智能的操控装置等。

第四节 汽车行驶基本原理与使用性能

一、汽车行驶基本原理

汽车要行驶，必须具备两个基本条件：驱动条件和附着条件。

1. 驱动条件

汽车发动机输出的功率经传动系统降低转速、增大转矩后传递给驱动轮。如图 2-23 所示，M_t 为传动系统传给驱动轮的转矩，该转矩使驱动轮具有转动的趋势。由此，在驱动轮与地面接触处向地面施加一个力 F_a，同时，地面对驱动轮施加一个与 F_a 数值相等、方向相反的力 F_t，就是驱动力。

$$F_a = F_t = M_t（转矩）/r（车轮半径）$$

汽车行驶总阻力 $\sum F$ 包括滚动阻力 F_f、空气阻力 F_w、上坡阻力 F_i，其公式为 $\sum F = F_f + F_w + F_i$。

当驱动力 $F_t = \sum F$ 时，汽车匀速行驶；当 $F_t > \sum F$ 时，汽车速度增加；当 $F_t < \sum F$ 时，汽车减速乃至停驶。

2. 附着条件

驱动力的最大值一方面取决于发动机可能发出的最大转矩和变速器换入最低档时的传动比，另一方面又受轮胎与地面的附着作用限制。

车轮的附着作用是因为轮胎与地面存在摩擦力，如果驱动力大于摩擦力，车轮与路面之间就会发生滑动。由附着作用所决定阻碍车轮滑动的力的最大值就是附着力 F_φ。$F_\varphi = G\varphi$，附着力是汽车所能发挥驱动力的极限，其表达式为 $F_t \leq F_\varphi$。

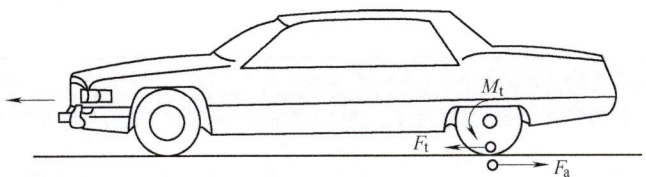

图 2-23 驱动条件

二、汽车的使用性能

汽车的使用性能是指汽车能适应各种使用条件而发挥最大工作效率的能力。汽车的各项使用性能及评价指标见表 2-1。

表 2-1 汽车的各项使用性能及评价指标

使用性能		定义及评价指标
动力性		指汽车直线行驶在良好路面上所能达到的平均行驶速度
	最高车速	指汽车满载在良好水平路面上能达到的最高行驶速度
	加速能力	指汽车在各种使用条件下迅速增加汽车行驶速度的能力。加速用的时间越短、加速度越大以及加速距离越短的汽车加速性能就越好
	上坡能力	指用汽车满载时,以最低档位在坚硬路面上等速行驶所能克服的最大坡度(最大爬坡度)来表示。它表示汽车最大牵引力的大小
燃油经济性		指汽车以最少的燃料消耗量完成单位运输工作量的能力
	耗油量	指汽车满载时单位行驶里程所需燃油体积。我国和欧洲都用百公里油耗(L/100km)来表示
	油行程	指汽车满载时,单位体积燃油所能行驶的里程。美国用每加仑燃油能行驶的里程数(mile/gal)来表示
制动性		指汽车行驶时能在短时间内停车且维持行驶方向稳定性和在下长坡时能维持一定车速的能力
	制动效能	指汽车迅速减速直至停车的能力。常用制动时间、制动减速度和制动距离来评价
	制动效能的恒定性	抗热衰退性:指汽车在高速行驶时制动或下长坡连续制动时制动效能的稳定程度
	制动时的方向稳定性	指汽车在制动时能按驾驶人给定轨迹行驶的能力,即不发生跑偏、侧滑和丧失转向的能力
舒适性		指汽车在一般行驶速度范围内行驶时,能保证乘员不会因车身振动而引起不舒服和疲劳的感觉,以及保持所运货物完整无损的性能
	行驶平顺性	车身振动的固有频率:人体所习惯的步行时身体上下运动的频率为 60~80 次/min(1~1.6Hz)
		振动加速度均方根值:轿车极限值为 $0.2 \sim 0.3g$;载货汽车极限值为 $0.6 \sim 0.7g$
		感觉评价:乘客的主观感觉
	内部环境	车内空气环境:汽车内部的温度、湿度和空气清新度
		车内噪声环境:影响乘车人的舒适性、听觉损害程度、语言清晰度以及对车外各种音响信号识别能力
		车内设施:座椅的高度、宽度、深度、倾斜度和座间距等;内部装饰的颜色、协调性;日常设施的齐备性等

（续）

使用性能		定义及评价指标
通过性		又称越野性，是指汽车在一定的载质量下，能以较高的平均行驶速度通过坏路及无路地带和克服各种障碍物的能力
	结构参数（图2-24）	主要用来评价汽车在坏路条件下通过各种障碍物的能力，主要包括最小离地间隙 ε、接近角 γ_1、离去角 γ_2、纵向通过角 β、最小转弯半径 r_{min} 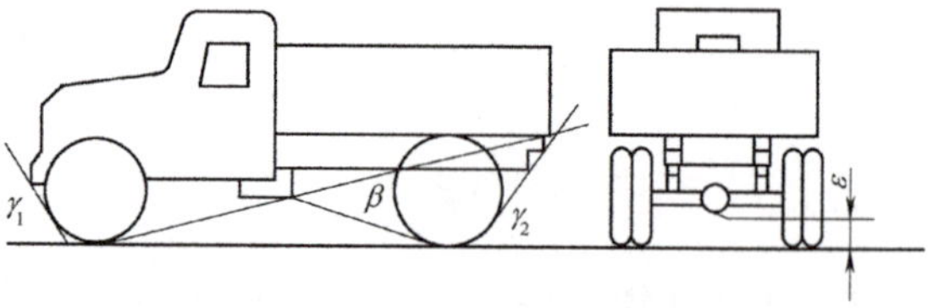
	驱动与牵引参数	主要用来评价汽车在无路条件下的行驶能力，主要包括最大动力因数、轮胎接地压强、驱动轮附着重量、前后轮迹重合系数等
操纵性		指汽车对驾驶人转向指令的响应能力
稳定性		指汽车在受到外界扰动后恢复原来运动状态的能力，以及抵御发生倾覆和侧滑的能力
操纵轻便性		用单位行驶里程内的操纵作业次数、所需的操纵力、操作时的方便情况以及视野、照明、信号等来评价
机动性		指容易通过狭窄多弯道路的能力。机动性主要用最小转弯半径来评价
装卸方便性		与车厢的高度、可翻倒的栏板数目以及车门的数目和尺寸有关

图2-24 汽车的结构参数

第五节　汽车的分类

一、新分类标准

新的车型统计分类是参考 GB/T 3730.1—2001 和 GB/T 15089—2001 国家标准，结合我国汽车工业的发展状况制订的。在大的分类上基本与国际较为通行的称谓一致，分为乘用车和商用车两大类。

1. 乘用车（Passenger Car）

乘用车主要用于载运乘客及其随身行李和/或临时物品的汽车，包括驾驶人座位在内最多不超过九个座位，它也可以牵引一辆挂车。

乘用车涵盖了轿车、微型客车以及不超过九座的轻型客车。乘用车下细分为基本型乘用车、多功能车（MPV）、运动型多用途车（SUV）和交叉型乘用车四类。

（1）基本型乘用车（Basic Car）

基本型乘用车的概念基本等同于旧标准中的轿车，但在统计范围上又不完全同于轿车，这种区别主要表现在将旧标准轿车中的部分非轿车品种，如 GL8、奥德赛、切诺基排除在基本型乘用车外，而原属于轻型客车中的"准轿车"列入了基本型乘用车统计。

（2）多功能车（MPV，Multi-Purpose Vehicle）

多功能车（图2-25）是集轿车、旅行车和厢式货车的功能于一身，车内每个座椅都

可以调整，并有多种组合方式，前排座椅可以180°旋转的车型，如上海通用的GL8、东风柳州的风行和江淮的瑞风。

（3）**运动型多用途车**（SUV，Sport Utility Vehicle）

运动型多用途车（图2-26）起源于美国，这类车既可载人，又可载货，行驶范围广泛，驱动方式应为四轮驱动。近几年，我国轻型越野车和在皮卡基础上改装的运动型多用途车发展较快，但在驱动方式上不一定是四轮驱动。行业在分析市场时，一般将这几类产品放到一起，将这几类车型统一归为运动型多用途车（SUV）类，因此我国的此类产品范围要广于国外。为了便于分析比较，运动型多用途车按照驱动方式不同分为四驱运动型和二驱运动型，如长丰猎豹、北京吉普切诺基、长城赛佛、郑州日产的帕拉丁等。

图2-25 多功能汽车（马自达5）

图2-26 运动型多用途汽车（斯巴鲁）

> **知识拓展**
>
> ### 皮卡车 PICKUP
>
> 皮卡（图2-27）意为小吨位的载货汽车。这类汽车在汽车分类中不是标准术语，泛指那些发动机前置，额定装载质量在1t以下，具有轿车、载货汽车以及越野汽车多重属性的小型汽车。
>
>
>
> 图2-27 中兴威虎g3皮卡车

（4）**交叉型乘用车**（Cross Passenger Car）

交叉型乘用车是指不能列入上述三类的其他乘用车，这部分车型主要指的是旧分类中的微型客车，今后新推出的不属于上述三类的车型也列入交叉型乘用车统计。

上述四类车型还可以分别按照厢门、排量、变速器的类型和燃料类型进行细分。

2. 商用车（Commercial Vehicle）

商用车在设计和技术特征上是指用于运送人员和货物的汽车，并且可以牵引挂车。相对旧分类，商用车包含了所有的载货汽车和九座以上的客车。在旧分类中，整车企业外销的底盘是列入整车统计的;在新分类中,将底盘单独列出,分别为客车非完整车辆(客车底盘)和货车非完整车辆(货车底盘)。

商用车分为客车、货车、半挂牵引车、客车非完整车辆和货车非完整车辆,共五类。

(1) **客车**

客车是指在设计和技术特征上用于载运乘客及其随身行李的商用车辆,包括驾驶人座位在内座位数超过九座。在客车细分类中,还可以按照车身长度、用途和燃料类型进行细分类。由于车身长度按照米数来细分,因此统计信息更加详细,也可以按照旧分类中的大、中、轻型客车的划分标准进行归类。

(2) **货车**

货车是一种主要为载运货物而设计和装备的商用车辆,它能牵引挂车。与新分类的客车类似,新分类的货车含义也小于旧分类中的载货汽车,对应关系为旧分类载货汽车=新分类中的(货车+半挂牵引车+货车非完整车辆)。

货车还可以按照总质量、用途和燃料类型来细分。

(3) **半挂牵引车**

半挂牵引车是指装备有特殊装置用于牵引半挂车的商用车辆。半挂牵引车(图2-28)分类依据的质量是处于行驶状态中的半挂牵引车的质量,加上半挂车传递到牵引车上最大垂直静载荷,和牵引车自身最大设计装载质量(如果有的话)的和。

(4) **客车非完整车辆和货车非完整车辆**

客车非完整车辆和货车非完整车辆分别指客车底盘和货车底盘(图2-29),客车非完整车辆按照长度进行细分,货车非完整车辆按照总质量进行细分。

图2-28 福田半挂牵引车

图2-29 江淮货车底盘

二、旧分类标准

1. 按用途分类

我国汽车行业和许多企业仍然沿用旧标准 GB/T 3730.1—1988 的规定,按用途把汽车分为普通运输汽车和专用汽车两大类,并按照汽车的主要特征参数分级,见表2-2。

表2-2　汽车按用途分类

类 型		定 义	分级方法	分 级
普通运输汽车	轿车	供个人使用的载送少量乘员的汽车	发动机工作容积 V_L/L	$V_L \leqslant 1.0$
				微型轿车
			$1.0 < V_L \leqslant 1.6$	普及型轿车
			$1.6 < V_L \leqslant 2.5$	中级轿车
			$2.5 < V_L \leqslant 4.0$	中高级轿车
			$V_L > 4.0$	高级轿车
	客车	供公共服务用的载送较多乘员的汽车	车辆总长度 L/m	$L \leqslant 3.5$
				微型客车
			$3.5 < L \leqslant 7.0$	轻型客车
			$7.0 < L \leqslant 10$	中型客车
			$10 < L \leqslant 12$	大型客车
			铰接式客车和双层客车	特大型客车
	货车	载送货物的运输汽车	汽车总质量 m/t	$m \leqslant 1.8$
				微型货车
			$1.8 < m \leqslant 6.0$	轻型货车
			$6 < m \leqslant 14$	中型货车
			$m > 14$	重型货车
专用汽车	运输型	汽车的车身经过改装，用来运输专门货物的汽车，如厢式汽车、罐式汽车、起重举升汽车、专用自卸汽车、挂车、半挂车、集装箱、平台货车等		
	作业型	在汽车上安装各种特殊设备进行特定作业的汽车，如医疗救护、公安消防、环卫环保、市政工程、电视广播、商业售货、机场作业、石油地质作业、农牧副渔作业车等		
特殊用途汽车	娱乐汽车（RV）	用来娱乐，满足精神生活需要的汽车，如装备卧具和炊具的旅游汽车、高尔夫球场专用汽车、海滩游玩汽车等		
	竞赛汽车	按照特定的竞赛规范设计的汽车，如一级方程式赛车、汽车拉力赛车、勒芒24小时汽车耐力赛车、汽车冲刺赛车、印地安纳波里斯500汽车赛赛车等		

2. 其他分类方法（表2-3）

表2-3　汽车的其他分类方法

类 型		定 义	细 分	
按动力装置类型分类	内燃机汽车	装备直接以燃料燃烧所生成的燃烧产物为工质的热机为动力源的汽车	汽油机汽车	
			柴油机汽车	
			液化石油气（LPG）	
			压缩天然气（CNG）	
			醇类（乙醇、甲醇）	
	电动汽车（EV）	由电动机驱动并且自身装备供电源的车辆	蓄电池电动汽车	使用传统的铅酸、镍镉、镍氢、钠硫、锂离子电池
			燃料电池电动汽车	燃料与氧化剂通过电极反应将其化学能直接转化成电能的装置
	混合动力汽车（HEV）	装有内燃机和电动机两种动力的汽车	按内燃机与电动机联接方式分类	串联型
				并联型
				串-并联型

(续)

类型		定义	细分	
按行驶道路条件分类	道路用车	适于公路和城市道路上行驶的汽车（双轴车长、宽、高限值分别为12m、2.5m、4m，最大单轴负荷为10t或7t）		
	非道路用车	外廓尺寸和单轴负荷等参数超过道路用车标准，只能用于矿山、机场工地、专用道等非公路地区使用		
		能在无路地面上行驶的高通过性汽车	越野汽车（按汽车总质量）m/t	$m \leq 5.0$ 轻型越野汽车
				$5.0 < m \leq 13$ 中型越野汽车
				$m > 13$ 重型越野汽车
按发动机位置和驱动方式分类（图2-30）		前置发动机前轮驱动汽车（FF）	广泛应用于轿车	
		前置发动机后轮驱动汽车（FR）	广泛应用于货车	
		后置发动机后轮驱动汽车（RR）	广泛应用于大型客车	
		中置发动机后轮驱动汽车（MR）	赛车	
		前置发动机全轮驱动汽车（nWD）	越野车、SUV汽车	
按车身承载方式分类	非承载式车身	车架作为承载基础件的汽车（货车、越野车、部分轿车和客车）		
	承载式车身	车身作为承载基础件的汽车（大部分轿车、部分客车）		

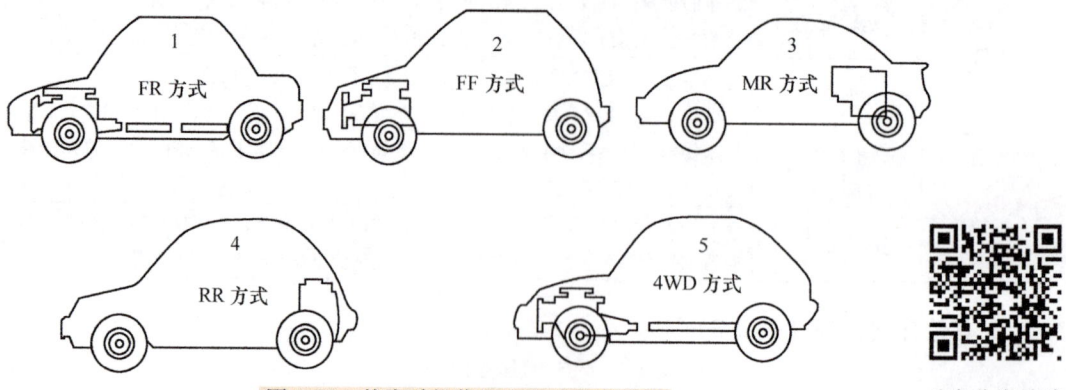

图 2-30 按发动机位置和驱动方式分类

汽车分类续谈

思考题

1. 我国国家标准中对汽车的定义是什么？
2. 往复活塞式内燃机基本术语有哪些？含义是什么？
3. 四冲程汽油机与四冲程柴油机的工作原理有哪些不同之处和相同之处？
4. 汽车由哪几部分组成？各组成部分的功用是什么？
5. 分析汽车行驶的基本原理。
6. 简述汽车的使用性能及其评价指标。
7. 叙述汽车旧分类与新分类的区别。

第三章

世界著名汽车品牌

> **学习目标**
>
> 1. 了解德、美、法、英、意、日、韩等各大汽车公司的创建、规模、组成及其车型等。
> 2. 掌握我国各大汽车公司的创建、规模、组成及其车型等。
> 3. 掌握著名厂家所生产汽车的车标及含义。

汽车作为现代生活的标志,注重的是品质和品牌。汽车发展的历史可以说是品牌发展史,世界上再也没有其他商品能够像汽车这样充分展示品牌的力量了。宝马汽车以先进的技术,卓越的品质和优雅的风格而享誉全球;奔驰汽车以其卓越的发动机制造技术、舒适、安全和独树一帜的风格,在全球被诠释为身份和社会地位的象征;大众汽车公司以生产物美价廉的甲壳虫赢得广大民众的青睐;保时捷一直是速度和力量的象征;福特汽车公司以坚固耐用、价格低廉的福特 T 型车和高雅、舒适、性能杰出并以美国 16 任总统名字命名的豪华轿车林肯而著名;通用汽车公司以其"通用全球"的豪言壮语让世人仰慕,作为尊贵和声望代名词的凯迪莱克被世人所知晓;狮子是标致品牌的象征,是强劲和灵敏的化身,理智与激情的合一;从"车到山前必有路、有路就有丰田车"可看到丰田汽车的自信和气魄;奥迪、劳斯莱斯、保时捷、菲亚特、沃尔沃、法拉利、本田、莲花等品牌为大众耳熟能详,正是其品牌的魅力所在。

第一节　德国汽车公司及车标

一、戴姆勒—奔驰汽车公司及车标

1. 建立与发展

戴姆勒—奔驰公司创立于 1926 年,总部设在斯图加特,**创始人是卡尔·本茨和戈特利布·戴姆勒**。它的前身是 1883 年成立的奔驰工厂和 1890 年成立的戴姆勒汽车厂。

从 1926 年至今,公司一直把重点放在追求生产高质量、高性能的高级别汽车产品上,主要品牌有奔驰和迈巴赫。奔驰公司的载重汽车、专用汽车、大客车品种繁多,是世界上最大的重型车生产厂家（表3-1）。1998年5月7日，德国的戴姆勒—奔驰汽车公司与美国的克莱斯勒汽车公司宣布合并，新公司称为戴姆勒-克莱斯勒汽车公司。2007年5月14日，戴姆勒-克莱斯勒股份公司宣布，将子公司克莱斯勒集团80.1%的股权出售给私人资本运营商Cerberus Capital Management L. P.，公司的名称变更为戴姆勒股份公司。20世纪80年代，奔驰公司和中国北方工业公司合作，向中国转让奔驰重型汽车的生产技术。

小知识： 奔驰汽车字母代号的含义

表3-1 奔驰汽车字母代号的含义

字母	含义	字母	含义	字母	含义
A	单厢轿车	M	SUV	CLK	中型跑车
C	小型轿车	S	高级轿车	SL	高级跑车
E	中级轿车	V	多功能厢式车	SLK	小型跑车
G	越野车	CL	高级轿跑车	SLR	超级跑车

如C200型轿车的发动机排量是1 998mL，C250D型轿车的发动机排量是2 497mL，D指柴油发动机

2. 车标

1909年奔驰汽车公司设计了一个用代表和平和胜利的月桂枝围绕着BENZ字样的圆形图徽作为它的汽车商标。1909年，戴姆勒公司把表达戴姆勒在陆海空三个领域实现机动化夙愿的三叉星注册为正式商标。1916年戴姆勒汽车公司将MERCEDES和三叉星合并形成一个新的商标。1926年6月29日戴姆勒与奔驰联手后，将两者的标志结合起来，用奔驰的月桂枝围绕着戴姆勒的三叉星，MERCEDES的字样在上面，BENZ的字样在下面。现在该公司车标以及汽车散热器上的立体图案是简化了形似转向盘的一个环形圆围着三叉星，并以月桂枝包围着的MERCEDES、BENZ的圆盘为底座。三叉星表示在陆海空领域全方位的机动性，环形图显示营销全球的发展势头。奔驰车标的演变如图3-1所示。

具有传奇色彩的迈巴赫品牌首创于1919年，创始人是被誉为"设计之王"的威廉·迈巴赫（Maybach）。迈巴赫豪华车每一辆车都按照用户定制规格进行独立的制作，发动机和底盘全是手工打造。迈巴赫车标（图3-2）有两个交叉的M围绕在一个球面三角形里。"MM"原来代表"Maybach Motorenbau"（迈巴赫发动机）之义，现解作"Maybach Manufacture"（迈巴赫制造）。

1909年

1916年

1909年

1933年

1989年

图3-1 奔驰车标的演变　　　　　　　　　　　图3-2 迈巴赫车标

企业文化见图3-3。

图3-3 企业文化

二、大众汽车公司及车标

1. 建立与发展

大众汽车公司（Volkswagen）创立于1938年，总部设在德国的沃尔夫斯堡，创始人是费迪南德·波尔舍。大众汽车公司是德国最大的汽车生产集团，汽车产量居世界排名第五位。主要子公司有德国大众公司，德国奥迪汽车公司，捷克斯柯达汽车，保时捷集团，西班牙西雅特公司等。

使大众公司扬名的产品是"甲壳虫"轿车，紧随其后的POLO、高尔夫、帕萨特、桑塔纳等也畅销全世界。大众目前拥有大众（Volks Wagenwerk），奥迪（Audi），斯柯达（SKODA），保时捷（PORSCHE），兰博基尼（LAMBORGHINI），西雅特（SEAT），布加迪（BUGATTI），宾利（BENTLEY），斯堪尼亚（SCANIA.MAN），杜卡迪（DUCATI）等品牌，从乘用车到商用车，从代步工具到超级跑车，产品应有尽有。

2. 车标

大众车标（图3-4）像一只圆形的眼睛，"眼睛"中叠加着"V""W"两个字母，它们是德文 Volks Wagenwerk（意思是"大众化车"）词组中两个单词的第一个字母。标志像是由三个用中指和食指做出的"V"组成，表示大众公司及其产品必胜。

图3-4 大众车标

企业文化见图3-5。

图3-5 企业文化

三、奥迪汽车公司及车标

1. 建立与发展

1932年6月29日，奥迪、霍希、漫游者（Wanderer）和小奇迹DKW四个汽车制造商在开姆尼茨市成立了汽车联盟股份公司（Auto Union AG）。在汽车联盟内部，四个品牌分别针对特定的目标市场：DKW承担了摩托车和小型汽车的市场，漫游者则负责中型汽车的制造，奥迪生产高档汽车，霍希制造超豪华顶级汽车。

1965年，汽车联盟被大众公司收购。1969年，新汽车联盟与NSU汽车公司合并。新公司定名为奥迪-NSU汽车联盟有限公司。1985年公司的名称简化为奥迪股份公司。

奥迪汽车公司主要产品有A3系列、A4系列、A6系列、A8系列和敞篷车及运动车系列等。奥迪轿车和MPV型号的车用公司英文名称（Audi）的第一个字母A打头，其后的数字越大表示价格越高，如A2、A4、A6和A8；S打头的是运动车；RS打头的是高性能运动车；Q打头的是越野车；TT打头的是跑车；R打头的是GT跑车，如R8、R10等。

2. 车标

奥迪车标（图3-6）由四个半径相等、紧扣着的圆环组成，表示公司当初由奥迪、霍希、旺达尔、小奇迹DKW四家公司合并而成，四个紧扣联环半径相等，象征公司成员平等、互利、协作的亲密关系和奋发向上的敬业精神。而"Audi"这一名称来自联合公司的第一家霍希公司的创始人——霍希，霍希的德文意思是"听"，译成拉丁文为"Audi"。

图3-6　奥迪车标

四、欧宝汽车公司及车标

1. 建立与发展

1862年，亚当·奥贝尔（Adam Opel）在吕塞尔海姆创建了欧宝公司，公司最初生产缝纫机，1887年开始生产自行车。1899年，该公司开始汽车和摩托车制造，并以"亚当·欧宝"命名工厂，使欧宝的名字一直沿用至今。1924年，该公司建成德国第一条生产汽车的流水线，使汽车产量猛增，在德国廉价车领域独占鳌头。1929—1931年，通用汽车公司收购了欧宝的所有股份，欧宝成为美国通用汽车公司在德国的子公司。

欧美佳（Omega）作为欧宝的旗舰车型，是各界成功人士的首选高级轿车；维达（Vectra）则是德国科技美学的新锐，作为一款性价比出众的中级轿车，颇受钟情于事业和家庭的人士青睐；雅特（Astra）以时尚、安全、实用的特点，树立了21世纪家庭小型轿车的新典范；赛飞利旅行车拥有宽敞灵活的空间，功能用途变化丰富，在家庭和公务使用方面能够达到两全。

2. 车标

欧宝车标（图3-7）由图案和文字两部分组成。图案代表公司的技术进步和发展，又像闪电一样划破长空，震撼世界，喻示汽车如风驰电掣，同时也炫耀它在空气动力学方面的研究成就。

图3-7　欧宝车标

五、宝马汽车公司及车标

1. 建立与发展

1913 年，德国的佛瑞德·瑞浦在慕尼黑成立了瑞浦发动机公司，专门从事飞机发动机制造。1916 年该公司改名为巴伐利亚飞机发动机公司，两年后，又改为宝马公司（BMW），从 1928 年后转产汽车，几十年来几经兴衰。直到 1936 年后，宝马公司才摆脱了困境，得以顺利发展。1994 年，BMW 收购了英国的罗孚（Rover）集团，包括名下的罗孚、陆虎、MINI 以及 MG。2000 年，BMW 将不再可行的罗孚和 mg 两家工厂以 10 英镑的象征性价格出售给英国凤凰集团。陆虎不久也被出售给美国福特公司，但 BMW 却决定保留 MINI 品牌。2002 年 BMW 从劳斯莱斯原来的东家大众汽车那里买到了"劳斯莱斯"这个商标品牌。

宝马公司以豪华汽车、摩托车和高性能发动机闻名于世。宝马汽车的加速性能和高速性能在全球汽车业是一流的，因而经济发达国家的警车首选宝马。目前，宝马的车系有 1、3、5、6、7、i、M、X、Z 几个系列。其中，1 系是紧凑型汽车，3 系是小型汽车，5 系是中大型汽车，6 系是轿跑，7 系是豪华汽车，i 系是宝马未量产的概念车系列，M 系是宝马的高性能版本，X 系是宝马特定的 SUV 车系，Z 系是宝马的入门级跑车。

2. 车标

宝马车标（图 3-8）在双圆环的上方标有 BMW 字样，这是公司全称三个词的首字母缩写。车标内圆为蓝白两色相间的螺旋桨图案，代表着在蓝天白云和广阔时空旅途中运转不停的螺旋桨，象征该公司过去在航空发动机技术方面的领先地位，又象征着公司以创新的科技、先进的观念，满足消费者最大的愿望，反映了宝马公司蓬勃向上的气势与日新月异的面貌。

图 3-8　宝马车标

企业文化见图 3-9。

图 3-9　企业文化

> **知识链接**
>
> 迷你车（MINI）
>
> 迷你车（MINI）是指车身短、外形小、油耗在 3.5L/min 以下的微型轿车。
>
> 1956 年苏伊士危机爆发，欧洲各国石油价格猛涨。在严峻的经济形势下，原英国汽车公司（即 BMC，陆虎汽车公司的前身）决定设计一种燃料经济性好的微型轿车，

以满足广大普通民众的需求。阿历克·埃斯戈尼斯大胆地选择了新的设计方案，采用发动机前置前轮驱动，机械部件都集中到两个前轮之间以及后座地板下面，车轮直径只有25.4cm，车长3.05m，宽1.4m，重量仅为630kg。该车1959年问世，在市场上很受欢迎。1961年，赛车工程师John Cooper将赛车血统注入该车性能内，使实用别致的小车摇身变成赛车场上的传奇，自此成为英国车坛之宝。目前累积生产量为530多万辆。现在，迷你（MINI）是BMW集团一个独特、独立的品牌。

MINI是汽车的精灵，精简、饱满的线条和现代化的设计兼具古典气息，会让人产生一种想要把它开回家宠一宠的欲望。图3-10是1967的奥斯汀迷你·库柏，该车车体设计小巧精致，敏捷灵活，采用前轮驱动，把变速器设计在发动机之内，减少占用空间，因此车厢如同四门轿车般宽敞，纵使个子高大的人乘坐，也不会有局促的感觉。

图3-10 1967年的奥斯汀迷你·库柏

六、保时捷汽车公司及车标

1. 建立与发展

保时捷汽车公司成立于1930年，创始人是<u>费迪南德·波尔舍</u>，公司总部设在德国斯图加特市。

保时捷汽车公司拥有一个现代化的开发研究中心，拥有风洞、撞车试验室等先进设施和1700名专业人员。该公司是一家比较特殊的汽车公司，它既从事本公司超级跑车和赛车的设计和生产，也承接其他公司委托的技术研究和设计开发，几乎为世界上所有著名的汽车公司设计过新车型、发动机和其他产品。

保时捷公司专门从事豪华跑车的生产，主要车型有911（跑车）、Boxster（双门双座敞篷跑车）、Cayman（双门跑车）、Panamera（五门的掀背型高级轿车）、Macan（中型SUV）。流畅的外部车身造型，后置式发动机和优异的性能构成了保时捷汽车鲜明的特色。

2. 车标

保时捷车标（图3-11）是以公司所在地斯图加特所在的巴登佛登堡州的盾形州徽和德国黑、红、黄三色旗做底，上面是"Stuttgart"字样；中间是一匹黑色的骏马，表明斯图加特市以产马而闻名；左上方和右下方的鹿角图案表明斯图加特曾是狩猎的好地方；右上方和左下方的黄色条纹代表成熟了的麦子，喻示五谷丰登；黑色代表肥沃的土地，红色象征人们的智慧和对大自然的钟爱。这一切组成了<u>一幅美丽的田园风景画</u>，象征保时捷辉煌的过去和美好的未来。

图3-11 保时捷车标

第二节 美国汽车公司及车标

美国汽车工业发展初期，曾出现几百家汽车企业，规模大都很小。通过竞争，大多数企业被兼并或淘汰，最后形成了通用、福特和克莱斯勒三大汽车集团。

一、通用汽车公司及车标

通用汽车公司（GM）由**威廉·杜兰特**（William C. Durant）于1908年9月16日在新泽西州以别克汽车公司为核心创建，现在公司总部设在底特律市。自从公司建立以来，先后联合或兼并了别克、凯迪拉克、雪佛兰、奥兹莫比尔、庞蒂克、克尔维特、悍马等公司，还拥有铃木（Suzuki）3%股份。2009年6月1日，通用汽车申请破产保护。2009年7月10日成立新通用汽车有限公司，结束破产保护，由美国联邦政府注资而持有其60.8%的股权，新公司标志保持不变。通用汽车公司是美国最早实行股份制和专家集团管理的特大型企业之一。

通用汽车公司（简称通用）是一个由几十家不同专业公司组成、高度垂直的综合跨国公司，该公司所属五大业务部门，分别是北美业务部（GM-NAO）、德尔福汽车系统、国际业务部（GMI）、通用汽车金融信用公司（GMAC）和休斯电子公司。通用在中国与上汽集团等建立上海通用汽车制造、泛亚汽车技术中心、汽车金融等合资和独资企业。

通用汽车公司在全球生产和销售包括凯迪拉克（Cadillac）、别克（Buick）、雪佛兰（Chevrolet）、吉姆西（GMC）、霍顿（Holden）、欧宝（Opel）、萨博（Saab）、宝骏和沃克斯豪尔（Vauxhall）等一系列品牌车型并提供服务。

通用汽车公司的标志（图3-12）是**通用汽车公司（General Motors Corporation）的简称**，蓝底白字，简洁明快。

图3-12 通用标志

1. 凯迪拉克（Cadillac）

1902年，美国人**亨利·利兰**建立了凯迪拉克公司，取名凯迪拉克是为了纪念底特律市的创建者法国人安东尼·凯迪拉克。1909年凯迪拉克公司被并入通用公司，成为通用公司生产豪华轿车和跑车的分部，其产品是通用公司最高档次的，主要产品有凯迪拉克、埃尔多拉多（Eldorodo）、弗里特伍德（Fleet-wood）、帝威（Deville）等。

凯迪拉克的车标（图3-13）**上为冠，下为盾**，周围为郁金香花瓣构成的花环。冠上的七颗珍珠显示出了皇家贵族的尊贵的血统，隐喻汽车高贵、豪华、气派、风度；盾象征着凯迪拉克军队是一支金戈铁马、英勇善战、攻无不克、无坚不摧的英武之师，隐喻其生产的汽车拥有巨大的市场竞争力。盾分为四个等分。第一个和第三个等分是门斯家族的纹章金底。中间是横穿过的深褐色棒，棒把三只相同的黑鸟分开，两只在上，一只在下。这些没有腿和嘴的黑鸟象征着基督教武士的智慧，富有和完美的品德。第二个和第四个等分为红色和银色块，也以对角排列，代表凯迪拉克家庭拥有广阔的土地。红色象征着勇猛和大胆；银色表示纯洁、博爱、美德和富有。纵横相接的白杠表示了凯迪拉克家族在十字军战争的遥远战场上富有骑士般的勇猛。

20 世纪末，通用公司对凯迪拉克车标进行了一系列创新设计。新车标整体以铂金颜色为底色，而花冠则保留了原来的色彩组合，六只可爱的小鸟飞走了。新标志比喻凯迪拉克汽车高贵、豪华、气派和潇洒，用凯迪拉克骑士们的英勇善战、攻无不克来比喻凯迪拉克牌汽车具有巨大的市场竞争力。

1906 年　　　　　　1963 年　　　　　　1999 年

图 3-13　凯迪拉克车标

2. 别克（Buick）

1903 年，大卫·别克创建别克汽车公司，1904 年被转手卖给通用公司创始人杜兰特。1908 年 9 月 16 日，威廉·杜兰特以别克汽车公司为核心成立了通用汽车公司。别克旗下包括众多知名车型：英朗、君威、君越、GL8 及雷昂达、昂科雷、昂科拉等，现在是通用汽车公司的中端品牌。

别克车标（图 3-14）形似三把利剑。三把颜色不同（从左到右：红、白、蓝）并依次排列不同高度位置上的利剑，给人一种积极进取、不断攀登的感觉。它表示别克采用顶级技术，刃刃见锋；也表示别克培养出的人才个个游刃有余，是无坚不摧、勇于登峰的勇士。

图 3-14　别克车标

3. 雪佛兰（Chevrolet）

1911 年杜兰特离开通用后，与瑞士赛车手路易斯·雪佛兰合建雪佛兰公司。1918 年杜兰特回到通用后公司被并入通用，此后一直是通用公司最大的分部。它的车型品种非常广泛，从小型轿车到大型四门轿车，从厢式车到大型皮卡，甚至从越野车到跑车，消费者所需要的任何一种车型，都可以在雪佛兰中找到。从 2005 年 2 月起，从前的韩国大宇也已经归属通用汽车，在它旗下有马蒂兹（Matiz）、卡罗斯（Kalos）、Lacetti、旅行家（Nubira）等一系列畅销车型。雪佛兰在中国的产品包括迈锐宝、科帕奇、景程、科鲁兹、爱唯欧、赛欧、科迈罗、沃蓝达等，产品矩阵覆盖中高级车、中级车、紧凑型车、小型车、SUV、豪华跑车及新能源车等多个细分市场。

雪佛兰的"蝴蝶结"车标（图 3-15）于 1914 年正式亮相，是图案化了的领结。领结是人人喜爱的饰物，不但体现着大众化，更标志着大方、气派、风度与优质的服务精神。

图 3-15　雪佛兰车标

4. 吉姆西（GMC）

GMC 汽车公司渊源可追溯到 1901 年成立的疾速汽车公司——该公司曾打造出了最早的商用载货汽车并为这些车子配备了单缸发动机。1909 年，疾速汽车公司被通用汽车公司收购。三年后，GMC Truck 品牌首次出现在纽约国际汽车展上，这一年有多达2.2万部载货汽车被生产出来。现在，GMC 是通用集团旗下的商用车部门，有使节（Envoy）、峡谷（Canyon）、西拉（Sierra）、育空河（Yukon）、旅行（Safari）、Savana 等一系列车型。其红色标志（图 3-16）GMC 取自其英文名称（General Motor Corporation）的三个单词的第一个字母。

5. 霍顿（Holden）

霍顿汽车公司创立于1856年，总部位于澳大利亚墨尔本市。1918年，该公司首次为顾客设计制造车身，此后渐渐涉足汽车制造行业。1931年，通用澳洲公司与霍顿汽车公司合并，成立"通用-霍顿公司"。霍顿汽车品牌在澳大利亚颇受欢迎。目前，霍顿公司旗下共有20几种车型，从两厢小型车到四轮驱动的 SUV，从家用轿车到商用皮卡，应有尽有。

霍顿车标（图 3-17）是一只狮子滚球的红色圆形浮雕，其设计灵感来自一则古老传说——埃及狮子滚石头，该情景启迪人类发明了车轮。

图 3-16　吉姆西车标　　　　图 3-17　霍顿车标

二、福特汽车公司及车标

1903年，亨利·福特先生在美国底特律市创立了福特汽车公司。1908年福特汽车公司生产出世界上第一辆属于普通百姓的汽车——T型车，世界汽车工业革命就此开始。1913年，福特汽车公司又开发出了世界上第一条流水线，福特先生为此被尊为"为世界装上轮子"的人。现在的福特汽车公司是超级跨国公司，总部设在美国密歇根州迪尔伯恩市。

福特汽车公司在世界各地30多个国家拥有生产、总装或销售企业。福特旗下还拥有捷豹汽车公司、阿斯顿·马丁·拉贡达公司（Aston Martin Lagonea Ltd），并拥有马自达汽车公司33.4%的股份和起亚汽车公司近10%的股份。此外，还拥有世界上最大的汽车信贷企业——福特信贷（Ford Credit）、全球最大的汽车租赁公司——赫兹（Hertz）以及汽车服务品牌（Quality Care）。福特汽车公司及其众多子公司组成了两大业务集团：福特汽车业务和金融服务集团。福特汽车公司在中国有位于江西省南昌市的江铃汽车（股份）有限公司（30%的股份）、长安福特汽车有限公司（50%的股份）、福特信贷等，生产福特全顺、蒙迪欧、福克斯、嘉年华等车型。

福特汽车公司的产品种类繁多，轿车方面有以经济多用性著称的 Ka、嘉年华和雅仕，还有林肯·城市（Lincoln）那样宽敞舒适的大型轿车，也有像阿斯顿·马丁（Aston Martin）和捷豹（Jaguar）（2008 年已出售给印度塔塔汽车公司）之类的华贵汽车。大众化的中级轿车有在澳大利亚生产的猎鹰，在北美生产的特使和黑貂，还有如蒙迪欧、康拓和水星环宇（Mercury）这样的世界级汽车。卡车方面，福特可提供从逍遥和 F 系列皮卡，彩虹、助手、全顺、雅客、信使小货车、银河、稳达和水星村民微型货车，以及 Expedition、Navigator、伊普拉、Mountaineer 和 Maverick 多用途运动车，一直到 F 系列、货车和贸易中型卡车，应有尽有。

1. 福特（Ford）

福特车系是福特集团在北美的本土品牌，经济耐用，属于中档品牌。福特品牌当前的代表车型有雷鸟、野马、F 系列、全顺、福克斯等。

福特汽车公司和汽车商标（图 3-18）采用<u>蓝底白字</u>的福特英文"Ford"字样，形似小白兔。福特十分喜爱动物，1911 年，商标设计者为了迎合福特的嗜好，就将英文 ford 设计成为形似奔跑的小白兔形象，犹如在温馨的大自然中，有

图 3-18　福特车标

一只活泼可爱的小白兔正在矫健潇洒地向前飞奔，象征福特汽车飞奔于世界各地，令人爱不释手。

2. 林肯（Lincoln）

林肯是福特汽车公司拥有的第二个品牌，在 1907 年由<u>亨利·利兰</u>（Henry Leland）先生创立。1922 年，福特汽车公司以 800 万美金收购了林肯品牌，并由此进入豪华车市场。由于林肯车杰出的性能、高雅的造型和无与伦比的舒适，它一直是美国车舒适和豪华的象征。林肯车也是第一个以美国总统的名字命名并为总统生产的汽车。自 1939 年美国的富兰克林·罗斯福总统以来，它一直被选为总统用车。

林肯品牌的著名产品有城市（TownCar）、航海家（Navigator）、飞行员（Aviator）和 LS。目前在中国使用较多的是林肯城市（Town Car）。

林肯车标（图 3-19）是由<u>一颗闪闪发光的辰星</u>和一个近似矩形的外框组成的图案，表示林肯总统是美国联邦统一和废除奴隶制度的启明星，也喻示着林肯牌轿车具有光辉灿烂的明天。

图 3-19　林肯车标

3. 水星（Mercury）

20 世纪 30 年代中期，福特汽车公司的管理层意识到在经济型的福特车和豪华的林肯车之间仍存在市场机会，于是在 1935 年开发出了水星品牌，以进军中档车市场。1938 年 10 月正式推出水星产品。1949 年，福特汽车公司把林肯汽车分部和水星汽车分部合并为水星-林肯分部。水星汽车提供从紧凑型轿车到大型越野车的各种车型。水星品牌的著名产品有库格（Cougar）、村民（Villager）、登山者（Mountaineer）、奥秘（Mystique）、侯爵（GrandMarquis）等。

Mercury 意思是水星（图 3-20），在希腊神话中是<u>背插双翼凌空飞翔的神</u>，在罗马神话中水星是主管商业和道路之神，象征公司的气派。

图 3-20　水星车标

三、克莱斯勒汽车公司及车标

1925年，沃尔特·克莱斯勒（Walter Chrysler）脱离通用汽车公司，自行创设克莱斯勒汽车公司。同年，该公司买下马克斯韦尔汽车公司，1928年又买下道奇兄弟汽车公司。1936—1949年，曾一度超过福特汽车公司，成为美国第二大汽车公司。1978年出现严重的亏损，1980年濒临破产，因为政府给予15亿美元的联邦贷款保证，公司才免于倒闭。克莱斯勒于1998年被德国戴姆勒集团以330亿美元价格收购，成立戴姆勒-克莱斯勒汽车公司（被称为"大象婚姻"）。2007年8月，由美国私募基金泽普世（Cerberus）资本管理公司以74亿美元价格从戴姆勒-克莱斯勒集团购买了克莱斯勒80.1%的股权，以"克莱斯勒LLC"的面目出现。

克莱斯勒公司以经营汽车业务为主，在美国的汽车装配工厂有8家，汽车制造厂及汽车零部件厂有36家，主要生产道奇、顺风、克莱斯勒等品牌的汽车。除此之外，克莱斯勒公司还涉足游艇、钢铁、艇外推进器等业务，有出口、运输、金融、信贷、租赁和保险等专业公司。

1. 克莱斯勒汽车公司

克莱斯勒汽车公司商标（图3-21）像一枚五角星勋章，它体现了克莱斯勒家族和公司员工们的远大理想和抱负，以及永无止境的追求和在竞争中获胜的奋斗精神。五角星的五个部分，分别表示五大洲（亚、非、欧、美、大洋）都在使用克莱斯勒汽车公司的汽车，克莱斯勒汽车公司的汽车遍及全世界。

图3-21 克莱斯勒公司商标

1924年，第一辆以克莱斯勒冠名的汽车在纽约展出，这是一款功率强劲、价格便宜的大众型轿车，它装在散热器盖上醒目的银色飞翔标志和刻在散热器罩上的金色克莱斯勒印章（图3-22），标志着汽车工程与汽车设计从此进入了一个崭新的时代。1997年，这两种图案被融合在一起。经过重新设计的克莱斯勒飞翼标（图3-23），既包含了克莱斯勒品牌的内圆形商标，又增加了一对跃跃欲飞的翅膀，象征着克莱斯勒欣欣向荣。

图3-22 1924年的克莱斯勒车标

图3-23 现在的克莱斯勒车标

2. 道奇部

道奇部（图3-24）原为美国人道奇兄弟开设的一家公司，1928年并入克莱斯勒公司，生产中级轿车。

道奇的文字商标采用道奇兄弟的姓氏Dodge，图形商标是在一个五边形中有一羊头形象（图3-25）。在汽车上使用小公羊、大公羊两个车标，恰如其分地体现出了道奇汽车的动感强劲、睿智进取、个性自由、健硕乐活。

图3-24 道奇部商标

图3-25 道奇车标

3. 顺风部

顺风部也称普利茅斯部，生产中级轿车。普利茅斯（Plymouth）是英国的一个著名港口的名字，名字中有一帆风顺的含义，也体现了普利茅斯的创造精神。顺风车标（图3-26）以<u>一艘名为"米福拉瓦"号的帆船</u>为标志。

图3-26 顺风车标

4. 鹰·吉普部

20世纪以前，美国有一家排名第四的"美国汽车公司"（AMC），后于1987年被克莱斯勒公司兼并，成立鹰·吉普部。该部是克莱斯勒汽车公司专门生产轻型越野汽车的部门，是世界上最大的越野车制造厂。

鹰·吉普车标（图3-27）是<u>一只鹰</u>，鹰在美国被喻为神鸟，也是美国人对著名战斗机飞行员的俚称，象征矫健、强悍和自豪。采用鹰作为该部的车标，表示该部具有雄鹰的品质，能够迎风斗险，勇攀技术高峰。

图3-27 鹰·吉普车标

第三节 法国汽车公司及车标

一、雪铁龙汽车公司及车标

1. 建立与发展

雪铁龙汽车公司前身是雪铁龙齿轮公司，1915年由<u>安德烈·雪铁龙</u>创建，总部设在法国巴黎。1919年，雪铁龙英国汽车公司成立。此后，雪铁龙挪威、德国、美国汽车公司成立。1975年，雪铁龙汽车公司、标致汽车公司、塔尔伯特汽车公司合并成为标致-雪铁龙集团。

雪铁龙公司的产品有雪铁龙AX、BX、CX系列，还有雪铁龙TDR等。20世纪80年代末至90年代初，又推出了雪铁龙ZX系列。

2. 车标

1900年，安德烈·雪铁龙购买了人字形齿轮专利。1912年，安德烈·雪铁龙开始用人字形齿轮作为雪铁龙公司产品的商标。后来，雪铁龙曾组织过横穿非洲大陆和横越亚洲大陆的两次旅行，使雪铁龙汽车名声大振。法国人生性开朗，爱赶时髦，喜欢新颖和漂亮，雪铁龙轿车就表现了这种法兰西性格，每时每刻都散发着法国的浪漫气息。由于雪铁龙的前身是雪铁龙齿轮公司，所以用人字齿轮的两对齿形作为公司标志和车标（图3-28）。啮合的人字形齿轮轮齿象征人们密切合作、同心协力、步步高升。

图3-28 雪铁龙车标

二、标致汽车公司及车标

1. 建立与发展

1848年，阿尔芒·标致（Peugeot）家族在法国巴黎创建了一家工厂，主要生产拉锯、弹簧和齿轮等。1896年，标致在蒙贝利亚尔创建了标致汽车公司。1976年，标致公司吞并了法国历史悠久的雪铁龙公司，从而成为世界上一家以生产汽车为主，兼营机械加工、运输、金融和服务业的跨国工业集团。标致汽车公司的总部在法国巴黎。

1992年5月，中国东风汽车公司与法国PSA标致雪铁龙集团等股东合资兴建神龙汽车有限公司，总部位于中国湖北武汉，主要是生产"富康""爱丽舍""毕加索""赛纳"四个系列车型。2011年11月成立长安标致雪铁龙汽车有限公司，已经顺利上市了DS系列的DS 5、DS 5LS、DS 6、DS 4S等众多车型。

标致车型的命名采用x0y格式。x表明汽车的大小（也就是级别），y表明型号（数字越大，型号越新），如标致607、406、407、306、307、206及206CC跑车等。

2. 车标

标致车标（图3-29）是一只站立的雄狮。雄狮是标致家族的徽章，后来也是蒙贝利亚尔省的省徽。商标既突出了力量，又强调了节奏，富有时代感，喻示着标致汽车像雄狮那样威武、敏捷，永远保持旺盛的生命力。

图3-29 标致车标

三、雷诺汽车公司及车标

1. 建立与发展

雷诺汽车公司是路易斯·雷诺三兄弟于1898年在法国比扬古创建的。1944年9月被法国政府接管，改为国营雷诺汽车公司，并兼并了萨维姆和贝利埃两家汽车公司。从1992年起，雷诺重新成为私营企业。雷诺汽车公司以生产汽车为主，还涉足发动机、农业机械、自动化设备、机床、电子、塑料橡胶业等。1999年3月，雷诺与日产签署了协议，雷诺以54亿美元的投资取得日产公司36.8%和日产柴油车公司22.5%的股份。2010年4月，戴姆勒公司与雷诺-日产联盟宣布建立战略联盟。雷诺公司在中国唯一的合资企业是三江雷诺，专门生产塔菲克（Trafic）七座单厢车。

雷诺公司旗下拥有梅甘娜（Megane）、克丽欧（Clio）、拉古娜（Laguna）、丽人行（Twingo）、太空车（Espace）等汽车品牌。

2. 车标

雷诺车标（图 3-30）是四重菱形图案，象征雷诺三兄弟与汽车工业融为一体，表示雷诺能在无限的（四维）空间中竞争、生存、发展，又表示雷诺汽车刚劲有力、工艺精湛，且与众不同。

图 3-30　雷诺车标

第四节　意大利汽车公司及车标

一、菲亚特汽车公司及车标

1. 建立与发展

菲亚特是意大利都灵汽车制造厂的缩写，该厂建于 1889 年，厂址设在都灵市，其创建人是乔瓦尼·阿涅利，1899 年更名为菲亚特汽车公司。1969 年，菲亚特兼并了蓝旗亚汽车厂并购买了法拉利车厂 50% 的股份，把世界跑车业的第一品牌法拉利收编到了自己旗下。1984 年收购了阿尔法·罗密欧，1993 年收购了玛莎拉蒂，成为一个经营多种品牌的汽车公司。成立于 1999 年 4 月的南京菲亚特合资公司是中国跃进汽车集团与意大利菲亚特汽车公司共同组建的大型合资企业，双方各持股 50%，生产菲亚特·派力奥、菲亚特·西耶那、菲亚特·周末风三款紧凑型家庭轿车。广汽菲亚特成立于 2010 年 3 月，由广汽集团和菲亚特集团以 50∶50 的股比共同投资成立，生产菲翔（viaggio）和 Ottimo 等车型。

菲亚特集团中各个品牌均保持传统特色。有贵族血统的蓝旗亚汽车保持一种高雅、尊贵的格调，阿尔法·罗密欧则是现代运动轿车的标志，玛莎拉蒂展现着意大利轿跑车的精华，法拉利更是世界跑车中的极品。

2. 车标

刚建厂时，菲亚特车标采用了该厂名中意文四个单词的第一个字母 F. I. A. T.。1918 年取消了字母中所加的标点。1931 年开始使用矩形商标 FIAT。1965—1968 年，曾采用圆形图案、月桂枝树叶环绕"FIAT"，表示菲亚特汽车公司的成功、荣誉和辉煌。现在菲亚特车标如图 3-31 所示。

二、法拉利汽车公司及车标

1. 建立与发展

法拉利汽车公司是意大利超级跑车制造公司，建于 1929 年，创始人是恩佐·法拉利（Enzo Ferrari）。公司总部设在意大利赛车之都摩德纳（Modena），现为意大利菲亚特汽车公司的子公司，主要制造一级方程式赛车、赛车及高性能跑车。

法拉利的赛车主要以红色为主，因而有人称它为红色的跃马或红魔法拉利。法拉利车队是世界赛场上最知名的车队，长期称霸各种汽车赛。

2. 车标

法拉利车标（图3-32）是<u>一匹跃起的马</u>。车标上部的绿白红三色是意大利的国旗色，下部是法拉利的意大利语名字，底色为公司所在地摩德纳的金丝雀的颜色。那匹腾空跃起的黑马，彪悍又充满野性。

图 3-31　菲亚特车标

图 3-32　法拉利车标

三、阿尔法·罗密欧汽车公司及车标

1. 建立与发展

1910 年，一些米兰商人买下了米兰附近日益衰落的法国达拉克汽车公司的装配厂，开始生产普通轿车，公司当时的名字叫伦巴第汽车公司。第一次世界大战中，工程师<u>尼古拉·罗密欧</u>买下了该公司，用于生产军火，战后改称阿尔法·罗密欧汽车公司，生产高级跑车和赛车。现为意大利菲亚特汽车公司的子公司。

2. 车标

阿尔法·罗密欧车标（图3-33）是<u>把"ALFA ROMEO"置于米兰市的圆形市徽</u>（原是维斯康泰家族的徽章）外圈的上半部。"ALFA"是伦巴第汽车公司的缩写，音译"阿尔法"；"ROMEO"是公司创始人尼古拉·罗密欧的姓氏。采用该车标，是为了纪念米兰市的创始人维斯康泰公爵及其家族。车标中的十字部分来源于十字军从米兰向外远征的故事，右半部分是一条蛇正在吞食撒拉逊人的图案，象征着中世纪米兰领主维斯康泰公爵的祖先击退使城市人民遭受苦难的"龙蛇"的传说。

图 3-33　阿尔法·罗密欧车标

四、蓝旗亚（LANCIA）汽车公司及车标

1. 建立与发展

蓝旗亚汽车公司建于1906年，创始人是<u>文森佐·蓝旗亚</u>，总部设在意大利工业城市都灵。1969年菲亚特公司买下了蓝旗亚公司后，蓝旗亚公司专注于高档轿车、跑车的生产，其产品在欧美各国受到欢迎，年产量约20万辆，比较著名的车型有 Y 型（Ypsilon）车和卡帕（Kappa）车等。

2. 车标

蓝旗亚车标（图3-34）有双重意义，一是取自公司创始人之一维琴佐·蓝旗亚的<u>姓氏</u>；二是"蓝旗亚"在意大利语中意为"<u>长矛</u>"。骑着高头大马，手持挂旗子的长矛者，便是中

世纪意大利骑士的主要形象。最早的商标是在旗子的后面加上车轮形状的图案，20世纪50年代才把图案置于盾形框架之中。商标以长矛画面为主题，代表了企业不畏艰难的拼搏精神，加上旗帜上的"LANCIA"，简洁地体现了"蓝旗亚"的全部意义。

图 3-34　蓝旗亚车标

五、玛莎拉蒂（MASERATI）汽车公司及车标

1. 建立与发展

玛莎拉蒂（Maserati）是一家意大利豪华汽车制造商，由玛莎拉蒂家族四兄弟于1914年12月1日创立于博洛尼亚（Bologna），公司总部现设于摩德纳（Modena）。1993年，菲亚特（Fiat S. p. A.）收购玛莎拉蒂，但品牌得以保留。而今的玛莎拉蒂全新轿跑系列是意大利顶尖轿跑车制作技术的体现，也是意大利设计美学以及优质工匠设计思维的完美结合。

2. 车标

玛莎拉蒂车标（图 3-35）是在树叶形的底座上放置的一件三叉戟，这是公司所在地意大利博洛尼亚市的市徽，相传于罗马神话中的海神尼普顿手中的武器，显示出海神巨大无比的威力。该商标表示玛莎拉蒂牌汽车就像浩渺无垠的大海般咆哮澎湃，隐喻了玛莎拉蒂汽车快速奔驰的潜力。

图 3-35　玛莎拉蒂车标

第五节　英国汽车公司及车标

一、劳斯莱斯汽车公司及车标

1. 建立与发展

劳斯莱斯（Rolls-Royce）是世界顶级豪华轿车厂商，1906年成立于英国，公司创始人为 Frederick Henry Royce（亨利·莱斯）和 Charles Stewart Rolls（查理·劳斯）。除了制造汽车，劳斯莱斯还涉足飞机发动机制造领域，它也是世界上最优秀的发动机制造者，著名的波音客机用的就是劳斯莱斯的发动机。2003年，劳斯莱斯汽车公司被宝马（BMW）接手。

劳斯莱斯汽车制作精细、材质优良，以其古朴、典雅、庄重的造型而著称，是当今世界最尊贵、最豪华、最气派的轿车之一，在世界车坛上享有崇高的地位，被喻为"帝王之车"。

2. 车标

劳斯莱斯公司商标（图 3-36）采用 ROLLS、ROYCE 两个单词的开头字母 R 叠合而成，喻意创始人你中有我、我中有你、团结奋进、精诚合作、共同创业的精神。

劳斯莱斯的雕塑车标（图 3-37）是一尊金灿灿的飞翔女神像。这个标志的创意取自巴黎卢浮宫艺术品走廊的一尊有 2000 年历史的胜利女神雕像，她庄重高贵的身姿激发了艺术家的创作激情，于是一个两臂后伸，身带披纱的女神像飘然而至。

图 3-36　劳斯莱斯公司商标

图 3-37　劳斯莱斯的雕塑车标

二、宾利汽车公司及车标

1. 建立与发展

宾利汽车公司（Bentley Motors Limited）是世界著名的英国汽车制造商，由沃尔特·本特利创建于 1919 年 1 月 18 日，总部位于英国克鲁。第一次世界大战期间，宾利以生产航空发动机而闻名，战后，宾利开始设计制造汽车产品。1931 年，宾利被劳斯莱斯收购。在至今近百年的历史中，宾利历经时间的洗礼，依然历久弥新、熠熠生辉，呈现给世人的永远是尊贵、典雅、动力、舒适与精工细做得最完美的结合。

2. 车标

宾利（Bentley）车标（图 3-38）是以公司名的第一个字母"B"为主体，生出一对翅膀，似凌空翱翔的雄鹰，此标志一直沿用至今。

图 3-38　宾利车标

三、捷豹（Jaguar）汽车公司及车标

1. 建立与发展

捷豹（美洲虎）汽车公司由威廉·里昂斯（William Lyons）创立于 1922 年，早期生产三轮摩托车，后转为生产车身，1931 年开始设计生产汽车，1945 年开始以美洲虎的名称生产高档轿车、敞篷车和跑车。1989 年，捷豹被美国福特汽车公司以 40.7 亿美元并购；2008 年 3 月 26 日，福特又以 23 亿美元把捷豹连同路虎（Landrover）售予印度塔塔汽车公司。

捷豹汽车公司现有产品主要包括 S 型、XJ 型、XF 型系列轿车，XK 型跑车等。捷豹是与奔驰和宝马同级别的轿车，外形设计具有浓郁的英国风味，个性鲜明，性能卓越。由于限量生产和品牌的含金量，捷豹为世界各地许多贵族、富豪所首选，还是极其保存价值的古董车。

2. 车标

捷豹车标（图 3-39）为一只正在跳跃前扑的"美洲虎"雕塑，矫健勇猛，形神兼备，具有时代感与视觉冲击力。它既代表了公司的名称，又表现出向前奔驰的力量与速度，象

征该车如美洲豹一样驰骋于世界各地。

四、罗孚（Rover）汽车集团公司及车标

1. 建立与发展

图 3-39　捷豹车标

罗孚汽车公司的前身是建于 1884 年的自行车制造厂，从 1904 年开始研制生产汽车。该公司几易其主，1994 年被德国宝马公司买下，成为宝马汽车公司的子公司。2000 年美国福特汽车公司以 30 亿欧元从德国宝马汽车公司手中购得四轮驱动车的路虎品牌。2000 年以后罗孚和 MG 罗孚品牌先后被我国上海汽车集团和南京汽车公司购得。

罗孚（Rover）汽车集团公司旗下拥有生产高级跑车的 MG 罗孚（MG Rover）、专事生产四轮驱动越野车的路虎（Land Rover）和生产轿车的罗孚汽车品牌，其中路虎是世界上最好的四轮驱动车制造商之一。

2. 车标

罗孚车标（图 3-40）采用了一艘正在行驶的海盗船图案，张开着的风帆象征公司乘风破浪、所向披靡的大无畏精神。

名爵 MG 车标（图 3-41）为一个八角形文字徽标，象征热情和忠诚。

路虎车标（图 3-42）为绿底白字的文字徽标，椭圆形象征地球，展现了公司征服地球的雄心壮志。

图 3-40　罗孚车标　　　　　图 3-41　MG 车标　　　　　图 3-42　路虎车标

五、阿斯顿·马丁

1. 建立与发展

阿斯顿·马丁（Aston Martin）原是英国豪华轿车和跑车生产厂，建于 1913 年，创始人是莱昂内尔·马丁和罗伯特·班福德。公司设在英国盖顿，以生产敞篷旅行车、赛车和限量生产的跑车而闻名世界。1994 年，阿斯顿·马丁成为福特汽车公司的全资子公司。2007 年，Prodrive（科威特和英商人的合资公司）老板大卫·理查兹以 9.25 亿美元的价格从福特手中购得阿斯顿·马丁。

阿斯顿·马丁品牌的最著名车型有 DB5、DB6、DB7、Vantage、Vanquish Rapide 等。

2. 车标

阿斯顿·马丁车标（图 3-43）是一只展翅飞翔的大鹏，中间标有其英文字母全称，象征公司的远大志向，也代表了产品的速度和力量，喻示公司鹏程万里、前景光明。

图 3-43　阿斯顿·马丁车标

六、路特斯（Lotus）汽车公司及车标

1. 建立与发展

路特斯汽车公司创建于1951年，生产双门运动型轿车，总部设在英国诺里奇市。路特斯公司曾几度易主，现为马来西亚宝腾集团（Proton）所有，是通用公司设计研究生产高级运动汽车的一家海外子公司。2017年6月23日，中国吉利集团与马来西亚DRB-HICOM集团签署最终协议，收购DRB-HICOM旗下宝腾汽车（PROTON）49.9%的股份以及豪华跑车品牌路特斯（Lotus）51%的股份。

路特斯汽车公司主要产品有"精灵""伊兰""卓越"牌运动跑车等。

2. 车标

路特斯汽车公司的标志（图3-44）是由几个英文字母重叠在一起组成的，分解开是 CABC，这是公司创始人查普曼（Colin Anthony Bruce Chapman）名字的缩写。

七、沃克斯豪尔（Vauxhall）汽车公司及车标

1. 建立与发展

公司创始人为英国人亚历山大·威尔逊，他于1857年建立蒸汽机制造厂，1903年开始制造汽车，1925年该公司被美国通用汽车公司收购。2017年3月，美国通用汽车与法国标致雪铁龙（PSA）联合宣布，原通用旗下欧宝、沃克斯豪尔以及通用金融（GM Financial）欧洲业务将加入PSA集团。

2. 车标

沃克斯豪尔车标（图3-45）选用了13世纪英国沃克斯豪尔地区的土地主使用的狮身鹫首的怪兽。它矫健的翅膀展开，即将腾飞，并显露出锋利的前颚，体现了英国传统文化理念中的征服与霸气。沃克斯豪尔（Vauxhall）的新标志（图3-46）将狮身鹫首怪兽的躯体放大，使其看起来更醒目、更富现代感。

图3-44　路特斯汽车公司的标志

图3-45　沃克斯豪尔车标

图3-46　沃克斯豪尔新车标

第六节　日本汽车公司及车标

一、丰田汽车公司及车标

1. 建立与发展

丰田汽车公司（Toyota Motor Corporation），是一家总部设在日本爱知县丰田市和东京

都文京区的著名汽车制造公司，隶属于日本三井财阀。丰田汽车公司的前身是1933年在丰田自动织布机制作所设立的汽车部，1937年8月28日正式独立为丰田汽车工业公司。创始人是<u>丰田喜一朗</u>。1982年7月1日，丰田汽车工业公司和丰田汽车销售公司合并为丰田汽车公司。自2008起，丰田汽车公司开始逐渐取代通用汽车公司，成为全世界排行第一位的汽车生产厂商。

丰田旗下主要包括丰田、雷克萨斯（凌志）等品牌，车型有FJ酷路泽、RAV4、CROWN皇冠、REIZ锐志、COROLLA卡罗拉、COROLLA花冠、VIOS威驰、普拉多、汉兰达等。

2. 车标

丰田公司的<u>三个椭圆</u>的标志（图3-47）是从1990年开始使用的。标志中的大椭圆代表地球，中间由两个椭圆垂直组合成一个T字，代表丰田公司。它象征丰田公司立足于未来以及对未来的信心和雄心，还象征着丰田公司立足于顾客，对顾客的保证，象征着用户的心和汽车厂家的心是连在一起的，具有相互信赖感，同时喻示着丰田的高超技术和革新潜力。雷克萨斯轿车的车标（图3-48）采用车名第一个字母"L"的大写，"L"的外面用一个椭圆包围着的图案。椭圆代表着地球，表示雷克萨斯轿车遍布全世界。皇冠轿车的车标（图3-49）是一顶象征王位的皇冠，它象征着该车是日本国产车中的王者。企业文化见图3-50。

图3-47 丰田公司标志

图3-48 雷克萨斯车标

图3-49 皇冠车标

企业文化墙

经营理念：对客户——客户至上、服务至上
对员工——以人为本
对生产——以精简为手段，追求低成本
对产品——以零缺陷为最终目标，追求高质量

管理哲学：事业在于人
上下同心协力，忠实于公司事业，以产业成果报效国家
潜心研究与创造，不断开拓，时刻站在时代潮流的最前端
切戒奢侈浮华，力求朴实稳健
发扬友爱精神，以公司为家，相亲相爱
尊崇神佛，心存感激，为报恩而生活

企业原则：让汽车与自然环境"协调发展"，让公司与国际社会"协调发展"，让个人与社会共同进步

图3-50 企业文化

二、日产汽车公司及车标

1. 建立与发展

日产（NISSAN）汽车公司前身是1933年12月26日日本产业公司与户畋铸造公司联合成立的汽车制造公司，当年就开始生产汽车，于1934年正式更名为日产汽车公司。总部设在东京，它是日本第二大汽车生产厂家。2010年4月7日，法国雷诺、日本日产和德国戴姆勒这三家汽车业巨头在布鲁塞尔签署协议结成同盟。日产在华投资有东风日产和郑州日产两家合资企业。

日产开发产品的方针与丰田不同，往往有一种个性化的风格，外观和内部装饰都带点前卫色彩，甚至会溶入某些设计师的主观意念，加上偏重操控性，驾驶起来比较令人愉快。因此，日本汽车界一直有"舒适的丰田，操控的日产"的说法。日产汽车在全球范围内共拥有轿车、越野车、MPV（Multi-Purpose Vehicle）和商用车在内的30多个系列产品，其中轿车有骐达（TIIDA）、轩逸（SYLPHY）、天籁（TEANA）、阳光和声名卓著的Z系列等，越野车产品包括途乐、奇骏和逍客等，MPV有贵士（QUEST），商用车则有NV200、碧莲等。

2. 车标

日产车标（图3-51）是将NISSAN放在一个火红的太阳上，简明扼要地表明了公司名称，突出了所在国家的形象，这在汽车商标文化中独树一帜。整个图案表明了日产汽车公司位于"日出之国"的日本。因为日产的日语读音近似"尼桑"，所以也被音译为"尼桑"，其含义是"以人和汽车的明天为目标"。

图3-51　日产车标

企业文化见图3-52。

图3-52　企业文化

三、本田汽车公司及车标

1. 建立与发展

本田汽车公司全称为本田技研工业股份有限公司，其前身是本田技术研究所，建于1948年9月，创建人是本田宗一郎。该公司生产的摩托车闻名世界，于1962年开始生产汽车。本田公司先后建立本田美国公司、本田亚洲公司、本田英国公司。1998年7月，广州本田汽车有限公司和东风本田发动机有限公司成立。

"人和车，车和环境的协调一致"是本田公司的发展方向；动感、豪华、流畅是本田

公司的一贯风格；设计动力澎湃、低耗油、低公害的发动机是本田公司的技术目标；靠先进而实用的设计、卓越的制造质量和相对低廉的价格，吸引更多顾客是本田公司的宗旨。本田在我国合资生产运动型多功能车 CR-V（思威）、中级车 CIVIC（思域）、高端运动型轿车 SPIRIOR（思铂睿）、自主品牌车型 CIIMO（思铭）、高端 MPV Elysion（艾力绅）、混合动力车 INSIGHT（音赛特）、新概念轿车 JADE（杰德）；雅阁（Accord）轿车、奥德赛（Odyssey）商务车、CITY（锋范）三厢轿车和 Fit（飞度）两厢轿车等。

2. 车标

1969 年，本田公司为突出鹰的形象而使用了纵长的"H"商标。1980 年，为了体现本田公司的年轻、技术先进和设计新颖的特点，决定使用形似三弦音箱的"H"商标（图 3-53），该商标把技术创新、团结向上、经营有力、紧张感和轻松感体现得淋漓尽致。

企业文化见图 3-54。

图 3-53 本田车标

图 3-54 企业文化

四、马自达汽车公司及车标

1. 建立与发展

马自达汽车公司的前身是松田创建于 1920 年的东京软木工业公司，1927 年更名为东洋工业公司，总部设在广岛县安芸郡。1931 年正式开始在广岛生产汽车。1982 年公司正式更名为马自达汽车公司。1998 年以后，马自达尝试进入中国市场，一汽海南马自达开始投入运转，推出了福美来、普利马、马自达 3 等车型。2003 年与一汽轿车合作推出 MAZDA6。

一汽马自达汽车销售有限公司成立于 2005 年 3 月 1 日，是由中国第一汽车集团公司（4%）、一汽轿车股份有限公司（56%）、日本马自达汽车株式会社（40%）共同出资成立的合营公司，公司主营 Mazda6 阿特兹、CX-4，以及它们的零部件、维修工具设备和附件的销售及售后服务。

长安马自达汽车有限公司成立于 2005 年 4 月 19 日，由中国重庆长安汽车股份有限公司、马自达汽车株式会社各占 50% 股份共同出资组建。旗下拥有马自达 CX-5、马自达 3 昂克赛拉 3 大系列的 18 款车型。

马自达汽车公司生产的汽车外形给人一种光滑圆润、不带一点棱角线条的感觉，因而特别受到广大女车迷的青睐。

2. 车标

马自达车名的来历源自西亚神话中神的名字——阿弗拉·马自达，它象征古代文明，含有聪明、理智、理性和协调之意，代表着古代西亚文明的铁器、车轮和家畜。

马自达起初使用的车标（图3-55）是在椭圆之中有双手捧着一个太阳，寓意马自达公司将拥有明天，马自达汽车跑遍全球。马自达公司与福特公司合作之后，采用了新的车标，椭圆中展翅飞翔的海鸥，同时又组成"M"字样。"M"是"MAZDA"车名的首字母，预示该公司将展翅高飞，并以无穷的创意和真诚的服务迈向新世纪。

图3-55 马自达车标

企业文化见图3-56。

图3-56 企业文化

五、五十铃（ISUZU）汽车公司及车标

1. 建立与发展

该公司是生产重型、轻型货车的主要厂家。生产的轿车有双子星座牌和御马牌。ISUZU以重卡起家，旗下的四驱车也以坚固、耐用、负载大而出名。江西五十铃汽车有限公司成立于2013年4月，由江铃集团与日本五十铃公司各出资50%组建，生产五十铃品牌皮卡及SUV。

2. 车标

1974年，五十铃公司开始采用两根柱子作为主题的商标（图3-57），一根柱子象征着与用户并肩前进的五十铃，另一根柱子象征着与世界各国协作发展的五十铃。

图3-57 五十铃车标

六、三菱（Mitsubishi）汽车公司及车标

1. 建立与发展

三菱的名字源自1870年岩崎弥太郎在土佐藩设立的九十九商会，后改称为三菱商会。1970年，三菱汽车公司正式成立，翌年宣布与美国克莱斯勒公司合并。1986年，三菱汽车公司与克莱斯勒公司在美国伊利诺依州合资创建钻石星汽车公司。三菱汽车公司生产小客车、大型巴士、跑车、货车等多种车型。

广汽三菱汽车有限公司成立于2012年10月12日，由广州汽车集团股份有限公司50%的股权、三菱自动车工业株式会社30%的股权和三菱商事株式会社20%的股权三方

合资经营的中外合资企业，公司主要从事汽车及汽车零件的研究开发、生产、销售并提供相应的售后、咨询和技术服务等业务。经营的车型有劲炫 ASX、帕杰罗、新一代电动汽车 i-MiEV 等。

2. 车标

Mitsubishi 一词的意思是三菱，这是三菱车厂创始人岩崎弥太郎 Iwasaki 家族的徽号，从几个世纪前的三片树叶演变成今天<u>红色的三个菱形</u>，体现了三菱公司的三个原则：承担对社会的共同责任，诚实与公平，通过贸易促进国际谅解与合作。1917 年商标注册后，凡是该公司的企业一律使用该商标（图 3-58）。

图 3-58　三菱车标

七、铃木（SUZUKI）汽车工业股份有限公司及车标

1. 建立与发展

铃木公司是作为织布机制造商于 1920 年成立的，1952 年生产首辆摩托车，1955 年生产首台 Suzulight 系列汽车。发展至今日，该公司仍以生产小型轿车和轻型越野车为主，同时还生产整装外销发动机，公司产品已销往全球 127 个国家和地区。

铃木一直以生产摩托车名扬世界，进入生产汽车领域的时间在本田之前，但因其一直有着"恋摩情结"，所以产品一直局限在易与摩托车技术接轨的微型车领域。铃木公司 1993 年与中国重庆望江机器厂和长安机器厂签订合资生产摩托车和微型汽车协议，并与中国多家企业进行技术合作，生产昌河、长安、奥拓、羚羊、雨燕等汽车。

2. 车标

铃木车标（图 3-59）图案中的 S 是 <u>SUZUKI 的第一个大写字母"S"变形而来</u>，这种设计给人以力量的感觉，象征着发展中的"铃木"。

图 3-59　铃木车标

八、富士（SUBARU）重工业股份有限公司及车标

1. 建立与发展

富士重工业株式会社开始是生产航空发动机和飞机的企业，1955 年它合并富士工业、富士汽车、大宫富士工业、宇都宫车辆、东京富士重工业而形成现今的多元化集团，主要生产汽车，兼制飞机、铁路车辆、发动机等。在汽车生产领域中，富士重工是由飞机制造业起家，机械制造技术精湛且工艺管理严格，继承质量唯大的衣钵，因此富士重工的汽车在耐用性、可靠性和操纵性方面具有过人的一面。同时，该公司非常注重汽车技术的创新。

主要产品有四驱轿车、微型车、轻型汽车和大客车，其中以四驱轿车畅销世界，著名品牌有力狮和翼豹。

2. 车标

富士重工的汽车品牌是 SUBARU，日语音译"斯巴鲁"，英语音译"速波"。车标（图 3-60）<u>为六颗闪亮的星星连在一起的星座</u>，也称"六连星"，代表该公司是由六家公司组成的。

图 3-60　斯巴鲁车标

第七节　其他国家著名汽车公司及车标

一、韩国汽车公司及车标

1. 现代汽车公司及车标

现代汽车公司创立于1967年，创始人郑周永，公司总部在韩国首尔。与全球其他领先的汽车公司相比，现代汽车历史虽短，却浓缩了汽车产业的发展史，它从建立工厂到能够独立自主开发车型仅用了18年（1967—1985），是韩国最大的汽车企业，世界20家最大的汽车公司之一。1998年，现代收购起亚汽车公司，2000年成立现代·起亚汽车集团。

现代汽车旗下主要有现代汽车和起亚汽车两大品牌，品牌形象有一定差异：起亚定位为运动时尚，现代则走高端内敛的路线，有朗动（Avante）、新悦动（Celesta）、雅尊（Azera）、格锐（GrandSantafe）、捷恩斯、康恩迪、伊兰特、索兰托等车型。

现代车标（图3-61）为椭圆中一个斜体字H，H是现代汽车公司英文名HYUNDAI的第一个大写字母。"现代"首先体现了"2000年在世界上腾飞的现代汽车公司"这一概念，其次还象征着现代汽车公司在和谐与稳定中发展。商标中的椭圆既代表汽车

图3-61　现代车标

的转向盘，又可以看作是地球，与其间的H结合在一起，恰好代表了现代汽车遍布全世界的意思。

2. 起亚汽车公司及车标

起亚（KIA）汽车公司是韩国最早的机动车制造企业，始建于1944年，现在隶属于现代集团。起亚的车系基本上已经覆盖了从轿车到SUV、MPV的各种车型，其中很多车型多次获得各项殊荣。东风悦达起亚汽车有限公司系由东风汽车公司、江苏悦达投资股份有限公司、韩国起亚自动车株式会社按25%、25%、50%的股权结构共同组建的中外合资轿车制造企业，主产品SOUL、Forte福瑞迪、赛拉图/赛拉图欧风、RIO锐欧、狮跑、嘉华、远舰、K5、K2系列车型均引自韩国起亚。

起亚的名字源自汉语，"起"代表起来，"亚"代表在亚洲。因此，起亚的意思，就是"起于东方"或"起于亚洲"，代表亚洲崛起的含义，这正反映了起亚的胸襟——崛起亚洲、走向世界。起亚车标如图3-62所示。

图3-62　起亚车标

3. 大宇汽车公司及车标

1967年，金宇中创建新韩公司，后改为新进公司，1983年改为大宇（Daewoo）汽车公司。它是韩国大宇集团的骨干企业，后因过度扩张、盲目自信，于2000年11月8日正式宣布破产。2002年10月28日，通用大宇汽车科技公司（简称通用大宇）在韩国汉城（现称首尔）正式宣布成立，大宇成为美国通用汽车公司旗下品牌之一。

大宇汽车公司过去的车标（图3-63a）为开放的花朵标志，象征高速公路大动脉向未

来无限延伸，表现了大宇的未来和发展意志。椭圆代表世界和宇宙；向上绽开的花朵体现了大宇家族的创造力挑战意识；中部五个蓝色的实体条纹和之间的六条白色条纹，表示大宇在众多领域无限发展的潜力；蓝色代表年青、活泼，而白色则代表同心协力和牺牲精神。整个标志表现了智

图 3-63 大宇车标

慧、创造、挑战、牺牲的企业精神，表现出大宇集团的"儒家"风范。大宇汽车现在采用的车标如图 3-63b 图所示。

4. 双龙汽车公司及车标（图 3-64）

双龙汽车（SsangYong Motor）公司建立于 1954 年，最初为美军生产越野车，1976 年开始生产特种车辆，1988 年被双龙集团收购并改为现名。1991 年，双龙汽车开始与戴姆勒—奔驰结成技术伙伴。1997 年，大宇汽车

图 3-64 双龙车标

收购双龙汽车，但后因大宇财团出现财政问题又于 2000 年被出售。2005 年 1 月 27 日，上海汽车集团股份有限公司获得双龙汽车 51.33% 的股份。2010 年年底，印度企业马辛德拉收购双龙汽车 70% 股份，成为双龙汽车的新东家。

双龙车系有柯兰多（Korando）、雷斯特（Rexton）、享御（Kyron）、爱腾（Actyon）、主席（Chairman）、路帝（Rodius）等。

二、瑞典汽车公司及车标

1. 瑞典沃尔沃汽车公司及车标

沃尔沃汽车公司是北欧最大的汽车企业，也是瑞典最大的工业企业集团，世界 20 大汽车公司之一，创立于 1924 年，创始人是古斯塔夫·拉尔松和阿萨尔·加布里尔松。

沃尔沃公司除了大客车、各种载货车在北欧占绝对统治地位外，它的小客车在世界上也小有名气。沃尔沃小客车以造型简洁、内饰豪华舒适而闻名。沃尔沃车型有 S60、S80、C30、C60、740、760、940、960 等。

沃尔沃车标（图 3-65）由 图标和文字商标 两部分组成，其图形商标画成车轮形状，并有指向右上方的箭头；文字商标 VOLVO 为拉丁语，是 滚滚向前 的意思，寓意着沃尔沃汽车的车轮滚滚向前以及公司兴旺发达、前途无量。

图 3-65 沃尔沃车标

2. 瑞典萨博汽车公司及车标

萨博（SAAB），也译作绅宝。1937 年，萨博成为一家军用飞机制造商。1946 年，第二次世界大战结束后，萨博决定转而生产汽车。1990 年，美国通用汽车公司购入了萨博汽车公司 50% 的股份。2000 年，通用汽车公司完全收购萨博汽车公司。2010 年 2 月 1 日，通用正式将萨博汽车以 4 亿美元卖给荷兰世爵汽车公司，萨博正式易主。2011 年 12 月，萨博正式向瑞典法院递交破产申请。现已被中日电动车联盟收购。

萨博是居于领先地位的欧洲高档汽车品牌之一，还率先将飞机的涡轮增压技术运用到

汽车上，并具有出色的安全系统和卓越的操控性能，这些都源自航空科技。

萨博（SAAB）全称为 Svenska Aeroplan Aktiebolaget，即瑞典飞机公司。车标（图3-66）正中是一个红色的鹰头狮身带有翅膀的神话动物头像，头上戴有金色的皇冠，其圆形底部为银色的SAAB字母，背景为蓝色。这种动物在瑞典南部的神话中代表着警觉和灵敏，这正符合萨博汽车安全性与动力性完全统一的特性。2013年1月21日，萨博新东家瑞典国家电动车公司（NEVS）发布了新车标，萨博将不再使用原先的"鹰狮"图案，改为只有英文字母与圆圈组合的灰色标识。

图3-66　萨博车标

三、俄罗斯高尔基汽车公司及车标

1991年苏联解体，独联体成立，俄罗斯主要国有汽车公司包括伏尔加汽车厂、高尔基汽车厂、李哈乔夫汽车厂、卡玛汽车厂、叶拉布加汽车厂、乌里扬诺夫汽车厂、戈里察斯克大客车厂、列宁共青团汽车厂、查波罗什汽车厂。瓦斯汽车制造厂是轿车主要生产基地。

高尔基汽车厂（简称GAZ，嘎斯）是苏联自行建造的最大的综合性汽车厂，位于伏尔加河畔的下诺夫戈罗德城，于1930年5月开始动工，由美国福特公司向苏联提供技术设备。先后生产出载货汽车、轿车、越野车、旅行车等。

伏尔加车标（图3-67）采用的是在车头上嵌一只银色的奔鹿，昂首扬蹄，非常潇洒，给人一种欲向前跃的动感。1962年伏尔加轿车商标改变，把车头上的奔鹿取消，换成一只悠然自得的鹿作为商标。

拉达车标（图3-68）为LADA中的L和D两个字母组合成一个带帆的游船图形。拉达是一种在伏尔加河上航行的古老帆船的名称。该商标喻示拉达汽车像帆船一样驶遍世界。

图3-67　伏尔加车标　　　　图3-68　拉达车标

四、捷克斯柯达汽车制造厂及车标

斯柯达汽车厂建于1895年，当时是由商人克莱门特和机械师劳林合办的一家自行车厂，生产自行车和摩托车。1905年造出第一辆汽车。1991年并入德国大众集团，成为其子公司。总部位于捷克的姆拉达-博莱斯拉夫。斯柯达的产品主要有明锐、晶锐、昊锐、昕锐、Roomster、Yeti 以及商用车 Praktikat 等。

斯柯达车标（1993—2011 年）（图 3-69）的含义是：巨大的圆环象征着斯柯达为全世界无可挑剔的产品；鸟翼象征着技术进步的产品行销全世界；向右飞行着的箭头，则象征着先进的工艺；外环中朱黑的颜色象征着斯柯达公司百余年的传统；中央铺着的绿色，则表达了斯柯达人对资源再生和环境保护的重视。

1993—2011年

2011年~

图 3-69 斯柯达车标

新的斯柯达车标（2011 年至今）虽然整体造型仍为带有三根羽毛的箭头，但羽毛的翅膀更细窄，整个车标更突出，同时车标颜色以"斯柯达绿"替代原来的"自然绿"，同时边框也采用镀铬装饰，突出了科技感。

第八节　中国著名汽车公司及车标

一、第一汽车集团公司及车标

1. 建立与发展

中国一汽是中国汽车工业的摇篮，总部位于吉林省长春市，始建于 1953 年 7 月 15 日。1956 年第一辆国产汽车——解放牌中型载货汽车诞生。1958 年制造出新中国第一辆东风牌小轿车和第一辆红旗牌高级轿车。一汽拥有解放、红旗、奔腾、夏利、威志、森雅、佳宝等自主品牌和大众、奥迪、丰田、马自达等合资合作品牌。

2. 车标

一汽公司及车标（图 3-70）是由阿拉伯数字"1"和汉字"汽"两个字艺术化的组合，构成一只展翅飞翔的雄鹰。该标志既代表不断进取、展翅高飞的中国一汽精神，又代表了中国汽车工业冲出国门、走向世界的决心。出口的一汽载货汽车在其前面标有 FAW 字样，意为第一汽车制造厂。

图 3-70　一汽车标

企业文化见图 3-71。

图 3-71　企业文化

二、东风汽车集团股份有限公司及车标

1. 建立与发展

东风汽车公司的前身是 1969 年建于湖北十堰的"第二汽车制造厂"。2003 年 9 月，公司总部由湖北十堰搬迁至武汉。

1992 年，东风汽车公司与法国雪铁龙联姻成立神龙汽车有限公司，先后和法国 PSA 标致雪铁龙（包括神龙、标致双品牌）、美国康明斯、韩国起亚、法国雷诺、日本本田和日产等公司合作。

2. 车标

东风汽车公司车标（图3-72）以艺术变形手法，取燕子凌空飞翔时的剪形尾羽作为图案基础，采用了含蓄的表现手法，含意是双燕舞东风。它格调新颖、寓意深远，使人很自然地就联想到东风送暖、春光明媚，神州大地生机盎然的景象，给人以希望，给人以力量。

图 3-72　东风车标

三、上海汽车工业（集团）总公司及车标

上海汽车工业（集团）总公司简称"上汽集团"（图3-73），是中国四大汽车集团之一，主要业务涵盖整车（包括乘用车、商用车）、零部件（包括发动机、变速器、动力传动、底盘、内外饰、电子电器等）的研发、生产、销售、物流、车载信息、二手车等汽车服务贸易业务，以及汽车金融业务。上汽集团所属主要整车企业包括乘用车公司、商用车公司、上海大众、上海通用、上汽通用五菱、南京依维柯、上汽依维柯红岩、上海申沃等。

图 3-73　上汽集团标志

1. 上海通用汽车有限公司

上海通用汽车有限公司成立于 1997 年 6 月 12 日，由上海汽车集团股份有限公司和通用汽车公司各出资 50% 组建而成。上海通用汽车目前拥有浦东金桥、烟台东岳、沈阳北盛和武汉分公司四大生产基地，共四个整车生产厂，两个动力总成厂，拥有别克、雪佛兰、凯迪拉克三大品牌，覆盖了从高端豪华车到经济型轿车各梯度市场，以及高性能豪华轿跑、MPV、SUV、混合动力和电动车等细分市场。

上海通用汽车公司标志（图3-74）的第一个拼音 S 从椭圆形中穿过，在 S 的中部为通用汽车公司标志，表示是上海汽车工业总公司与美国通用汽车公司合作的结晶。

2. 上海大众汽车有限公司

成立于 1985 年的上汽大众汽车有限公司（以下简称上汽大众）是一家中德合资企业，中德双方投资比例为 50%。公司目前拥有波罗（Polo）、朗行（Gran Lavida）、朗逸（Lavida）、途安（Touran）、途观（Tiguan）、桑塔纳（Santana）、帕萨特（Passat）和晶锐（Fabia）、昕锐（Rapid）、明锐（Octavia）、

图 3-74　上海通用汽车公司标志

野帝（Yeti）、速派（Superb）等系列产品，覆盖A0级、A级、B级、SUV、MPV等不同细分市场。

3. 上汽通用五菱汽车股份有限公司

上汽通用五菱汽车股份有限公司（英文缩写SGMW）由上海汽车集团股份有限公司、通用汽车（中国）投资有限公司、柳州五菱汽车有限责任公司三方合资组建。公司旗下拥有五菱汽车、宝骏汽车两个品牌及宝骏510、宝骏560、宝骏310、宝骏730、五菱宏光S、五菱宏光S1等畅销车型。

五菱车标如图3-75所示，由五个鲜红的菱形组成，形似鲲鹏展翅，雄鹰翱翔，有上升、腾举之势，象征着五菱的事业不断发展。

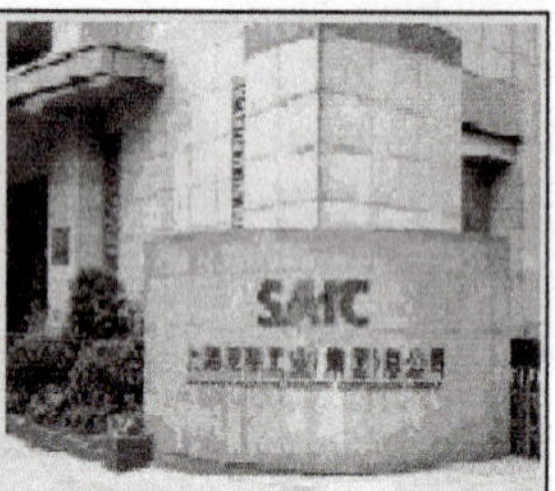

图3-75 五菱车标

企业文化（图3-76）。

图3-76 企业文化

四、中国长安汽车集团股份有限公司及车标

1. 建立与发展

中国长安汽车集团股份有限公司简称"中国长安"，成立于2005年12月，总部设在北京，拥有长安、哈飞、东安三大自主品牌。中国长安始终坚持自主创新与合资合作并举，先后携手福特、铃木、马自达、沃尔沃、法国标致雪铁龙集团（PSA）等跨国企业建立了战略合作伙伴关系。先后推出CS系列、睿骋系列、逸动系列、悦翔系列、欧诺、欧力威、欧尚等一系列经典产品，旗下生产的蒙迪欧-致胜、福克斯、嘉年华、麦柯斯、马自达3、马自达2、沃尔沃S80L、沃尔沃S40、羚羊、天语、雨燕、新奥拓等多款产品，深受广大用户喜爱。

2. 车标

主流乘用车标识（图3-77a），以V为核心创意表现，雄浑刚健的V形，好似飞龙在天，龙首傲立于蓝色球之上，同时又是Victory和Value的首字母，代表着长安汽车致力于打造世界一流企业的战略愿景和为消费者与股东创造价值的企业责任感。刚柔并济的V形，也恰似举起的双手，传递出长安汽车科技创新、关爱永恒的价值追求。长安商用车标识（图 3-77b），车标以椭圆运行轨迹为外圆，将长安汉语拼音经过抽象与组合，变形称为<u>运动的天体、攀升的箭头</u>。整个造型稳重、遒劲、优美。

a)

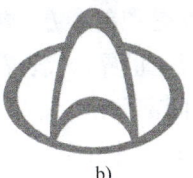
b)

图 3-77 长安车标

五、北京吉普汽车有限公司（BJC）及车标

1. 建立与发展

1984 年 1 月，北京汽车制造厂与美国克莱斯勒公司合资经营，成立了我国汽车业第一个合资企业——北京吉普汽车有限公司，生产切诺基系列产品。2005 年 8 月 8 日和戴姆勒—奔驰公司合并成立北京奔驰—戴姆勒·克莱斯勒汽车有限公司（简称 BBDC）。BBDC 生产梅赛德斯-奔驰、克莱斯勒、Jeep、三菱等众多国际知名品牌的轿车和越野车，并为中国军队定点生产拥有完全自主知识产权的"勇士"第二代军用轻型越野车。

2. 车标

北京吉普车标（图 3-78）由图形和文字两部分组成。图形部分突出"北"字，表示"北京"；文字部分 BJC 表示北京吉普汽车有限公司。图案又像一条向前延伸的路，还像高山峻岭，意为北京吉普汽车适合在任何道路上行驶，路在车下，勇往直前。

图 3-78 北京吉普车标

六、吉利控股集团有限公司及车标

1. 建立与发展

浙江吉利控股集团有限公司是中国国内汽车行业 10 强中唯一一家民营轿车生产经营企业，始建于 1986 年，总部在<u>浙江杭州</u>。经过 20 年的建设与发展，吉利在汽车、摩托车、汽车发动机、变速器、汽车电子电气及汽车零部件方面取得了辉煌的业绩。2009 年 12 月 23 日，吉利成功收购了沃尔沃汽车 100% 的股权。

吉利现有博瑞、博越、帝豪系、远景系、金刚系等 10 多款整车产品；拥有 1.0~3.5L 全系列发动机及相匹配的手动/自动变速器生产线。

2. 车标

2007 年，<u>吉利英伦</u>车标采用中国传统的<u>太极图形状</u>，当中所运用的特征元素分别取材于中英两国文化。英国标志性雕像"不列颠尼亚女神"是英国的化身，反映出英伦品牌的英国历史背景和文化根基；星形图案使人联想到中国国旗上的五星；六段线条源自于吉利集团的六六大顺标志，象征着幸运和财富，也寓意"团队精神、学习精神、创新精神、拼搏精神、实事求是、精益求精"的吉利精神。热情的红、浩瀚的蓝、雍容的暗金、智慧的黑，配合以风格经典、流畅自如的 ENGLON 字体，带给人无限的联想空间

吉利全球鹰品牌车标含义是雀起东方，雄视寰宇。中间的曲线是由 6 和 G 的抽象变形，东方神鸟朱雀以傲起之姿雄视全世界，代表着源起中国的吉利将如神鸟般傲立于世界。

帝豪 EMGRAND 车标中间部分由六个块状构成，六个方块寓意吉利的六种精神，也代表"造最安全、最环保、最节能的好车，让吉利汽车走遍全世界"的企业使命。方块图形设计呈红、黑二色组合构成的宝石质感。红宝石象征睿智，具有在激情中创造一切的智慧；黑宝石象征坚毅，具有在沉默里超越一切的能量。红黑宝石与金色轮廓的和谐组合诠释了财富与权贵，坚毅与智慧，品质与激情，同时带给人广阔的联想空间。

2014 年，在新的品牌架构下，吉利将目前的帝豪、全球鹰、英伦三个子品牌汇聚为统一的吉利品牌。新标识（图 3-79）在以帝豪车标为基础，融入了原有吉利车标的蓝色，寓意着吉利品牌集聚既往精华，在演进中获得新生。

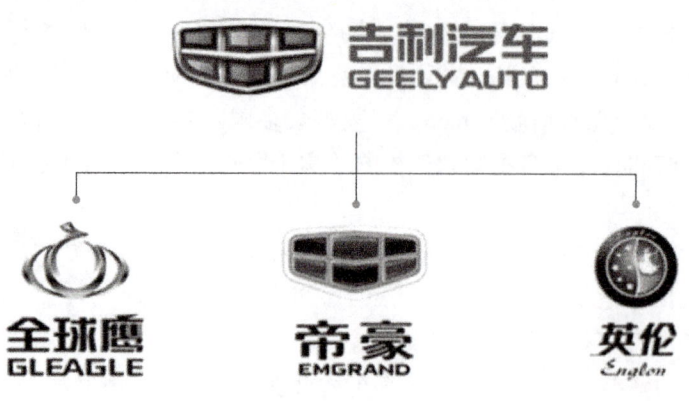

图 3-79 吉利车标

七、奇瑞汽车有限公司及车标

1. 建立和发展

奇瑞汽车股份有限公司成立于 1997 年 1 月 8 日，总部在安徽芜湖。以 2010 年 3 月 26 日第 200 万辆汽车下线为标志，奇瑞进入打造国际名牌的新时期。奇瑞公司现有奇瑞、瑞麒、威麟、开瑞、凯翼、观致、奇瑞捷豹路虎七个子品牌，产品覆盖乘用车、商用车、微型车等领域。奇瑞投放市场的整车有 QQ3、QQ6、A1、瑞麒 2、旗云、奇瑞 3、A5、瑞虎 3、东方之子、东方之子 Cross、艾瑞泽等。奇瑞以"安全、节能、环保"为产品诉求，先后通过 ISO9001、德国莱茵公司 ISO/TS16949 等国际质量体系认证。

2. 车标

奇瑞中文品牌释义：奇，有特别的意思；瑞，有"吉祥如意"的意思，合起来就是特别的吉祥如意。奇瑞英文品牌释义：CHERY 是英文单词 CHEERY（中文意思为"欢呼的、兴高采烈的"）减去一个"e"而来，表达了企业努力追求、永不满足现状的理念。

奇瑞车标（图 3-80）的整体是英文字母 CAC 的一种艺术化变形。CAC 即英文

CHERY AUTOMOBILE CORPORATION LIMITED 的缩写，中文意思是奇瑞汽车有限公司。车标中间 A 为一变体的"人"字，预示着公司以人为本的经营理念。标志两边的 C 字向上环绕，如同人的两个臂膀，象征着一种团结和力量，环绕成地球形的椭圆状。中间的 A 在椭圆上方的断开处向上延伸，寓意奇瑞公司发展无穷、潜力无限、追求无限。整个标志又是 W 和 H 两个字母的交叉变形设计，为"芜湖"一词的汉语拼音的声母，表示公司的生产制造地在芜湖市。

图 3-80 奇瑞车标

奇瑞新标志（图 3-81）以一个循环椭圆为主题，由三个字母 C A C 组成，是 Chery Automobile Company 的缩写。中间镶有钻石状立体三角形，主色调银色代表着质感、科技和未来。中间的钻石形构图，代表了奇瑞汽车对品质的苛求，并以打造钻石般的品质为企业坚持的目标。蓬勃向上的人字形支撑，则代表了奇瑞汽车执着创新、积极乐观、乐于分享的向上能量，支撑起品质、技术、国际化的奇瑞汽车不断前行，同时人字形代表字母 A，喻示奇瑞汽车追求卓越和领先的决心和激情。

图 3-81 奇瑞新标志

奇瑞的企业文化见图 3-82。

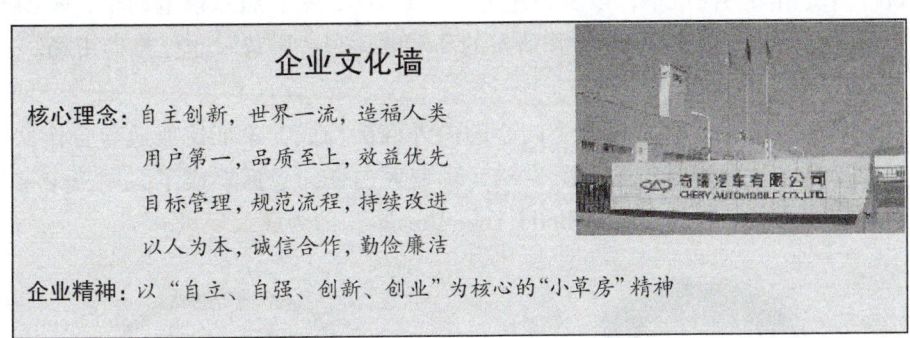

图 3-82 企业文化

八、北京现代汽车有限公司

北京现代汽车有限公司成立于 2002 年 10 月 18 日，是一家中韩合资汽车制造商，中资母公司是北汽控股。北京奔驰、北京现代和北京福田都在"北汽控股"领导下,成为北京汽车工业三大版块。

北京现代品牌车型有全新胜达、全新途胜、第九代索纳塔、第九代索纳塔混合动力版、新名图、领动、全新悦动、新朗动、悦纳等 17 款车型,涵盖了 A0 级、A 级、B 级、SUV 等主流细分市场。自 2016 年起,北京现代上市新车型,已配备 CarLife、CarPlay 终端设备的车联网服务功能,实现车主与互联网的无缝对接,为消费者提供更多娱乐化、多样化、高端化的新选择。

九、广汽本田汽车有限公司

广汽本田汽车有限公司(2009 年 7 月 1 日前公司名称为广州本田汽车有限公司)由广州汽车集团公司和日本本田技研工业株式会社合资经营,双方各占 50% 股份。2016 年,广汽本田迎来了 Honda、理念和 Acura(讴歌)三品牌运营的新阶段,目前量产车型包括 Honda 品牌下的冠道(AVANCIER)、歌诗图(Crosstour)、雅阁(Accord)、奥德赛(ODYSSEY)、缤智(VEZEL)、凌派(CRIDER)、锋范(CITY)和飞度(FIT)等系列车型;理念(EVERUS)品牌下的理念 S1 车型;广汽 Acura(讴歌)品牌下的首款战略国产车型 CDX。三大产品品牌并驾齐驱,形成完整的品牌矩阵,满足中国消费者日益多样化的产品需求。

十、比亚迪汽车有限公司及车标

1. 建立与发展

比亚迪汽车有限公司是比亚迪股份有限公司的子公司。2003 年,比亚迪股份有限公司收购西安秦川汽车有限责任公司(现比亚迪汽车有限公司),正式进入汽车制造与销售领域,开始民族自主品牌汽车的发展征程。汽车产品包括各种高、中、低端系列燃油轿车,以及汽车模具、汽车零部件、双模电动汽车、纯电动汽车等。代表车型包括 G6、S6、速锐、思锐等传统精品燃油汽车,以及领先全球的 F3DM、秦、唐双模电动车、e6 纯电动车及 K9 纯电动大巴等。另与戴姆勒合作研发的高端电动车"腾势"也已推向市场。

2. 车标

比亚迪旧车标(图 3-83)由两个同心的内外椭圆构成,象征比亚迪与合作伙伴一路同驰骋。2007 年,比亚迪新车标(图 3-84)由蓝天白云的老标换成了只用三个字母和一个椭圆组成的标志。BYD 的意思是 Build Your Dreams,即为成就梦想。

图 3-83 比亚迪旧车标

图 3-84 比亚迪新车标

 第三章 世界著名汽车品牌

世界十大汽车城

思考题

1. 说出美国三大汽车公司的名称、所在地及其分部。
2. 说出奔驰、奥迪汽车字母代号的含义。
3. 德国、法国、英国、意大利、韩国分别有哪些著名的汽车公司和品牌？
4. 日本有哪些汽车公司？分别生产哪些车型的汽车？
5. 我国有哪些自主品牌的汽车？
6. 我国最大的汽车集团公司是哪个？拥有哪些品牌？
7. 给出汽车商标并能说出其所拥有的车型及含义。

第四章

汽 车 名 人

> **学习目标**
>
> 1. 掌握欧洲、美国、日本、中国的汽车名人及其贡献。
> 2. 了解汽车名人成名的过程。

汽车诞生已经 120 多年了,改变了人们的生活,也扩大了人们的视野。汽车的发展历程犹如熔炉,铸就了无数各领风骚的汽车名人。下面这些人中,有勇于创新的发明家,有眼光敏锐的企业家,有技术超群的技术能手,有深具天赋的设计奇才,有叱咤风云的管理人杰,他们一生走过的汽车路,或一帆风顺,或坎坷不平。他们个个具有独具慧眼、聪明勤奋的品质,还具有励精图治、不折不挠的精神,他们甚至为汽车事业奉献了一生,正是这些英雄们创造了一个神奇的汽车世界。

第一节　欧洲的汽车奇才

一、现代汽车之父——卡尔·本茨

卡尔·本茨（Karl Benz,1844—1929,图 4-1）是德国著名的戴姆勒-奔驰汽车公司的创始人之一,现代汽车工业的先驱者之一,人称"<u>汽车之父</u>""<u>汽车鼻祖</u>"。他既有工程师的基本素质,又有企业家的经营技巧。

本茨生于一个德国工程师之家。1860 年进入卡尔斯鲁厄综合科技学校系统地学习了机械构造与原理、发动机制造、经济核算等课程,为日后的发展打下了良好基础。最初他在德国的曼海姆经营奥托四冲程煤气机,后来投入到汽油机的研制,1879 年研制成功火花塞点火汽油机。随后,他又获得了若干相关专利,如发动机调速系统、电池点火系统等。

图 4-1　卡尔·本茨

1883 年,本茨与另外两个合作者建立了奔驰公司莱茵燃气发动机工厂,开始生产工业用二冲程发动机,同时向其他企业出售燃气发动机生产许可证。公司的稳定运转和稳定的资金支持,使本茨有足够的精力投入汽车发动机和整车的研发。1886年1月29日,本茨开发的三轮四冲程汽油发动机汽车获得发明专利。1888年9月,本茨的发明在慕尼黑博览会上展出,引起了非常大的轰动。

1924年,奔驰和戴姆勒这两家创建最早、名声很大的汽车公司开始接触,协作设计和生产,并且把产品广告登在一起。两年后,两家公司正式宣布合并,成立戴姆勒—奔驰公司。1925年,在德国慕尼黑举行的第一次老爷车拉力赛上,81岁高龄的卡尔·本茨驾驶着自己发明的三轮奔驰车参加比赛。这一赛事被载入《世界最初事典·体育篇》。

二、杰出的汽车设计大师——费迪南德·保时捷

费迪南德·保时捷(Ferdinand Porsche,1875—1952,图4-2)是保时捷汽车公司创始人,德国著名的汽车工程师,被誉为"最杰出的汽车设计大师""赛车大王"。为大众制造汽车和设计制造划时代的赛车是他一生追求的两大理想。

图4-2 费迪南德·保时捷

保时捷出生于波西米亚的一个铁匠之家,年轻时便显示出对机械和电工的天分和兴趣;18岁时获荐进入维也纳的一家电机公司(现瑞士公司ABB的前身)工作,工余时到维也纳工学院旁听工程课,从此开始了他的发明设计生涯。

1896年,21岁的保时捷设计了一台能安装在汽车轮内的电动机,以替代当时在汽车上普遍使用的链条传动,获得了第一个混合传动系统专利。

1900年,他首创的电动汽车出现在巴黎世界工业产品博览会上,从此,他以"电动汽车之父"为世人所知晓。

1905年,他被聘任为戴姆勒公司奥地利分公司的技术部经理,由于成功设计了"玛哈"牌汽车而获得了自己有生以来的第一枚勋章。

1910年,他设计成功更为完善的"公爵"牌轿车。

1929年,保时捷进入奥地利斯太尔公司(Steyr Automobile)任技术总监,之后得到斯图加特高等技术学院(斯图加特大学)颁授的名誉博士学位。

1930年,保时捷创建了自己的公司——保时捷汽车设计所。1934年,他以全新角度设计出第一辆保时捷赛车银箭(图4-3)(采用16缸增压发动机,车的前后配重比为1:1)。这辆车先后打破了8项世界纪录,夺得过场地赛、越野赛、登山赛等各项赛事的冠军。

图4-3 银箭

1934年,德国政府指定保时捷公司设计并试制大众化的汽车。1936年10月,三辆大众型V-1轿车开发成功,并通过了技术鉴定,后于1939年8月生产出第一批大众轿车。由于该车占领了平民车这个最大的市场,故取得了极其辉煌的成就,累计产销2100多万辆。

除了上述的发明和荣誉称号之外,保时捷还主持过多项杰出的设计,如载重汽车和变

速器高速档的设计；减振装置和钢板弹簧的设计，曾获得过扭力杆悬架的专利；在研制风力螺旋推进器上做了些工作；致力于拖拉机的设计；是电控供油的开创者。

1952 年，保时捷病逝。他的杰作，特别是不朽的甲壳虫，将永远留在车迷的心中。

三、挑战极限的发明家——安德烈·雪铁龙

安德烈·雪铁龙（A. Citroen, 1878—1935，图 4-4）是法国雪铁龙汽车公司的创始人，被誉为"法国汽车之父"，并有"热衷于挑战极限的发明家"的称号。

安德烈·雪铁龙出生在法国巴黎的一个珠宝商之家。年轻时就读于著名学府——巴黎综合工科学院。22 岁他发明了人字形齿轮传动系统，并获得专利。1913 年他创立了自己的公司，专门从事齿轮传动机的生产。1915 年，雪铁龙创建了雪铁龙汽车公司，是法国第一家采用流水线生产汽车的厂家。20 世纪 30 年代雪铁龙不惜巨资研制生产出了集前轮驱动、底盘车身一体化、液力制动三项尖端技术于一身的 T 型车——Traction Avant（图 4-5）。1934 年 4 月 18 日，雪铁龙向新闻界展示这辆车时，全世界都感到惊奇。虽然这种后来被人们称之为"强盗车"的前轮驱动车给雪铁龙公司带来了极大的荣誉，但在当时却因研究周期过长而未能如期推出产品，加之匆匆投产后又存在许多设计、制造方面的缺陷，销路受阻，使得雪铁龙顿时负债累累，不得不将公司卖给米其林公司。

图 4-4 安德烈·雪铁龙

图 4-5 Traction Avant 汽车

在经营管理和产品销售方面，雪铁龙创立了一年保证期制度，建立分销网，大力推广分期付款售车方式；在国外创办汽车出租公司，在法国各地形成了一个游览车服务网。他非常注重广告宣传，他的创意策划大大加深了雪铁龙车的品牌效应。

1937 年 7 月，雪铁龙去世。为表彰雪铁龙对法国的贡献，法国政府给他颁发了一枚二级荣誉勋章。今天的雪铁龙公司仍然名震全球，他的前轮驱动设计方案在 60 多年后仍没过时，这些才是对他最大的褒赏与怀念。

四、赛车之父——恩佐·法拉利

恩佐·法拉利（Enzo Ferrari, 1898—1988，图 4-6）是世界著名的赛车手，意大利法拉利公司的创始人，人称"赛车之父""赛车狂"。

图 4-6 恩佐·法拉利

法拉利出生于意大利一个小工厂主之家。10 岁时，因观看汽车比赛，盼望着自己也能成为一名优秀赛车手。13 岁时他就单独驾驶汽车，后来进入米兰 CMN 汽车公司当试车手。1919 年，他驾驶 CMN 赛车参加了战后第一次探戈·佛列罗大赛（环西西里岛拉力赛），获得了第九名。1920 年，法拉利进入阿尔法·罗密欧车队。1922 年，法拉利的好友亚诺为公司制造出第一辆有实力的赛车。1923 年，法拉利驾驶着它在拉文纳汽车赛中获得亚军。1924 年，在库帕·阿瑟伯汽车赛上，法拉利率领阿尔法·罗密欧车队一举战胜了德国梅赛德斯车队。此役为阿尔法·罗密欧公司和法拉利赢得了世界声誉，法拉利本人也被意大利政府授予"骑士"爵位。

1929 年，法拉利离开阿尔法·罗密欧公司，回到家乡创立了"法拉利赛车俱乐部"，组织了法拉利车队，独立地参加比赛。1947 年，法拉利生产出第一辆车，并以自己的名字命名——法拉利 Tipo125（图 4-7），以跳马图为商标。法拉利积极参加各种汽车大赛，借以检验和宣传自己的赛车。法拉利赛车没有辜负他的期望，先后夺得过多项桂冠，奠定了法拉利赛车在世界车坛至高无上的地位。

图 4-7　法拉利 Tipo125

直到 20 世纪 80 年代末期，近 90 岁高龄的法拉利还坚持到公司上班，并扮演决策者的角色。

第二节　美国的汽车人杰

一、通用的缔造者——威廉 C. 杜兰特

威廉 C. 杜兰特（William Crapo Durant，1861—1947，图 4-8）是世界汽车发展史上的一位传奇人物。当他看到了汽车的发展前景时，果断利用自己手中掌握的巨额资金，创建了今天名震全球的通用汽车公司。

杜兰特出生于美国的马萨诸塞州波士顿市。从 17 岁开始，他在企业管理和推销工作方面就显示出过人的才华。1886 年，他投资 1 500 美元与朋友共同建立了一家马车制造公司，凭借自己出色的销售经验和才华，使马车公司的业务突飞猛进，很快成为世界著名的厂家之一。

1904 年，别克汽车公司的经营陷入困境，杜兰特以敏锐的眼光和胆略，抓住这个天赐良机，果断拿出 50 万美元对其进行资助，并逐步完全控制了这家公司。1905 年，他将别克汽车带到了纽约汽车展览会上，而后带回来了 1 108 辆轿车的订单。但由于公司生产能力有限，结果只造出了 20 辆，公司在经济和信誉两个方面蒙

图 4-8　威廉 C. 杜兰特

受了损失，杜兰特因此被停职。

1908年，杜兰特以别克公司为核心创建了通用汽车公司。为了扩大公司规模，他认为应该将当时的一些汽车生产商合并起来，组成一家大的汽车公司。于是，他采用了以股票换股票的方式，将20多家汽车制造厂、汽车零部件制造厂及汽车推销公司合并起来，其中包括凯迪拉克（Cadillac）、奥兹莫比尔、Northway和奥克兰等知名汽车企业，形成了一家巨型汽车企业。在短短的两年时间内，通用就因为生产10多种不同样式的汽车而给消费者提供了更多的选择余地。但是通用汽车公司由于扩张太快，下属各企业是各自独立的经营单位（通用只是控股），加之杜兰特既没有建立必要公司管理机构，又没有建立必要的现金储备，1911年，在福特公司的激烈竞争下，销售量大幅下滑，出现了严重的资金危机。杜兰特因此被解除了总经理的职务。

杜兰特不甘心失败，他和路易斯·雪佛兰创建了雪佛兰（Chevrolet）汽车公司，开始制造雪佛兰汽车，这一经济车型迅速占领了很大的市场份额。杜兰特于1916年将通用公司从银行家的控制下重新夺了回来，使其变成了雪佛兰的一家子公司。后来，杜兰特成立了股份制的新通用汽车公司。

在重新获得通用公司的领导权以后，他无意接受董事会的领导，疏于管理，只热衷于公司规模的扩大（4年间，通用汽车公司的规模扩大了8倍）。由于扩张过于迅猛以及借贷经营，公司不久便陷入困境。他的"粗放式"经营并未能把收购的企业整合起来，失控危险在市场稍不景气时便立即浮现，出现各自为政、产品重复、无法形成一致对外的市场竞争格局，公司濒临倒闭。在公司上下一片反对声中，杜兰特被迫于1920年辞职，永久地离开了通用汽车公司。

二、汽车大王——亨利·福特

亨利·福特（Henry Ford，1863—1947，图4-9）是福特汽车公司的建立者，美国和世界汽车工业的主要奠基人之一。他是世界上第一位使用流水线大批量生产汽车的人，被誉为"<u>汽车大王</u>"。

图4-9 亨利·福特

亨利·福特出生于美国底特律附近的农民家庭。他从小就对机械感兴趣，12岁时他花了很多时间建立了一个自己的机械坊，15岁时他亲手造了一台内燃机。1891年，福特成为爱迪生照明公司的一名工程师，并利用业余时间研究内燃机。1896年他制造了第一辆汽车，将它命名为"四轮车"。1899年，他与别人合作成立了底特律汽车公司，但因为缺乏经验，公司很快就倒闭了。1901年，在商人的支持下，他又成立了第二家汽车公司。可是，批量生产汽车所需的技术完全不同于生产单一的汽车，福特第二次办厂也以失败告终。

1903年，福特第三次与别人合作，按股份制模式成立了汽车公司，任董事长兼总经理。同年，公司生产出第一辆福特牌汽车。1908年，福特又制成T型汽车。这种大众化汽车深受欢迎，畅销欧洲。1911年，福特在密苏里州堪萨斯城建成第一家汽车装配工厂。1913年，福特创立了全世界第一条汽车流水装配线。这种流水作业法后来被称为"福特制"，并在全世界广泛推广。1914 年，福特首次向工人支付 8 小时 5 美元的工资，改变了美国工人的工作方式。

1919 年，福特买下了公司其他股东的股份，独占了该公司。他还利用花旗银行的资金扩大再生产，使公司成为当时世界上最大的汽车公司。1927 年，公司停止生产 T 型福特车，开始制造新式的 A 型车。1936 年，福特与他的儿子埃兹尔一起在密歇根州创立了美国福特基金会。

亨利·福特的流水线大批量生产方式使汽车成为一种大众产品，它不但改革了工业生产方式，而且对现代社会和文化起了巨大的影响。《纽约时报》评论说：福特不仅是福特汽车公司的创始人，同时还带动了整个汽车行业的发展。2005 年，《福布斯》杂志公布了有史以来最有影响力的 20 位企业家，亨利·福特名列榜首。在美国学者麦克·哈特所著的《影响人类历史进程的 100 名人排行榜》一书中，亨利·福特是唯一上榜的企业家。

三、机械天才——瓦尔特·克莱斯勒

瓦尔特·克莱斯勒（W. Chrysler，1874—1940，图 4-10）是美国克莱斯勒汽车公司创始人，被誉为"**机械天才**"，是世界上越野车和厢式旅行车的开山鼻祖。

克莱斯勒出生在美国的一个铁路工人之家。17 岁时，克莱斯勒立志当一名机械师。18 岁时，他制造了一辆微型蒸汽车。因为他不愿意始终待在一个工作岗位上，所以换过无数次工作，直到 33 岁那年，才相对稳定地受聘担任了芝加哥西部铁路的动力总负责人。

图 4-10　瓦尔特·克莱斯勒

1908 年，他参观了芝加哥汽车展览会，会上展出的形态各异的汽车使他大开眼界，于是决心投身于这一富有竞争性的事业当中。1910 年，克莱斯勒辞掉了年薪 12 000 美元的工作，受聘担任了通用汽车公司别克分部中一家工厂的技术经理，年薪只有 6 000 美元。由于他精通机械、技术超群，因此在通用公司的作用越来越重要，1915 年年薪便增加到 5 万美元。后来，克莱斯勒产生了离开通用独自去干一番事业的想法。杜兰特为了振兴通用，对其竭力挽留，并委以重任（别克部的主要负责人和公司第一副总经理），还将其年薪提高到 50 万美元。然而，由于克莱斯勒与杜兰特难以合作，他还是于 1920 年 3 月 25 日离开了通用。

后来，克莱斯勒受聘担任威利斯-奥弗兰汽车公司和马克斯威尔公司的顾问，后于 1921 年正式接管了公司的经营大权。克莱斯勒在汽车设计上大胆创新，他领导生产的克莱斯勒 6 号大获成功，问世当年就售出了 3.2 万辆。研制的菲密德、凯布、欧斯凯尔顿汽车被称为"三名快枪手"。利用这一难得的良机，克莱斯勒接受并改组了马克斯威尔公司，并于 1925 年 6 月 6 日正式宣布成立克莱斯勒汽车公司。1929 年，克莱斯勒汽车公司跃升为美国三大汽车公司之一，后来还曾有过超过福特位居第二位的辉煌。

从研发第一部车开始，克莱斯勒一直秉持着对造车工程的热情及不断创新的理念，成就了闻名于世的汽车品牌及独特的工程理念。"一个美国工人的一生"，这是瓦尔特·克莱斯勒对自己的评价。

四、通用奇才——艾尔弗雷德 P. 斯隆

艾尔弗雷德·P. 斯隆（A. P. Sloan, 1874—1966，图 4-11）是通用汽车公司第八任总裁，被誉为第一位成功的职业经理人，20 世纪最伟大的 CEO，事业部制组织结构的首创人。美国《商业周刊》75 周年时，斯隆获选为过去 75 年来最伟大的创新者之一。

斯隆出生于美国康涅狄格州的一个经营茶叶咖啡的商人家庭。1895 年毕业于麻省理工学院，获电子工程学士学位（他后来资助该学院成立闻名世界的"斯隆管理学院"）。斯隆大学毕业后在联合汽车公司担任电气工程师，后来公司并于通用，1919 年进入通用担任副总经理。在任副总经理期间，他对通用的管理不善深感不安，曾给总经理写过三份有关内部管理弱点的专题报告，可惜杜兰特对此不理不睬，最终导致了通用几乎倒闭的严重危机。1921—1924 年间，斯隆带领通用进行了一系列的整顿与改组，涉及范围包括公司的经营方向、相互协作、行政管理体制、组织系统、生产计划、报告制度、产供销管理、人事管理、财务管理、海外扩张战略等。由于这次改革的全面与成功，通用发生了一次质的变化，在不长时间内就跻身于世界工业企业的行列。

1923 年 5 月，继杜邦之后，斯隆成为通用公司的总裁。之后，一直任通用公司总裁、首席执行官、董事会主席，直至 20 世纪 50 年代。

图 4-11 艾尔弗雷德·P. 斯隆

知识拓展

事业部制

1924 年，通用汽车公司常务副总经理斯隆参考杜邦化学公司的经验，以事业部制的形式，对原有组织进行改组，并获得了很大的成功，因而事业部制又称"斯隆模型"。

事业部制是指以某个产品、地区或顾客为依据，将相关的研究开发、采购、生产、销售等部门结合成一个相对独立单位的组织结构形式。该制度表现为，在总公司领导下设立多个事业部，各事业部有各自独立的产品或市场，在经营管理上具有很强的自主性，实行独立核算，是一种分权式管理结构。

知识拓展

企业组织内部管理

斯隆将"鼓励员工及时提出异议"的做法系统化，并进行推广。公司在听取异议时，应该遵循以下三个原则：①鼓励成员互相交流意见；②让成员知道如何反映这些意见；③永远不要处罚那些因为提出异议而表现过激的人们。这三个基本原则包含了一套切实可行的体系，保证公司管理高层能够听到各种不同的意见。

斯隆的成就，不在于让濒临破产的通用汽车公司在短短三年内反败为胜，而在于他建立的企业原则，虽历经半个多世纪来的经营环境变动，但其管理创新仍被公认是企业思考的典范。例如，斯隆成功改造通用汽车公司的25年后，亨利·福特的孙子引用斯隆的企业原则，让福特重振雄风。斯隆的企业原则成为企业界的标准。

五、美国商业偶像第一人——李·艾柯卡

李·艾柯卡（Lee Iacocca，1924—，图4-12）曾经担任过福特汽车公司的总裁，后又担任克莱斯勒汽车公司的总裁，把这家濒临倒闭的公司从危境中拯救过来，奇迹般地东山再起，使之成为全美第三大汽车公司。他那锲而不舍、转败为胜的奋斗精神使人们为之倾倒。在20世纪80年代以及90年代初，成为美国商业偶像第一人。

图4-12　李·艾柯卡

李·艾柯卡是一位意大利移民的儿子，出生于美国宾夕法尼亚州。他受父亲的影响，从小喜爱汽车。艾柯卡毕业于美国利哈伊大学，得到工程技术和商业学两个学士学位，后又在普林斯顿大学获硕士学位。1946年8月，21岁的艾柯卡来到底特律，在福特公司当了一名见习工程师。后来他因为不喜欢整天与机器打交道，开始销售汽车。为了提高业绩，艾柯卡想出了分期付款的推销方法，公司的年销量猛增。艾柯卡也因此名声大振。在从事汽车销售的十几年中，他在汽车销售行业显露出过人的能力和非凡的管理才能，深得上司的赏识。1960年11月，艾柯卡担任了副总裁和福特分部的总经理职务，时年36岁。

当上副总裁后，艾柯卡的才华得以全面发挥。他首先建立了季度检查制度，提高了经理人员的工作效率。接着，他又组织聪明且富有创造性的年轻人每星期聚会一次，分析、预测消费者心理和市场，从而决定设计生产一种满足年轻人要求和愿望的车型。1962年年底，新车定型并定名为"野马"，第一年销售量竟高达41.9万辆，创下了全美汽车制造业的最高纪录。仅两年时间，野马型新车就为公司创纯利11亿美元，艾柯卡成了闻名遐迩的"野马之父"。后来，侯爵、美洲豹和马克3型高级轿车的推出，更是大获成功。1970年12月10日，艾柯卡终于如愿以偿地登上了福特汽车公司总裁的宝座，成了这家美国第二大汽车企业中地位仅次于福特老板的第二号人物。但是，1978年7月，他被大老板亨利·福特二世开除了。

正当艾柯卡赋闲在家时，美国克莱斯勒汽车公司由于经营不善正濒临倒闭，希望有位能人来挽救残局。应克莱斯勒汽车公司董事长约翰·李嘉图的要求，艾柯卡入主克莱斯勒汽车公司任总裁，不到一年他又接替了李嘉图的职位，登上了克莱斯勒汽车公司董事长的宝座。针对公司的种种弊病，艾柯卡果断采取行动，大刀阔斧地进行改革：首先是整顿队伍，他关闭20个工厂，三年裁员7.4万人，35个副总裁先后辞退33个，留用员工减薪12亿美元，发掘和提拔了一些优秀的人才，建立了一个拥有一流管理能手和理财专家的领导班子。他的另一种大举措是：集中公司的人力物力财力，尽快拿出适销对路的产品。经过

预测，市场上可容纳全家人的较大型车将走俏，艾柯卡便果断地决定将公司原有的"纽约人"牌中型车加大产量。同时他又开发出早已绝迹的敞篷汽车和高速省油的 K 型车。1982年，道奇 400 新型敞篷车畅销市场，公司第一次出现盈利。1983 年，公司取得 9.25 亿美元的历史最高利润。经过短短的三年，公司提前七年还清了全部贷款。1984 年，公司取得了 23.8 亿美元的纯利润，形成 90.6 亿美元的资产。克莱斯勒公司终于从灰烬中站立起来了。1986 年，克莱斯勒公司排在全美 500 家公司之首。艾柯卡成了美国的英雄人物。

无论是传奇般的经历，还是他奇特的用人艺术，艾柯卡都用公司辉煌的业绩说明了自己的成就。他的照片频繁地出现在报纸杂志上，他的演讲受到热烈欢迎，他的自传成了世界畅销书。他说："我懂得了一个亲密无间的家庭可以给人以力量；我懂得了奋斗，即使时运不济；我懂得了不可绝望，哪怕天崩地裂；我懂得了世上没有免费的午餐；我懂得了辛勤工作的价值。"

第三节　日本的汽车精英

一、日本国产车之父——丰田喜一郎

丰田喜一郎（1894—1952，图 4-13）是丰田汽车工业的创始人，是发展日本汽车工业的功臣，日本称他为"**国产车之父**"。他创造的"**丰田生产方式**"风靡全球，美国将这种生产方式总结为"**精益生产**"。

丰田喜一郎的父亲丰田佐吉既是日本有名的纺织大王，又是日本大名鼎鼎的发明狂。丰田喜一郎曾就读于东京帝国大学工学系机械专业。大学毕业后，在父亲的丰田纺织株式会社当了一名技师。经过 10 年磨炼，丰田喜一郎担任管技术的常务经理。为了考察西方国家的纺织工业，1921 年他第一次到了欧美国家。西方国家的汽车普及率令他吃惊，激发了他制造汽车的决心。1929 年，他花费四个月的时间体验了英国的汽车交通，走访了英、美尤其是美国的汽车生产企业，彻底弄清了欧美国家的汽车生产状况。这次国外之旅给他留下了极为深刻的印象，坚定了他发展汽车事业的决心。

图 4-13　丰田喜一郎

不久，丰田佐吉去世。临终前，他将儿子叫到眼前，给他留下了作为父亲的最后一句话："我搞织布机，你搞汽车，你要和我一样，通过发明创造为国效力。"他还亲手将转让专利所获得的 100 万日元专利费交给儿子，作为汽车研究的启动经费。1933 年，丰田喜一郎在自动织机制作所内设立汽车部，并于当年 4 月购回一台美国雪佛兰汽车发动机进行反复拆装、研究、分析、测绘。在研究这台发动机的过程中，他有了指导日后公司发展战略的认识：贫穷的日本需要更为廉价的汽车，生产廉价汽车是我的责任。1933 年 9 月，他着手试制汽车发动机，拉开了汽车生产的序幕。1934 年，他托人从国外购回一辆德国产的 DKW 前轮驱动汽车；经过连续两年的研究，于 1935 年 8 月造出了第一辆"丰田 GI"

牌汽车。

1937年8月27日，成立丰田汽车工业株式会社，从此开始了艰难的制造汽车的事业。丰田喜一郎是一名实干家，且颇有战略家的眼光。他对汽车工业的第一个贡献是关注汽车生产相关产业的发展。他十分清楚，汽车生产所涉及的相关产业的发展水平直接影响着汽车的质量，其中以材料和机器制造两个行业的影响最大。于是，他一面向日本政府提出发展材料和机器制造两个行业的建议，一面在自己的公司里着手开发炼钢和机器制造。使材料工业、机械制造、汽车零部件业与汽车工业同步发展，为汽车的大批量生产创造了必要的条件，因此，日本人称他是"日本大批量汽车生产之父"。他的第二个贡献是对生产过程的科学管理，他所创立的"丰田生产方式"已超越国别、行业，成为世界许多国家争相学习的先进经验。

二、日本的福特——本田宗一郎

本田宗一郎（1906—1991，图4-14）是日本本田汽车创始人。人称"日本的福特"（美国机械工程师学会设有荷利奖，专门用于奖励那些在机械工程领域做出了杰出贡献的人，只颁发过两次，分别由福特和本田宗一郎获得）。本田宗一郎出身贫寒，却成为天才发明家，拥有470项发明和150多项专利。他创立的HONDA（本田）品牌，成为世界上最大的摩托车生产厂家，是日本战后经济奇迹的创造者之一。

图4-14　本田宗一郎

本田宗一郎出生在日本静冈县的一个穷苦家庭，他自幼便对机械表现出了一种特殊的偏好。16岁时，他到东京一家汽车修理厂当学徒，六年后回到家乡开设了一家汽车修理厂。由于他技艺高超、待人诚恳，因此生意非常兴隆。1934年，宗一郎创建了东海精机公司。1946年10月，宗一郎在滨松设立了"本田技术研究所"，主要生产纺织机械。

因为第二次世界大战后运输粮食的需要，宗一郎将战争期间日本陆军留下的无线电通信机的小汽油机安装到自行车上，并用水壶做油箱，制成一种新型的"机器脚踏车"。因为本田式"机器脚踏车"的成功，本田宗一郎决定生产真正意义上的摩托车。1948年9月，他正式组建了本田技术研究工业总公司并自任社长。同年，宗一郎亲自主持研制D型发动机并推出了本田-梦幻D型摩托车；1951年又主持研制了性能更好的四冲程E型发动机及本田-梦幻E型摩托车。这两种摩托的销售都获得了成功。他善于用人，将公司的全部经营实权放心地交给了藤泽，自己则埋头于技术开发，不断拿出技术先进而又适销对路的产品。为了在世界摩托车市场站稳脚跟，本田公司舍本钱从美国、德国、瑞士等地引进先进的加工设备，加之其他多方面因素的综合作用，本田摩托始终保持着赢家的地位。经过几十年合作发展，本田成为名震全球的跨国集团。

本田于1962年开始涉足汽车生产，先后推出多种畅销的汽车产品。其中N360型轿车成为过全球畅销车；设计开发的CVCC发动机以及安装此种发动机的汽车，因其控制排污效果好，于1975年在世界汽车界引起极大轰动，为公司赢得了不可计数的利润及崇高的商业声誉。本田宗一郎注重宣传企业和产品，他通过参加世界级的摩托车大赛和一级方程式汽车大赛,确立了本田车在这两个领域的地位。

1991年8月5日,为世界汽车业留下了光辉一笔的本田宗一郎去世了。但他"三个喜悦"(购买的喜悦、销售的喜悦、制造的喜悦)的企业口号和"三个尊重"(尊重理论、尊重创造、尊重时间)的经营理念还会继续发挥其应有的作用。

第四节 中国的汽车名家

一、中国汽车业之父——饶斌

饶斌(1913—1987,图4-15)是新中国汽车工业的创始人,被誉为"中国汽车业之父"。视汽车为生命的饶斌,表现出坚毅、执着和倔强。他的后半生几乎将全部的心血都注入到了中国的汽车工业中。

饶斌祖籍南京,原名饶鸿熹,早年学医。饶斌参加革命后曾担任过中共山西交城地委书记、抚顺市委书记、哈尔滨市市长等职务。新中国成立后,百废待兴,筹建第一汽车制造厂的重任赋予饶斌。在全国人民的支持和建设工人的共同努力下,经过三年艰苦卓绝的努力,在长春市南郊一片荒野

图4-15 饶斌

上建起了一座汽车城。第一辆国产"解放牌"载货汽车于1956年7月13日在总装线下线,标志着我国不能制造汽车历史的结束。1958年,在饶斌的领导下,一汽研制了我国自己的"红旗"高级轿车。

1964年,由饶斌负责二汽筹建工作。当时,建设二汽必须走中国自己的道路,饶斌经过缜密思考,以惊人的胆识和勇气,创造性地提出用"聚宝"的办法建设二汽,调用全国的汽车和机械制造企业包建各个分厂,并采用国产设备为主、适当引进部分国外先进设备的建设思路,形成系统的现代化汽车制造企业。从1967年4月1日正式开工建设,到1978年年底,二汽的2.5t越野车已形成批量生产能力,3.5t越野车已通过产品试验,5t民用载货汽车也通过了5万km可靠性试验,发动机通过与英国里卡图公司的设计咨询,质量明显改进。当年生产汽车3 000辆,实现盈利。饶斌"早出车、出好车"的愿望在湖北十堰的土地上得以实现,结束了我国载货汽车严重短缺的局面。

二汽建成投产后,饶斌调回北京,担任机械部部长。改革开放之初,国家采纳饶斌的建议,决定在上海引进一条轿车装配线。1984年,上海大众合资合同在北京人民大会堂签署,国内第一个轿车合资企业诞生。历史告诉后人,这一决定不仅成就了上海汽车业的崛起,而且为中国轿车业的兴起开辟了希望之路。汽车业的前辈们把他的果断决策之举称为"这是战略家的眼光"。

饶斌不仅是中国汽车工业的开拓者,而且是推动新时期汽车工业转型的引路人。尤其是在晚年,他把主要精力都放在了桑塔纳轿车零部件国产化上,希望通过零部件国产化来缩短与世界汽车的差距,圆中国人的轿车梦。

1987年7月15日，饶斌回到一汽参加解放牌卡车出车30年纪念大会。会上，他突然激动地讲起了轿车："我老了，不能和大家一起投身第三次创业。但是，我愿意躺在地上，化作一座桥，让大家踩着我的身躯走过，齐心协力把轿车造出来，去实现我们中国几代汽车人的轿车梦！"说完，他的泪水潸然而下。十几天后，他病倒在上海。1987年8月29日，饶斌在上海逝世，享年74岁。

历史不会忘记，饶斌所留下的脚印清晰地记录着中国汽车工业发展的重大历史节点，他也因此被人尊重和爱戴。

二、中国汽车科技界的先驱——孟少农

孟少农（1914—1988，图4-16）是汽车工程专家，中国科学院学部委员（院士）。他毕生致力于汽车工业建设事业，是新中国汽车工业技术的主要奠基人和领航者，被誉为"中国汽车科技界的先驱"。

图4-16 孟少农

孟少农，原名庆基，祖籍为湖南省桃源县，曾经在清华大学机械工程系（本科）和麻省理工学院机械系（硕士）学习。赴美学习期间，他先后在美国福特汽车公司、司蒂贝克汽车公司等任技术员和工程师。1946年5月，他婉言谢绝了福特等几家大公司优越的待遇，乘第二次世界大战后中美通航第一班轮船回到母校清华大学任教，先后任机械系副教授和教授。后来加入中国共产党并奔赴解放区参加革命工作。

1950年，孟少农开始参与筹备创建一汽。他为一汽勤奋工作15个春秋，为一汽出汽车、出人才、出经验做出了卓越贡献。

1971年5月，孟少农被调到陕西汽车制造厂任革委会副主任，主管技术工作。他在艰苦的条件下，冒着风险，排除障碍，专心致志地研制开发延安250型5t越野车（1978年8月获全国科学大会科技成果奖），改进6130型发动机（1978年8月获全国机械工业大会科技奖），开发15t重型民用车。

20世纪70年代，孟少农由陕汽转战到了二汽。他在二汽艰苦奋斗整整10个春秋，为二汽闯过质量、滞销、缓建三大关，为二汽发展横向联合经营，引进消化吸收国外先进技术，设想及早开发轿车和轻型车，为二汽长远兴旺发展奠定了基础并做出了贡献。

孟少农为发展中国汽车工业，在培养人才方面下了很大功夫，付出艰辛劳动，把自己的智慧才能，渊博的理论知识和丰富的实践经验，毫无保留地传给后人。20世纪50年代初，在一汽建厂时期，他根据工厂生产发展和管理需要，在苏联专家的帮助下，创办了长春汽车工业学校，培养了一大批中级汽车人才。为培养高级汽车工业人才，他倡议与地方合作，创办起中国唯一的一所汽车、拖拉机学院（后改为吉林工业大学，并在2000年与其他五所院校合并组建为吉林大学），并选派一批技术骨干去任教。在二汽，他根据建厂需要和大学不能正常输送人才的情况，大胆创办职工大学，自任校长，自编教材，亲自授

课，使一大批文化水平较高，又有多年生产经验的青年工人获得深造机会。1983 年，二汽职工大学获国家承认成为具有本科资质的高等学校，更名为湖北汽车工业学院，孟少农任院长。

中国汽车工业、汽车产品、汽车人才发展的巨大变化和成就，无一不凝聚着孟少农的智慧和心血。他将毕生的精力贡献给我国的汽车工业，功勋卓著，赢得了中国汽车界和学术界的衷心爱戴。

 思考题

1. 世界"汽车之父"是谁？其成功的原因是什么？
2. "最杰出的汽车设计大师"是谁？他对汽车造型发展的贡献是什么？
3. 威廉 C. 杜兰特为什么最终失败了？
4. 谁是汽车大王？他成功的原因是什么？
5. 艾尔弗雷德 P. 斯隆成功的原因是什么？
6. 丰田喜一郎对汽车工业的重大贡献是什么？
7. 谁是中国汽车业之父？他对中国汽车工业的贡献是什么？
8. 吉林工业大学和湖北汽车工业学院是谁创立的？

第五章 名车欣赏

> **学习目标**
> 1. 了解各国名车的特点。
> 2. 熟悉世界经典的古老汽车和现代著名的超级跑车。
> 3. 了解未来汽车的发展趋势。

历史悠久、工艺精湛、品牌响亮的汽车品牌，仍然在推陈出新。而后来居上的新型汽车品牌，凭借先进的技术、出色的设计、良好的性能迅速占领市场，博得了消费者的青睐。每一款优质的汽车都凝结着人类最尖端、最高深的智慧。对各类名车的认知是系统了解汽车文化的重要环节之一。

第一节 各国名车与历史文化

世界名车，成果卓越，创意非凡，是高科技的化身，又是高尚典雅的体现，令人赞誉和神往。

1. 霸气十足的美国汽车

美国轿车（图5-1）豪华气派、设备齐全、宽敞舒适、行驶平稳。车身的线条强劲有力、舒展流畅，较欧洲轿车更宽、更长，前脸是华丽的栅格，车窗周围镶有镀铬亮条，后有宽大的行李箱，这一切都使其车身显得有点粗壮，极易辨认，美国人自由与霸气的个性在车上显露无遗。从20世纪90年代开始，受日本汽车的影响，美国车的车身有所减小，可在世界汽车中还是"大个子"。

图5-1 大平方正的凯迪拉克

美国知名的汽车品牌有凯迪拉克、林肯、别克、道奇、雪佛兰、福特、克莱斯勒等。

2. 保持传统的德国汽车

德国车（图5-2）素以传统、安全、厚实、高性能而著称于世。德国车设计追求完美，科技含量较高，讲究严谨传统，线条挺拔而有力，给人一种坚固耐用的感觉，体现了德国人严谨、务实的作风。

德国知名的汽车品牌有奔驰、宝马、大众、奥迪、保时捷等。人们常说开"宝马"、坐"奔驰"，足见德国轿车能给人以莫大的享受。

3. **保守尊贵**的英国汽车

英国轿车（图5-3）稳重、内敛、有内涵，给人一种保守而尊贵之感。英国轿车的车身设计比德国轿车更加严肃，很少为迎合时尚而随波逐流，其造型优雅脱俗，充满了绅士贵族风度。

知名度最高的英国精品车有劳斯莱斯、阿斯顿·马丁和捷豹等。英国有两所汽车界赫赫有名的设计院校——皇家艺术学院和考文垂大学。

图5-2 奔驰跑车

图5-3 尊贵的劳斯莱斯

4. **充满艺术气息**的意大利汽车

意大利的汽车（图5-4）以卓越的品质、良好的性能、堪称先锋的科技运用、层出不穷的科技发明而领先于世界汽车工业。意大利是一个充满艺术气息的国度，在汽车造型设计上也以奔放、性感、洒脱、超性能的表现吸引顾客，这种风格充分反映了意大利人热情、浪漫、灵活和机敏的个性。

意大利有世界"跑车之乡"的美称，法拉利、兰博基尼和玛莎拉蒂等名牌跑车精巧灵活、充满活力，在全球闻名遐迩。意大利是汽车造型设计圣地，拥有被誉为"世纪设计大师"的乔治亚罗、努奇·博通、马塞罗·甘迪尼、平尼法瑞那等。

5. **浪漫前卫**的法国汽车

法国人浪漫、热情的性格孕育出了富有法兰西特色的汽车造型。法国车的造型糅合了法兰西民族的浪漫和时尚，法国人造汽车和做衣服一样，都是当作艺术品来设计，我行我素，造型优雅，线条简练，精巧灵活，极富动感且充满活力。浪漫的法国人领导了世界汽车造型的潮流。

法国知名的汽车品牌（图5-5）有雷诺、标致、雪铁龙等。

图5-4 热情且充满科技感的法拉利

图5-5 动感活力的雪铁龙

6. 兼收并蓄的日本汽车

日本车（图 5-6）以美观、适用、价廉而著称于世，其款式轻巧可人，设计灵活多变，很符合其地少人多的国情。如果单从外观上来看，日本轿车的最大不足是没有个性，缺乏传统，难以发现其民族属性。然而正像日本民族善于接受外来文化、工作认真勤奋一样，日本轿车兼具了欧美轿车的很多优点。总之，日本车以外形中规中矩，发动机平顺、省油而博得了许多中产阶级人士的欢心。

日本知名的汽车品牌有雷克萨斯、皇冠、公爵、蓝鸟、雅阁、三菱、本田、日产等。

7. 简洁善变的韩国轿车

韩国轿车（图 5-7）和日本轿车可以说是一脉相承的。然而，随着车身设计的日趋成熟及高科技的广泛应用，加上韩国人富有独创性的设计生产理念，韩国轿车越来越显示出自身轻巧、简洁、善变的个性，大有"青出于蓝而胜于蓝"的发展趋势。

韩国汽车生产起步较晚，但大宇、现代等品牌在国际市场上引人注目，备受青睐。

图 5-6　豪华的雷克萨斯

图 5-7　轻巧简洁的现代

8. 后起之秀的中国汽车

1956 年，中国建成第一汽车制造厂，诞生了自己的汽车工业，开始在汽车造型方面起步。从最初的红旗到现在的吉利（图 5-8）、奇瑞（图 5-9），虽然还主要是模仿国外的车型，但进步很快，在拥有自主品牌轿车的进程上迈出了可喜的一步。同时，国内也兴起了一批中外合资的汽车设计中心，泛亚汽车设计中心就是其中之一。

图 5-8　吉利全球鹰 IG

图 5-9　奇瑞 A3

第二节　老　爷　车

老爷车是一种怀旧的产物，泛指拥有优良的设计、工艺标准高、制作和保存完好、出厂 20 年以上的非凡的汽车。"老爷车"一词最早出现在 1973 年英国出版的一本《名人与老爷车》的杂志上,尽管它的直译应该是"经典的古老汽车",但由于"老爷车"这个词强烈的拟人色彩,此名称很快得到了各国汽车界人士的认可,并迅速蔓延,成为世界各地爱好者对老式汽车的统一称谓。

老爷车有市场公价,主要是看年份、生产量、当时的市场定位、现存量、保养原装程度和零件是否完整、有没有正式上牌等。有时,车主是否知名也是决定车价的因素之一。有一些赛车更强调参赛历史,一些越野车则看它是否上过战场。

> **知识拓展**
>
> **老爷车分类标准**
>
> 美国古老车俱乐部的分类标准:
>
> 古董车(Antique):1930 年之前的所有汽车。
>
> 量产车(Production):1930 年之后的所有汽车。
>
> 古典车(Classic):1930—1948 年的非常优质的汽车(EXCEPTIONALLY FINE CAR)。
>
> 威望车(Prestige):1945—1972 年的优质汽车。
>
> 限量车(Limited Production):第二次世界大战后小量生产的"特殊兴趣"(Special Interest)汽车。
>
> 中国某些俱乐部的分类标准:古老车(1925 年之前),老爷车(1925—1941 年),战后经典(1945 年以后)。
>
> 世界上一般以美国的划分作为标准,因为美国是最大的汽车王国,拥有绝大部分的老爷车。

一、1928 年的布加迪 Type37

布加迪是法国最具有特色的超级跑车厂之一。布加迪以生产世界上最好且最快的车而闻名于世。最原始的布加迪品牌已经在第二次世界大战后消失。不过战后此品牌曾经有两度中兴,目前它是大众集团旗下的一个品牌。它在短短的汽车制造期间(1920—1940 年)所制造的车都达到了登峰造极的境界。图 5-10 所示的布加迪 Type37 型跑车是 1928 年出厂的,车的底盘全套采用当年方程式赛车的设计,发动机为四缸 1.5L(每缸三气门),功率 29.4kW,最高车速为 150km/h。1928—1930 年间共生产 290 辆。

图 5-10 布加迪 Type37

二、1932 年的福特 V8

1927 年，伟大的福特 T 型车在新型雪佛兰轿车的压力下被迫停产。1928 年，福特公司推出全新 A 型车与之竞争，雪佛兰则针锋相对地用六缸发动机代替原有的四缸发动机，并打出一条诱人的口号"六缸机的轿车，四缸机的价格"，在市场争夺战中又胜一局。

亨利·福特怒火中烧，把林肯车上的 V8 发动机装在了换代用的 B 型车上，结果造就了一代名车——福特 V8（图 5-11）。就生产 V8 发动机轿车的技术和当时的市场形势而言，福特 V8 的售价低到了可笑的程度——仅比当时福特的四缸发动机轿车贵 50 美元（通用公司的 V8 发动机当时仅用于凯迪拉克）。

三、1958 年的梅赛德斯·奔驰 190SL

图 5-12 是 1958 年的梅赛德斯·奔驰 190SL，此型号是德国奔驰汽车厂于 1957—1963 年间生产的第三代敞篷跑车，配用 W198II 的车架。这系列经多次改良，现已是第七代。这辆车具有典雅而奔放的外观，有着强烈的欧陆跑车风格。

图 5-11 福特 V8

图 5-12 1958 年的梅赛德斯·奔驰 190SL

四、1967 年的福特野马

在 1964 年春在纽约举行的世界博览会上，福特公司首次展出了野马车，其线条粗犷而美观，瞬间便在全美引起了轰动。野马跑车就像其名字一样，是自由驰骋的象征。图 5-13 为 1967 年改型后的福特野马。

五、1974 年的 MGB Roadster

MGB 是英国 MG（Morris Garages）汽车公司（1968 年并入英国利兰，2005 年被南京汽车集团收购，2007 年上海汽车集团成为 MG 品牌的新主人）生产的跑车，是一款车迷们所热衷追求的跑车类型，尤其在北美地区，MGB 是所有 MG 产品中销售最成功的车型。从 1962 年开始的 18 年内，MG 共生产了超过 50 万辆各种型号的 MGB 车型，图 5-14 是 1974 年制造的 MGB Roadster。

图 5-13 1967 年的福特野马

图 5-14 1974 年的 MGB Roadster

六、1979 年的保时捷 911

德国保时捷 911 的车身设计者是费利的长子亚历山大·费迪南德·波尔舍，该车造型集高贵、典雅、凶悍、豪迈各种相互矛盾的节奏感于一体。就连资深设计师卡尔·拉比也不得不承认：昔日老友（费迪南德·波尔舍）之孙无愧于祖。911 设计者道出了车身设计的精髓——完美的设计绝对不是追求时髦，恰恰相反，时髦是完美设计的结果。

整个车系包括众多版本，1971 年出产以来不断改进，配用不同功率的发动机，也有专门设计用作比赛的车型。图 5-15 中的车为 1979 年制造，配备 3L 发动机，最高时速达 180km/h，时至今日，仍然是不少车迷的追捧对象。

七、1979 年的劳斯莱斯 CORNICHE

劳斯莱斯险路系列（CORNICHE），银色阴影的分支车型，劳斯莱斯的第一部敞篷跑车。1971 年，第一辆"险路"系列面世。20 世纪 70 年代中对这个型号的汽车需求大增，订单排队四年之久。该车一直以来都是皇族及达官贵人所拥有的车辆，备有 6.7L 发动机，大部分零件都是由工人手工精心制造而成。它被公认为世界上最大、最贵和最漂亮的四座敞篷车。图 5-16 为 1979 年的劳斯莱斯险路。

图 5-15 1979 年保时捷 911

图 5-16 1979 年劳斯莱斯险路

八、1981 年的摩根 Plus 8

英国摩根汽车公司成立于 1909 年。而摩根 Plus 8 问世于 1966 年，40 多年之后再看到它，就如同看到了当年的摩根汽车一样，即使与 20 世纪 30 年代的摩根 4/4 相比，它的样子也没发生太大的改变，造型上依旧保持着当初经典的样式。摩根品牌至今已经有百年以上的历史，在汽车制造企业中是闻名遐迩的老牌子。不过，在自动化生产大面积被应用的今天，摩根依然坚持纯手工打造的制造工艺，就是这份坚持让它现在仍有不少追随者。虽然订购需等候数年，但顾客仍源源不绝。图 5-17 所示的摩根 Plus 8 产于 1981 年，配备 V8 3.5L 发动机，最高车速可达 208km/h。

图 5-17　1981 年 V8 3.5L 摩根 Plus 8

第三节　现代超级跑车

跑车属于一种低底盘、线条流畅、动力突出的汽车类型，其最大特点是不断追求速度极限。设计跑车的目的在于"把赛车运动带入家庭生活"，它的问世给了很多痴迷于赛车运动的普通人体验当赛车手的机会。跑车的分类有很多种，按类型可分为轿跑、敞篷跑车、双门跑车等，按价值可分为平民跑车、豪华跑车、超级跑车等。

> **知识拓展**
>
> **超级跑车**
>
> 超级跑车（Super Car）在每个时代都具有令人热血沸腾的魅力、耀眼的外观、未来的技术以及澎湃的声浪等。超级跑车的一些共同特点如下：①外观设计新颖、美观，动感十足，有"跑味"（有前冲的气势，流线形体感强烈），多为中置发动机后轮驱动。②超凡的动力表现。最高车速很高（330km/h 以上），加速非常快（0~100km 加速时间小于 4.5s），动力强劲（360kW 以上）。③对汽车的操纵稳定性、制动性要求很高。④高昂的售价，数十万美元。⑤限量生产，几十到几百辆。

现代生产超级跑车的厂商以法拉利、兰博基尼、保时捷、玛莎拉蒂、布加迪等公司为代表。下面就以这些公司部分产品为例做一下介绍。

一、迈凯轮 P1

迈凯轮 P1（图 5-18）在 2012 年 9 月末的巴黎国际车展上首发。动力方面，迈凯轮 P1 概念车搭载的是一台 M838TQ 3.8 升的 V8 双涡轮增压发动机，最大功率能够达到 599kW，通过 KERS 动能回收系统该车还可以获得 119kW 的额外功率，使得这款车的最大总功率达到 718kW。2.8s 完成百公里加速，极速为 384km/h。

迈凯轮 P1 的设计理念源自 F1 跑车，新车大量采用了空气动力学设计，风阻系数仅为 0.34，在保证空气高速通过的情况下，还能为车身带来很好的下压力。DRS 和 IPAS 两个技术也出现在迈凯轮 P1 上，它们可以通过方向盘上的两个按钮分别进行操作。其中，DRS 系统（Drag Reduction System）即可调尾翼控制系统，该技术可减少 23% 的阻力。IPAS 系统（Instant Power Assist System）是即时动力辅助系统，车主可以通过按键瞬间起动电动机，享受加速的快感。我国售价 1260 万元。

图 5-18 迈凯轮 P1

二、保时捷混动超跑 918 Spyder

保时捷 918 Spyder（图 5-19）号称三大车神之一，于 2013 年正式量产。它搭载着一套最大功率为 653kW、峰值转矩达到 780N·m 的混合动力系统，其由一台 4.6L V8 发动机外加两台电动机组成，两台电动机分别负责驱动前后轴，输出功率分别为 86kW 和 96kW，由一组容量为 6.8kW·h 的锂电池组供电；0～100km/h 加速时间不超过 3s，最高车速超过 325km/h。Spyder 的彪悍动力通过一台七速 PDK 双离合变速器负责传动。车身全面采用碳纤维以减轻车重。传动系统以及车身组件所有超过 49.9kg 的部件都安装在更低的地方且尽量集中以降低车身重心。约 1675kg 重的车身重量比例为 43∶57。

在追求最高速度的同时，Spyder 却非常节俭，3.3L/100km 的油耗和约 79g/100km 的二氧化碳排放量为保时捷带来了莫大的荣耀。即使真的没有油了，这款车也可以以纯电力继续行驶 30km。我国售价 1388.8 万元。

三、法拉利拉斐尔

拉斐尔（LaFerrari）（图 5-20）于 2013 年 3 月在日内瓦车展首次亮相，是法拉利的旗舰跑车，与迈凯轮 P1、保时捷 918 并称三大车神。该车是法拉利 F1 技术的移植，采用了最先进的混合动力系统（v10 发动机），联合输出功率高达 708kW；车身有类似 F1 的前翼片，还拥有能量回收系统——从制动中回收能量变为电能，从而给车更多的动力。该车全球仅限量发售 499 台，我国售价为 2250 万。

图 5-19 保时捷 918 Spyder

图 5-20 法拉利拉斐尔（LaFerrari）

四、Lykan Hypersport

Lykan Hypersport（图5-21）是由成立于2012年的黎巴嫩公司 W Motors 所限量生产的跑车。在2015年上映的电影《速度与激情7》里，范·迪塞尔飞跃摩天楼时屁股上挨了一火箭炮的那辆红色跑车就是它，全球限量生产七台。它搭载一台3.7L双涡轮增压水平对置六缸发动机，这款发动机来自改装保时捷跑车而闻名的改装公司 RUF。该发动机可以提供566kW的动力和1000N·m的转矩，0～100km/h加速只需2.8s，极速可达395km/h；与之匹配的是一台六速序列式变速器；该车大量运用奢华材质，车上很多地方采用钛合金金属与碳纤维材料，前照灯还是采用钻石涂层的LED灯，座椅则采用金线缝制。在2015年的天津车展上，该车售价约合人民币7000余万元。

五、世界上最快的跑车——轩尼诗毒蛇GT

轩尼诗毒蛇GT（图5-22）是美国老牌汽车改装厂家 Hennessey 的杰作。GT是以英国著名跑车品牌路特斯 Elise 底盘衍生出来的车型，加挂了克尔维特 ZR1 的心脏——一台6.2L V8 LS9发动机，0～100km/h加速只需2.4s，最高车速超过440km/h，获得了世界最快跑车的头衔。轩尼诗毒蛇GT全车采用大量碳纤维结构，整车重量不超过1071kg。配合全新设计的空气动力尾翼，制动性能强悍。该车亮点主要有可调节悬架系统及尾翼，中置发动机布局及后轮驱动，六速变速器。年产仅10辆。

图5-21 Lykan Hypersport

图5-22 轩尼诗毒蛇GT

六、阿斯顿·马丁——跑在公路上的F1

2017年7月，英国豪车品牌阿斯顿·马丁（Aston Martin）在工厂生产线上揭开了新一代超跑 AM-RB 001（图5-23）的神秘面纱。该车由红牛车队的著名F1赛车工程师 Adrian Newey 主导设计和研发，意在保持F1赛车强悍赛道表现的同时，兼具普通公路汽车的实用性，目标是成为世界上行驶速度最快的量产汽车。动力方面，AM-RB 001搭载了一台V12自然吸气发动机。AM-RB 001车身重量不超过1t，在只有约1m高的车身里，能从容地装下一个身高190cm的大个子。由于秉承F1赛车的设计原型，在AM-RB 001车身两侧看不到一般超跑常见的超低侧裙，取而代之的是像F1赛车一样的两段式设计。加上前卫的流体式设计和夸张的气动学外形,由此造就了 AM-RB 001 炫酷无比的超现实主义地位。从整车重量到用多少环氧树脂来装配,AM-RB 001 的每一个细节都经过反复优化和精确计算:水冷循环管道被缩减到最短;为了减轻重量,用触控翼式车门取代了传统的门拉手;用高清尾部摄像头取代了通常必备的后视镜。此外,AM-RB 001 还采用了轻便坚硬的碳纤维材质作为车身,用户可以按照个人喜好喷涂各种颜色。

图 5-23　阿斯顿马丁 AM-RB 001

第四节　未来的概念车

概念车(Concept Car)是体现某种新设计、新技术,具有消费导向作用但尚未推向市场的新型汽车。概念车也可以理解为未来汽车,汽车设计师利用概念车向人们展示新颖、独特、超前的构思,反映出人类对先进汽车的梦想与追求。与大批量生产的商品车不同,每一辆概念车都可以摆脱生产制造工艺的束缚,尽情地展示自己的独特魅力。概念车拥有最先进、最前卫、最环保、最能代表造车工艺的技术与科技发展的设计,通常也是世界各大汽车公司显示自身科技实力和设计观念的主要方式。

> **知识拓展**
>
> ### 概念车分类
>
> 一般来说,概念车型大致上可分为两大类:
> 1)可能行驶的车辆类型:比较接近于批量生产阶段。其先进的技术已从科学试验逐步走向实用化,一般约在五年左右可成为正式上市的新产品。
> 2)不能行驶的车辆类型:比较接近于研究发展阶段。其超先进的设计集想象力与高科技于一身,但却因环境、科技水平、成本因素的限制,仅能指示出未来发展的研究构想。

一、别克 YJob——第一辆概念车

别克 YJob(图 5-24)是汽车工业界公认的世界第一辆概念车,它是 1938 年由美国通用汽车艺术和色彩部首任主任、美国汽车造型之父——哈利·厄尔(Harley Earl)设计出来的。

在当时看来，YJob 是一部梦想之作，而非现实之作，连续的弯曲表面和突出车身水平性的平行合金饰带创造了一种狭长的流线型车身；还引入了嵌入式前照灯、电动车窗、水平散热器护罩、与车身齐平的门把、电动活动顶篷等。这些在现在看来再平常不过的装配与设计，在当时足以让制造商和驾车者们疯狂不已。YJob 不仅带领人们走进了概念车的缤纷世界，其长而低的流线型的轮廓设计，也对后来的汽车设计产生了深远影响。

图 5-24　别克 YJob 概念车

二、宝马 VISION NEXT 100 概念车

2016 年，在宝马集团成立 100 周年之际，BMW 正式在中国北京首发了宝马 VISION NEXT 100 概念车（图 5-25），展示了宝马未来产品的设计方向。

配置方面：造型颇具科幻风格，透露出一种简洁感。宝马车型标志性的双肾式进气格栅依旧被很好地延续在了概念车上，其车型长度相当于 5 系，但由于全新的空间设计理念，其实际乘坐空间与 7 系相当。在空气动力学方面，BMW VISION NEXT 100 的创新设计让它获得了极低的风阻系数，仅为 0.18。

尖端科技方面：共有"悦驾"（Boost）和"悦享"（Ease）两大模式，分别允许驾

图 5-25　宝马 VISION NEXT 100 概念车

驶人或车辆自主控制驾驶。模式之间的切换清晰、顺畅，"灵动结构"全程参与其中。在"悦驾"（Boost）模式下，整个车辆以驾驶人为中心，提供智能化支持以提升驾驶体验。座椅和方向盘的位置会做出调整，中控台也会位移，更多地朝向驾驶人。在行程中，驾驶人可以通过手势控制与车辆进行互动。当驾驶人全神贯注于道路情况时，"灵动结构"高亮显示理想的驾驶路线或可能的转向点，并就对面来车发出警告。相较于机器人语音或者屏幕显示的指导信息而言，直观的反馈更自然、更及时。而在"悦享"（Ease）模式下，汽车将接管驾驶。此时，内饰氛围将彻底改变：方向盘和中央控制台缩回，头枕移动到一侧，创造出更放松、更舒适的环境。座椅和车门板组成一个整体，允许驾驶人和乘客倾斜身体乘坐，以更放松的姿势面对面地交流。同时，平视显示系统为驾乘人员提供更加个性化的内容显示以及他们所需的信息和娱乐功能。"灵动结构"的运动更谨慎，能通知车内驾乘人员前方路况以及任何即将采取的加速和制动操作。

材料方面：主要采用了可回收或可再生材料制成的纤维，如侧围板采用标准碳纤维生产中的节余材料制成。此外，为了节约资源，车舱内还采用了高品质的织物和易于回收的

材料，并取消了真皮内饰。全新材料带来变革性的机遇，快速制造和 4D 打印等新技术不再只是生产具体的零件或物件，而是生产智能且互联的新材料。

三、奥迪全新氢燃料概念车

奥迪在 2016 年的北美国际车展上发布了一款氢燃料概念车 H-Tron quattro（图 5-26）。

配置方面：奥迪 H-Tron quattro 氢燃料概念车借鉴了 E-Tron Quattro 概念车的设计风格，采用了棱角分明的 LED 前照灯，配有刀锋式铝合金轮毂，车尾设有扰流器。新车将应用先进的自动驾驶技术，可在车速低于 60km/h 的情况下实现自动驾驶，并能实现自动泊车。

动力方面：新车使用了两台电动机，位于前轴的电动机最大输出功率为 90kW，位于后轴的电动机最大输出功率为 140kW，综合输出功率为 100kW，百公里加速用时 6s，最大续航里程可达到 600km，只需 4min 便可将氢燃料罐充满。如果奥迪决定投产这款概念车，那它将作为氢燃料版 Q6 在 2020 年年底前发布。

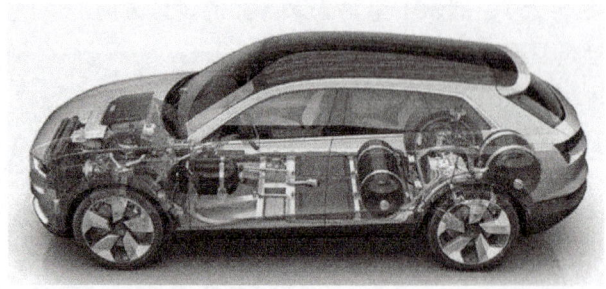

图 5-26　奥迪全新氢燃料概念车

四、标致 L500 R HYBRID 概念车

1916 年 5 月 30 日，由 Dario Resta 驾驶的标致 L45 获得了印地 500 冠军。在 100 年后，为了纪念这一桂冠以及展示对于未来赛车的构想，标致推出了这款概念车（图 5-27）。

配置方面：造型极具未来感，车身低矮，车身高度仅为 1m，极具流线型，车身还采用了前蓝后黑的双色设计。硕大的轮圈让这款车看上去动感十足，尾部设计也十分有想象力。新车还采用轻量化的设计，车身质量为 1000kg 左右。如果说 L45 是一款专注于驾驶的双座跑车，那么这款概念车则更是采用了单座

图 5-27　标致 L500 R HYBRID 概念车

设定，采用了赛车风格的方向盘以及全息 i-Cockpit 座舱设计。

动力方面：采用插电式混动系统，发动机最大功率输出为 198kW，与电动机配备后综合功率可达 368kW，峰值转矩为 730N·m，0~100km/h 的加速为 2.5s。

五、全新 nanoFlowcell QUANTiNO 概念车

nanoFLOWCELL 是一家来自欧洲列支敦士登的能源公司。在 2015 年的日内瓦车展上，nanoFlowcell 正式发布了一款名为 QUANTiNO 的概念车（图 5-28）。

配置方面：nanoFlowcell QUANTiNO 概念车整体风格采用了丰富的线条，以突出"电动"和"流动"的科技理念，QUANTiNO 的尾灯有些型似 i8，22in（1in＝25.4mm）轮毂让它的视觉效果更具未来感，尽管其座舱空间相对来说应该并不算充裕，但仍不失为一部绝佳的未来城市通勤工具。

动力方面：采用 2＋2 设计的纯电动车型，其两个 175L 的燃料池中装载了 350L 流动离子，让 QUANTiNO 概念车的续航能力可以超过 1000km，补充燃料的流程并无变化，只是两个燃料箱内填充了不同的流动液体，一个燃料箱储备的是正电荷，另一个燃料箱储备的是负电荷。它的综合动力输出在 92kW，极速可以达到 200km/h。

图 5-28　全新 nanoFlowcell QUANTiNO 概念车

六、捷豹路虎电动概念车 I-PACE

2016 年捷豹路虎旗下首款电动概念车 I-PACE（图 5-29）在洛杉矶亮相。

配置方面：捷豹 I-PACE 概念车基于捷豹旗下首款 SUV 车型打造，长、宽、高尺寸为 680mm、1890mm、1560mm，轴距为 2990mm。新车前脸采用密封格栅设计，风阻系数仅为 0.29，流线型的车身设计配搭 23in 轮毂，略显跨界风格。此外，捷豹 I-PACE 概念车还配备了全景天窗。捷豹 I-PACE 概念车采用座舱前移设计，中控台非常简洁，采用大面积触摸屏设计。此外，新车内部采用大面积皮革包裹，配搭桃木装饰，尽显奢华。

图 5-29　捷豹路虎旗下电动概念车 I-PACE

动力方面：捷豹 I-PACE 概念车搭载最大功率294kW的双电机动力总成，最大转矩700N·m，0~100km/h 加速成绩为4s。新车配备90kW·h 液冷式锂离子电池，采用欧洲 NEDC 测试标准最大续航里程超过500km，采用美国 EPA 测试标准最大续航超过352km。在50kW 直流充电环境下，只需90min 即可充满80%的电量，2h 左右即可完全充满。此外，车主也可以通过家用壁式插座对新车进行充电。

七、双重无障碍吉利魔卡 McCar 微型概念车

吉利魔卡 McCar 概念车（图5-30）于2011年4月在上海车展推出，其具有如下强大的功能：①摩托车与轿车巧妙结合，内饰浑然一体，同时还能满足四人乘坐空间。②具有标准轮椅空间和结构设计，为行动不便的人提供安全、舒适的乘坐空间。③摩托车折叠方便，减少存在空间，使得进出电梯更加自由。④不仅解决了交通拥堵、残疾人交通问题，更是环保、节能技术的聚焦品。该车具有纯电动、PLUG-IN 混合动力两种配置。当为纯

图5-30　吉利魔卡 McCar 双重无障碍微型概念车

电动时，通过电池管理系统将汽车与摩托车的电池合并到一起；当为混合动力时，其发动机工作即可充电。⑤通过汽车后轮与摩托车四驱机构的快速结合，并经整车 VCU 控制器管理，使得微型车也具备辅助四驱功能。

八、叶子概念车

叶子概念车（图5-31）在中国2010年上海世博会"上汽集团—通用汽车馆"展出和亮相；同时还作为中国新能源汽车的代表，在上海世博会中国国家馆"低碳区"展出。

概念车"叶子"在设计中以电能为主要动力来源，其技术核心是自然能源转换技术，包括光电转换技术、风电转换技术、二氧化碳吸附和转换技术。

图5-31　叶子"负排放"概念车

"叶子"车顶的一片巨型叶子是一部高效的光电转换器，可吸收太阳能转化为电能，并以可视化的"叶脉"方式显示能源的流动。特别值得一提的是其阳光追踪系统，叶片上的太阳能晶体片可随太阳照射方向而转动，提高太阳能收集效率，生物化特性使"叶子"与自然实现和谐共处。

"叶子"的四个车轮就是四个风力发电机，通过捕捉散逸的风能，将风能转变成电能，充入自身电池储存能源，形成辅助电驱动系统，最大限度地拓展和利用新能源。

"叶子"车体采用可吸附二氧化碳的有机金属结构（MOFs），能模拟绿色植物，从空气中捕获二氧化碳和水分子，在微生物的作用下释放出电子形成电流。生物燃料电池再将产生的电能给锂电池充电，由电动机驱动汽车。同时，它还能将光电转换中排放的高浓度二氧化碳通过激光发生器转化为电能为车内照明，或转化为车内空调制冷剂。因此，该车不仅仅是"零排放"，更是"负排放"。

九、奥迪 ASQ 水陆两栖燃氢概念车

奥迪 ASQ 概念车（图 5-32）是一款既可以在陆地上行驶，又可以在水中行驶，还具有潜水功能的车。它是针对 2040 年设计的车型，届时温室效应将进一步恶化，海平面将急剧上升，因此设计一款适合在水中行驶的车辆将是一件令人振奋的事情。

图 5-32　奥迪 ASQ 水陆两栖燃氢概念车

奥迪 ASQ 概念车将通过先进的 Quattro 全轮驱动系统以及安放在四个车轮上的电动机来行驶，其前轮采用球体造型，这样有助于提升该车的可操控性。当车进入水中时，驱动系统将借助水的驱动力来行驶。

奥迪 ASQ 概念车的车厢内部设置了三个座椅，车厢的上半部分完全由透明材料制作，采用单片式的车窗玻璃将车顶与尾窗连接在一起，侧车窗采用的为无支柱支撑设计。为了保证该车的乘客在水中行驶的时候能够看到车外，地板也由透明材料制作。

奥迪 ASQ 概念车的动力是由氢燃料发动机来提供的，该发动机所提供的动力除了用来驱动电动机外，还可补充蓄电池的能量。

思考题

1. 美国、德国、英国、法国、意大利、日本、韩国的汽车有什么特点？
2. 世界著名的超级跑车有哪些？说出它们的生产厂家。
3. 总结说明世界超级跑车的共同特点。
4. 老爷车的共同特点是什么？
5. 叙述概念车的定义、特点和分类。
6. 通过学习概念车，总结未来汽车的发展趋势。

第六章 汽车造型和色彩

> **学习目标**
>
> 1. 掌握车身外形演变的过程和影响汽车造型的基本要素。
> 2. 了解传统汽车造型设计的步骤和现代汽车造型设计的方法。
> 3. 了解影响汽车色彩的主要因素及与行车安全的关系。
> 4. 熟悉世界著名的汽车设计师。

汽车既是现代化的交通工具，又是流动的艺术品，以其科学、艺术的造型和色彩，构成道道靓丽的流动风景线，美化并装饰着我们的环境。它既能满足人们物质使用的需求，又能满足人们在精神审美上的需求。不同的汽车造型，能够彰显汽车本身和驾车人独特的风格和个性。

第一节 汽车外形的发展

100多年来，无论是动力源、底盘、电气还是车身造型，汽车都有了翻天覆地的变化。其中最富特色、最具直观感的是车身外形的演变。汽车外形在发展过程中主要经历了马车形、箱形、甲壳虫形、船形、鱼形、楔形和子弹头形等几个阶段。

一、马车形汽车

从19世纪末到20世纪初，世界上相继出现了一批汽车制造公司，除戴姆勒和奔驰各自成立了以自己名字命名的汽车公司外，还有美国的福特公司、英国的劳斯莱斯公司、法国的标致和雪铁龙公司、意大利的菲亚特公司等。当时，人们的主要精力集中在动力的更换上，汽车外形基本上沿用了马车的造型，还没有自己的造型风格，那时人们把汽车称为无马的"马车"。1901年的梅赛德斯汽车如图6-1所示。

二、箱形汽车

马车形汽车很难抵挡风雨的侵袭。1896年，法国人潘哈德和雷瓦项生产了世界上首辆封闭式汽车，是箱形汽车的开端。最著名的箱形车是美国福特汽车公司在1915年生产的T

型车（图6-2），这种车的车室部分很像一只大箱子。

箱形汽车重视了人体工程学，内部空间大，乘坐舒适，有活动房屋的美称。但是，箱形汽车空气阻力大，前窗玻璃、车顶，特别是汽车后部都会产生很强的空气涡流。随着车速的提高，空气阻力大的问题暴露得越发明显。

图6-1　1901年的梅赛德斯汽车

图6-2　1915年的福特T型车

三、甲壳虫形汽车

随着生活节奏的加快，人们对车速的要求也越来越高。要想使汽车跑得快，有两条主要途径：一是增大功率，二是减小空气阻力。

为了提高发动机的功率，发动机由单缸变成四缸、六缸、八缸，而且气缸是一列排开的，因而发动机舱盖也随之变长。

影响汽车空气阻力的主要因素是迎风面积和纵剖面形状。减少迎风面积的方法是减小汽车横断面的几何尺寸，即宽度和高度。其中，由于受到乘坐空间的限制，宽度改变受限，降低车身高度便成了减少空气阻力的主攻方向。车身高度在1900年为2.7m，1910年为2.4m，1920年为1.9m，当代轿车为1.1~1.3m。在汽车横断面不能再减小的情况下，改变汽车纵剖面的形状成为降低汽车空气阻力的关键，这促使人们致力于流线型车身的设计。

1934年美国的克莱斯勒公司生产的气流牌小客车，首先采用了流线型的车身外形。1936年福特公司在气流的基础上加以精炼，并吸收商品学要素，研制成功林肯和风牌流线型小客车。此车散热器罩很精炼，并具有动感，俯视整个车身呈纺锤形，很有特色。受其影响，以后出现的流线型汽车有1937年的福特V8、1937年的菲亚特等。

流线型车身的大量生产是从德国的大众开始的。1933年，希特勒要求费迪南德·保时捷设计一种大众化的汽车。费迪南德·保时捷博士经过长期观察，发现一种名叫甲壳虫的小动物，不但能在地上爬也能在空中飞，其形状空气阻力很小。他把甲壳虫的自然美如实地、充满创意地运用到车身造型设计上。这为以后在车身外形设计上运用"仿生学"开了先河，甲壳虫（图6-3）也成为该车的代名词。

图 6-3　甲壳虫形汽车

小知识：　　　　　**甲壳虫形汽车的缺点**

一是乘员活动空间明显变得狭小，特别是后排乘员，头顶几乎没有空间，产生一种被压迫感。二是对横风的不稳定性。甲壳虫形汽车尾部的侧向面积与箱形汽车相比，其侧向风压中心移到汽车质心的前面，侧向风力相对于质心所产生的力矩加剧了汽车侧偏的倾向。而箱形汽车侧向风压中心在质心之后，侧风对该汽车质心所产生的力矩可以使发生侧偏的汽车回位，因此箱形车不易侧偏。甲壳虫形汽车侧偏原理如图 6-4 所示。

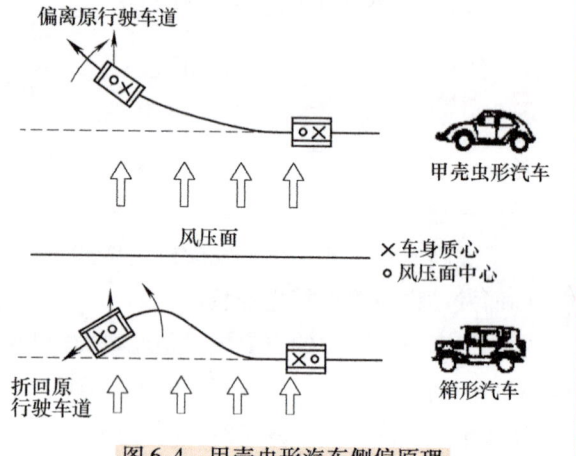

图 6-4　甲壳虫形汽车侧偏原理

四、船形汽车

20 世纪 40 年代末期，第二次世界大战结束，各种车辆在战争中经受了各种考验，人们从而积累了丰富的经验，于是在设计汽车的过程中开始考虑更多的方面，以使汽车能减少更多的空气阻力，坐着更舒适。特别是人体工程学和流体力学的研究与运用，为创造舒适的、宽敞的乘坐空间提供了理论依据，导致了船形车身的出现。

最早的船形车身是美国福特公司在 1949 中推出的具有历史意义的新型福特 V8 汽车（图 6-5）。这种车型改变了以往汽车造型的模式，使前翼子板和发动机舱盖、后翼子板和行李舱罩融于一体，前照灯和散热器罩也形成整体，车身两侧形成一个平滑的面，车室位于车的中部，整个造型很像一只小船，因此人们把这类车称为船形汽车。

福特 V8 型汽车不仅仅在外形上有所突破，还首先把人体工程学应用在汽车设计上，

强调以人为主体的设计思想,也就是让设计师站在驾驶人及乘员的位置上,来设计便于驾驶、乘坐舒适的汽车。

不论是从外形上看还是从性能上来看,船形汽车都优于甲壳虫形汽车,并且还解决了甲壳虫形汽车对横风不稳定的问题。从 20 世纪 50 年代开始一直到现在,不论是美国还是欧亚大陆,不管是大型车还是中小型车,都采用了船形车身。

图 6-5　1949 年的福特 V8 船形汽车

> **小知识:** 船形车是怎样解决对横风不稳定的问题的
>
> 船形车发动机前置,汽车重心相对前移,而且加大了行李箱,使风压中心位于汽车重心之后,所以遇到横风就不会摇头摆尾。

五、鱼形汽车

船形汽车尾部过分向后伸出,形成阶梯状,在高速时会产生较强的空气涡流。为了克服这一缺陷,人们把船形车的后窗玻璃逐渐倾斜,倾斜的极限即成为斜背式。由于斜背式汽车的背部像鱼的脊背,这类车称为"鱼形汽车"。鱼形汽车与甲壳虫形汽车的造型区别如图 6-6 所示,其特点见表 6-1。

表 6-1　鱼形汽车与甲壳虫形汽车的造型特点

车身造型		特　点
甲壳虫形(从箱形车发展而来)	滑背	车背是从车后轮之后开始突然倾斜,车背倾斜程度较小
	车身	车身高而窄,前后冀子板、车灯、发动机舱盖都是独立的
鱼形(从船形车发展而来)	斜背式	车背是从后轮前部就开始倾斜,并逐渐与后行李箱相连,其倾斜较为缓慢,且斜坡很长
	车身	车身仍保持着船形汽车的整体式车身,车身低矮,车室宽大,视野开阔

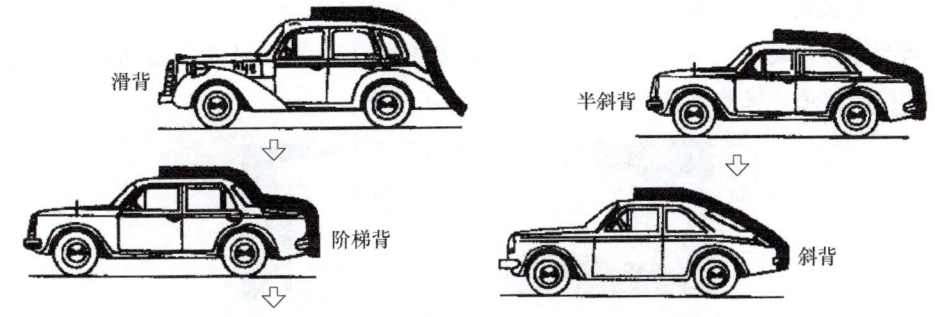

图 6-6　鱼形汽车与甲壳虫形汽车的造型区别

最初的鱼形车是美国 1952 年生产的别克牌小客车，1964 年美国的克莱斯勒顺风牌和 1965 年的福特野马牌都采用了鱼形造型。自此以后，世界各国逐渐生产鱼形汽车。1963 年生产的雪铁龙 DS19 鱼形车如图 6-7 所示。

图 6-7　1963 年雪铁龙 DS19 鱼形车

小知识：　　　　　　鱼形汽车造型缺点

1）后窗玻璃倾斜角度很大，使其强度下降，产生结构上的缺陷。

2）鱼形车还有一个潜在的重大缺点，就是<u>对横风的不稳定性</u>。鱼形车在高速行驶时会产生一种升力，使车轮附着力减小，从而抵挡不住横风的吹袭，发生偏离的危险。机翼的升力和船形、鱼形汽车的升力如图 6-8 所示。

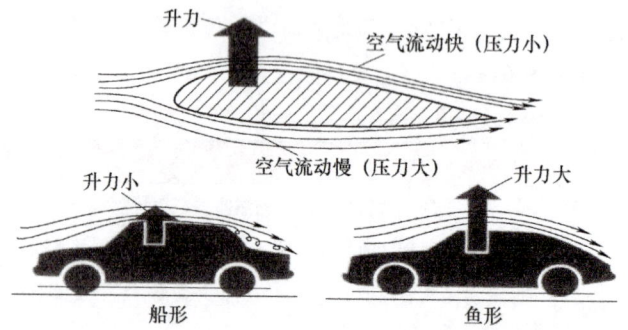

图 6-8　机翼的升力和船形、鱼形汽车的升力

为了克服鱼形汽车带来的问题，人们想了很多办法加以克服。如将车尾截去一部分，成为鱼形短尾式。再如，将鱼形汽车的尾部安上微翘的鸭尾，成为鱼形鸭尾式（图 6-9）。但是，这些做法减少升力的效果都不明显。

图 6-9　马自达的鸭尾式设计

六、楔形汽车

为了从根本上解决鱼形汽车的升力问题，人们设想了种种方案，最后终于找到了楔形方案。楔形就是将车身整体向前下方倾斜，车尾更短，车顶较平，这种造型能有效地克服升力。就目前来说，楔形已接近理想造型。1970年生产的雪铁龙SM楔形车如图6-10所示。

图6-10　1970年雪铁龙SM楔形车

绝对的楔形汽车造型是会影响车身的实用性（乘坐空间小）。因此，现在除了像法拉利、莲花、兰博基尼等跑车采用楔形车身外，绝大多数实用形轿车都是采用船形和楔形相结合的方案。

小知识：　　　　　　　轿车理想造型

以船形汽车为基础的楔形汽车是轿车较为理想的造型，它较好地协调了乘坐空间、空气阻力和升力的关系，使实用性与空气动力性较好地结合了起来。现代汽车造型如图6-11所示。

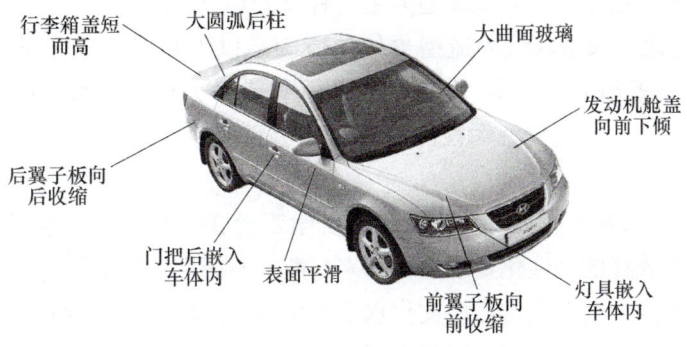

图6-11　现代汽车造型

七、子弹头形汽车MPV

当鱼形汽车存在的问题解决以后，人们又从改变轿车使用的概念做文章，于是多用途厢式汽车（Multi-Purpose Vehicle）问世了。它属于微型厢式汽车范畴，外形趋于楔形，我国称为子弹头形汽车（图6-12）。

图6-12　子弹头形MPV

最早推出的多用途汽车是法国雷诺公司生产的空间牌汽车,但未能引起广泛的注意。1984年,克莱斯勒汽车公司推出第一代多用途汽车,道奇分部的产品为大篷车牌,顺风分部的产品为航海家牌。这是世界汽车工业史上划时代的产品之一,它不仅使当时处于危机中的克莱斯勒汽车公司起死回生,而且宣告一个以强调实用性、多用途和家庭化、休闲娱乐为特征的汽车消费新时代的到来。

汽车外形演变的每个时期都在不断开拓着汽车的新造型,都在尽力满足机械工程学和人体工程学的前提下最大限度地减小空气阻力和升力的影响,从而使汽车的性能得以提高。同时,汽车外形的演变也是汽车美学的发展。

八、汽车车型的多样化

汽车发展到今天,RV、SUV等多种用途车市场正在迅速壮大。比如,轿车和客车相结合是MPV;轿车和厢式车结合,就是家庭多用途车(RV);轿车和货车相结合,就是运动型多用途车(SUV);轿车和跑车相结合,就是运动型跑车,这些车型都是世界上非常流行的。就微型车而言,目前的趋势是微型轿车向一厢化发展,最终越来越相像。这些产品获得成功的原因,是新技术和新概念的结合。轿车、货车、越野车、厢式车的分类界限越来越模糊。虽然老的产品分类还存在,但是人们很难再严格进行那样的区分了。

九、车身造型的未来发展趋势

进入21世纪后,从世界各大汽车博览会推出的多款新概念车看,造型更美观、更具个性化和特色。车身造型的未来发展趋势主要有以下几个方面:

1)气动最优化。未来的气动造型最优化应满足以下几点:①车身所受的气动纵倾力矩和气动横摆力矩理论上为零。②车身所受的气动升力理论上为略小于零。③气动阻力系数不应大于0.2。④最佳气动性能的车身外形只能通过计算机辅助设计和部分实验得出。

2)个性化。随着社会发展,社会意识和美学观念在造型过程中会起到越来越大的作用,现代人对汽车式样的个性化要求也会越来越高。不同层次、不同行业、不同群体的审美意识也会大不相同。随着人类物质文化水平的提高和生活环境的变化,以及生活方式的多样化,作为大众化商品的轿车无疑将出现各式各样更新颖、更奇特的新车型。

3)人性化。"一堆冰冷的钢铁"是无法满足现代人精神和文明需要的。车身造型设计必须以人为本,体现人机协调,使用操作方便、舒适,使汽车适应人的各种生理和心理要求,从而提高工作效率、保障安全、维护健康。未来的车身造型设计将在车身外观设计、人机工程以及室内环境等方面更加注意人性化的发展。

4)虚拟化。随着虚拟现实技术在车身造型中应用,使得造型设计可采用计算机模拟色彩、纹理、质感、背景、阴影,及运用三维视觉效果生成虚拟汽车车身造型并实施漫游。通过仿真设备和虚幻环境的动态模型创造出人能够感知的虚拟现实,完全替代传统的实体模型和造型效果图的平面表述方式,甚至能做到未出实车而能体验实车的感觉,使车身造型技术发生了实质性的变革。

5）全球化。汽车造型设计的全球化，使汽车这一产品逐步摆脱国家和地域的束缚，汽车的地域和民族风格也逐渐发生了微妙的变化。各个汽车工业发达国家以及各大汽车厂家的传统风格相互影响，彼此之间呈现出"你中有我，我中有你"的态势。这种态势是为了更好地适应不同国家和地区的社会情况、人文文化，以及人们的生活习惯、喜好和禁忌等。

拓展阅读

未来的汽车是什么样？

是蛋形（图 6-13，车身就像一个大鸡蛋，连驾驶位在内有三个座位。特点是车身可 360° 旋转，底盘却留在原位）？是动物形？是树叶形？是花朵形？是海陆两用？是空陆两用（图 6-14，机翼可以折叠，机翼展开只需 30s，翼展为约 8.3m，飞行距离可达 740km，最高飞行速度 185km/h。在路面行驶可以变换成汽车模式，最高行驶速度为 105km/h）？还是海陆空多用？让我们乘着想象的翅膀去翱翔吧！

图 6-13　日产在东京汽车展中推出新款蛋形概念车

图 6-14　飞行汽车

第二节　影响汽车造型的因素

20 世纪前半期，汽车的基本构造已基本成熟，汽车设计者们开始着手从汽车外部造型上进行改进，并相继引入了空气动力学、流体力学、人体工程学以及工业造型设计（工业美学）等概念，力求让汽车能够从外形上满足各种年龄、各种阶层，甚至各种文化背景的人的不同需求，使汽车真正成为科学与艺术结合的最佳表现形象。汽车外形的确定主要取决于机械工程学、人机工程学和空气动力学三个方面。

1. 机械工程学

作为汽车，最主要的是能够行驶和耐用。以此为前提，首先必须考虑到机械工程学的要素，包括发动机、变速器内部结构设计。要使汽车具有行驶功能，必须安装发动机、变速器、车轮、制动器、散热器等装置，而且要考虑把这些装置安装在车体的哪个部位才能使汽车更好地行驶。这些设计决定之后，可根据发动机、变速器的大小和驱动形式确定大致的车身骨架。如果是大量生产，则要强调降低成本，车身钣金件冲压加工的简易化，同时兼顾到维修简便性，发生撞车事故后，车身要易于修复。上述这些都属于机械工程学的范畴。

2. 人机工程学

因为汽车是由人驾驶的，所以必须保证安全性和舒适性。首先应确保乘人的空间，保证乘坐舒适、驾驶方便，并尽量扩大驾驶人的视野。此外，还要考虑上下车方便并减少振动。这些都是设计车身外形时与人机工程学有关的内容。

3. 空气动力学

随着发动机功率增大，道路条件改善，汽车的速度显著提高。空气阻力的大小大致与车速的平方成比例增加，因此必须在车身外形上下功夫，尽量减少空气阻力。空气阻力分为由汽车横截面面积所决定的迎风阻力和由车身外形所决定的形状阻力。除空气阻力外，还有升力问题和横风不稳定的问题。这些都是与汽车造型密切相关的空气动力学问题。

4. 其他要素

汽车并不仅仅是根据上述三要素制造的，还要考虑其他因素。例如，<u>商品学要素</u>对汽车的设计就有一定的影响。从制造厂商的角度出发，使汽车的外形能强烈刺激顾客的购买欲是最为有利的。但是无视或轻视前面所述的三个基本要素，单纯取媚于顾客的汽车造型是不会长久的，终究要被淘汰。此外，一个国家、一个厂家，乃至一个外形设计者都有各自的特色，这对汽车造型也有不小的影响。比较美国和意大利的汽车外形，就能感受到两国风土人情和传统方面的差异。

第三节　现代汽车的造型设计

汽车造型设计是根据汽车整体设计的多方面要求来塑造最理想的车身形状。汽车造型设计是汽车外部和车厢内部造型设计的总和。它不是对汽车的简单装饰，而是运用艺术的手法科学地表现汽车的功能、材料、工艺和结构特点。在汽车开发的整个周期和成本中，造型设计投入的人力、物力、成本都是很少的，但这个步骤却至关重要，是直接影响接下来的整个流程和最终市场销量的关键一步。

一、造型设计的主要工作内容（表6-2）

表6-2　造型设计的主要工作内容

工作程序		内容
产品规划	调查分析确定	价位、目标客户群、竞争车型、流行元素等
	总布置设计	预先对车内各部件以及乘员坐姿等的布置，以满足功能空间要求，以及驾乘人员的人机工程要求

(续)

工作程序		内容
二维设计	创意构思	造型设计师根据前期输入条件进行创意构思
	草图	设计师思维创意的最直接和最快速的表达
	效果图	用来指导油泥模型、数字模型和做方案展示用途，因此需要有精准的效果
三维造型	实体模型	小比例油泥模型、全尺寸油泥模型、树脂模型等
	数字模型	主要有前期的 CAS 模型和后期的 A-class 两种
样车制作		将内饰和外饰在同一个车体中表现出来。这个制作过程还涉及内饰和外饰的色彩设计，以及材质、面料和图案设计等，能如实地体现车型制造出来之后的状态

二、传统造型设计步骤

1. 搜集资料信息，形成造型设计概念

任何新型轿车的构思，都是建立在旧款车或者其他车型的基础上借鉴、继承和改进而形成的，还包括消费者对汽车的意见和期望。每年在世界各地举办的汽车展览会、市场的信息反馈，都是设计开发部门资料信息的来源。汽车 4S 店的一项任务就是信息反馈（Survey），作用之一就是做厂家开发新产品的依据。

2. 构思效果图

汽车造型设计的效果图（图 6-15），是将设计师对新车形状的构思反映在图画上，内容有整车的形状、色彩、材料质感及反光效果等，作为开发人员表述造型的构思和初步选型的参考。

图 6-15 素描构思效果图

效果图由具有工业造型技术能力的开发人员完成，采用水彩、彩铅或者素描等方式绘制。效果图分为车身造型效果图和车身内饰效果图两种，车身造型效果图要表现出车型前面、侧面和后面三者的关系，同时也要表现出车门拉手、后视镜、刮水器、车牌位置等结构细节。车身内饰的效果图主要表现出仪表盘、中控台、门护板、座椅及相互之间的空间位置。

效果图是"纸上谈兵"的操作，可以有多种方案供选择，就是说，要有许多幅效果图供选择，边修改边完善。

3. 小比例模型制作

从"纸上谈兵"到实物实体的第一步，就是将设计构思实物化，将纸面的东西用形体表现出来，让设计人员进行更细致和具体的探讨。首先选择确定几幅效果图，依图做缩小比例的汽车油泥模型或石膏模型（图6-16），比例为3∶8（美、英等国）或者1∶10、1∶5等。

4. 胶带图

当缩小比例车模的形状确定后，就将模型的轮廓曲线放大至1∶1，用胶带图的形式表现出来。所谓胶带图（图6-17）是指用不同宽度和不同颜色的胶带在标有坐标网络的白色图板上，粘贴上模型轮廓的曲线和线条，将汽车整个轮廓、布置尺寸、发动机位置、车架布置及人体样板都可以显示出来。胶带可以随时粘上或撕下，因此胶带图也可以随时修改，十分方便。设计人员根据胶带图进行修改和调整后，轿车的轮廓曲线已经基本确立。

图6-16　小比例模型制作

图6-17　胶带图

5. 全尺寸油泥模型

全尺寸是指1∶1比例，全尺寸油泥模型（图6-18）就是指与真车尺寸一样，模型的轮廓曲线和尺寸都是按照严格的要求制作出来，设计人员可以对车身表面的细节部分进行比较和修改。全尺寸油泥模型分为外部模型和内部模型，是车身造型设计中最关键的阶段，要求以极其认真和细致的态度去工作，任何一项细部的造型都不能马虎，因为这个全尺寸油泥模型是今后生产正式产品的依据。

制造厂对新产品的检测，也就从全尺寸油泥模型正式开始。检测中最重点的一项，就是车身外部模型进行风洞试验，试验的主要内容是模拟车速在100～200km/h的状态下，测试阻力、升力、侧向力、俯仰力矩、侧翻力矩和偏航力矩等数据。设计人员对车身模型的空气动力状态进行研究和分析，以对整个车身空气动力性能进行最优化的设计。

6. 主板图

全尺寸油泥模型完成后，对车身模型表面轮廓进行测量，并转化为数据，然后将数据绘制成平面图形——主板图，主板图（图6-19）表示出整车的轮廓线及关键部位与部件之间的配合关系，使设计人员可以对主板图上的车身表面线条做光滑平顺的修改。至此，汽车的造型设计工作基本结束了。

图 6-18　全尺寸油泥模型

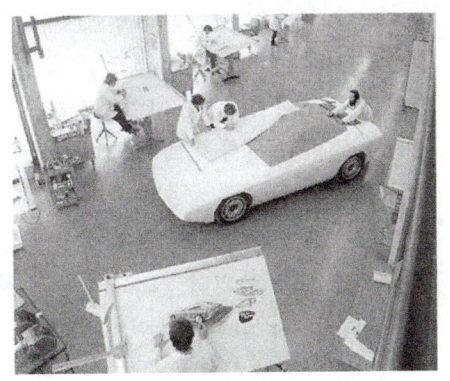

图 6-19　主板图

7. 样车

样车是一辆具有试制性质、能够驾驶运行的汽车。样车试制仍是一个不断修改的过程，但这种修改是为今后正式投产铺路的。在样车试制阶段，很多在造型设计过程中的不足之处会更真实地反映出来。例如在绘图或在模型上能够制造的东西，可能在实际生产中会有工艺上的困难；也可能会耗费过大，成本太高；也可能在装配上会产生干涉、安装困难等。只有经过多次的反复修改，一辆经得起实际考验的造型方案才能实现，并作为今后生产的依据。

三、计算机辅助设计

传统造型设计过程的最大缺陷是车身曲线需要依靠人工绘画——模型——图板等多次反复测量、反复修改才能确定，耗费大量的劳动和时间，而且设计精度也难以保证。

从20世纪70年代起，计算机辅助设计（图6-20）已经进入了汽车外形设计这一领域，今天更是被普遍采用，并已成为汽车造型设计的常规手段。

图 6-20　计算机辅助设计

现在常见设计过程从模型制作阶段开始：①通过三坐标测量机测量，得到模型上离散的点集，将点集数据输入计算机，运用 CAD 将其连成光顺的曲线，建立数字化模型，进行初步设计和可行性分析，即相当于胶带图效果。②通过专门的 CAD 设计软件，用曲线建立起整个车身的表面数学模型，设计人员在电脑前可以进行任意的修改，再通过数控铣床制造 1∶1 全尺寸模型，供设计人员进行修改和定型。③再通过测量机对全尺寸模型进行测量，将数据输入计算机建立汽车外形数学模型，并用图形显示终端显示出来，模型的三维曲面视图可以旋转，在不同的角度观察不同地方，十分直观。

可以看出，CAD 的运用不但使人从繁重的劳动中解脱出来，缩短了设计周期，还能够保证设计精度，降低设计开发的成本。

> **知识拓展**

汽车设计公司

在全球各大汽车企业中，汽车造型工作都是由公司的最高层直接领导。当然，除了汽车公司自己的设计队伍外，还有一些独立的、专业的汽车设计公司。如：全球最大的设计公司美国 MSX 公司，以实用型量产车著名的意大利设计公司 ITALDESIGN，以名贵跑车为主要业务的设计公司 Pininfarina，以风格见长的 Bertone 设计公司，还有在改装车、原型车方面各具特色的 IDEA、Zagato、Ghia 和 Stola 等设计公司。此外，还有以个人名义进行设计的汽车设计师，如 Marcello Gandini、Peter Stevens 和 Ian Collum 等。

泛亚汽车技术中心有限公司成立于 1997 年 6 月 12 日，由通用汽车中国公司与上海汽车工业（集团）总公司各出资 50% 共同组建而成。泛亚汽车技术中心有限公司是中国第一家中外合资汽车设计开发中心，也是国内最大的研发中心。

泛亚汽车技术中心

> **知识拓展**

汽车设计界的大师

汽车设计师是基于对目标市场和车型定位的考虑，能够提出具有市场竞争力的产品方案的设计者。汽车设计师必须具备市场时代的眼光，深藏艺术家的气质，有工程师的理性，宣传家的口才。

最为出名的有天才设计师费迪南德·保时捷（Ferdinand Porsche），被称为汽车设计界最德高望重的人物努奇·博通（Nucci Bertone），被评为"世纪设计大师"的乔治亚罗 Giugiaro（图 6-21），与乔治亚罗是同门师兄弟的马塞罗·甘迪尼（Marcello Gandini）（图 6-22），还有德国奥迪汽车设计中心车身造型首席设计大师吕递格·肯（Ludeliverygrid Ken）（设计大众帕萨特、奥迪 A6、A4、A3、A2、TT 跑车）。

努奇·博通

图 6-21 乔治亚罗与 BMW M1 效果图

图 6-22 马塞罗·甘迪尼

第四节　汽车色彩

随着汽车工业的发展和汽车数量的不断增加，汽车的色彩对城市和道路的美化，对人们的精神感染已成为不容忽视的问题。经典颜色与经典车型令人一见钟情，汽车在颜色的演绎下，呈现千姿百态、迥然不同的韵味。

一、汽车颜色的命名

在越来越强调个性化的今天，很多汽车的购买者都变成了"好色"之徒，对汽车的颜色越来越重视。因此，汽车厂商也越来越注重汽车颜色的包装。汽车色彩的名称起得都很悦耳，通常以著名地名、形似色或以自然物的色彩命名，使人听着很有文化的底蕴，而且颜色被赋予某种意义的时候，其价值就大为不同了。汽车颜色的命名见表6-3。

表6-3　汽车颜色的命名

命名方法	举　例
掺入外国元素	东风标致207有爱琴海蓝、波尔多红、莱茵灰等掺入欧洲风格的颜色；名爵3SW有骑士黑、苏格兰红、勋章银、泰晤士绿、皇家蓝、维多利亚蓝等英伦风格的颜色
自然物的色彩	如苹果绿、橘黄、驼灰、孔雀蓝、象牙白等
以色彩浓度命名	如淡黄、浅绿、深黄等
以色彩的明暗命名	如明绿、暗绿、正绿等
以直观感觉命名	如富贵黄、皓白、蔷薇红、反射银等

二、汽车颜色的情趣和意境

汽车车身颜色，不论对使用者还是对外界，或对车辆的视觉感及对人类的心理感觉，都非常重要。汽车颜色的情趣和意境见表6-4。

表6-4　汽车颜色的情趣和意境

颜色	情趣与意境	特点与应用
银灰色	最能反映汽车本质的颜色，看见银灰色就想起了金属材料，整体感、运动感很强	中性色，对性别要求不高，最具人气
白色	明快、活泼、大方，清洁朴实	中间色，容易与外界环境相吻合；中性色，对性别要求不高，较耐脏，很具人气
黑色	矛盾的颜色，既代表保守和自尊，又代表新潮和性感，给人以庄重、尊贵、严肃的感觉	中间色，容易与外界环境相吻合；不耐脏。黑色的高档车气派十足；但低档车最好不要选用黑色，除非标新立异
红色	给人以跳跃、兴奋、欢乐的感觉	别致又理想的颜色，跑车或运动型车非常适合
蓝色	安静的色调，但是感觉非常收敛，个性不张扬，如同地球的深邃和大海的包容	不耐脏。稳重、有内涵的人士喜欢选择

(续)

颜色	情趣与意境	特点与应用
黄色	黄色给人以欢快、温暖、活泼的感觉	跑车、小型车、出租车和工程抢险车应用多
绿色	浅淡且颜色鲜艳的绿色有较好的可视性,是大自然中森林的色彩,也是春天的色彩	时尚人士的选择
香槟色	黄色派生出来的金属漆颜色	现在比较流行

三、汽车颜色与安全

一般情况下,人们对汽车颜色的选择多是从美观角度来考虑。但是,汽车颜色与交通安全密切相关。有一些颜色从某种程度上能减弱或者遏制车祸的发生。

1. 车身颜色的视认性与安全

视认性好的车身颜色安全性好。车身颜色的视认性见表6-5。

表6-5 车身颜色的视认性

颜色的性质	视 认 性	
进退性:观察者离不同颜色的轿车保持相同的距离观察,看上去近的颜色是前进色;反之为后退色	红色、黄色、橙色是前进色,蓝色、绿色、黑色是后退色	前进色视认性较好
胀缩性:相同车身涂上不同的颜色,会产生体积大小不同的感觉。感觉大一些的,是膨胀色;感觉小一些的,是收缩色	红色、黄色、橙色是膨胀色,蓝色、绿色、黑色是收缩色	膨胀色视认性较好
明暗性:色彩的明暗程度,在人们视觉中亮度大的是明色;反之是暗色	红色、黄色、白色是明色,蓝色、绿色、黑色是暗色	明色视认性较好

2. 汽车与背景的色差大小与安全

车辆颜色与外界环境颜色反差大的车辆则更容易被人眼辨识,因此具有比较高的颜色安全性。经过色差及灰度差分析,浅色系车辆更容易被识别。

3. 汽车内饰的颜色与安全

不同的内饰颜色对驾驶人的情绪具有一定的影响。内饰采用明快的配色,能给人以宽敞、舒适的感觉。有关专家建议,夏天最好采用冷色,冬天最好采用暖色,可以调节冷暖感觉。恰当地使用色彩装饰可以减轻疲劳,减少交通事故的发生。

4. 颜色也矛盾

对于轿车颜色,专家认为,究竟哪些颜色有利于行车安全,是很难直接回答的,是比较复杂的。比如红色是膨胀色,容易从环境中"跳"出来,引起人们视觉的注意,有利于交通安全。但是,红色容易引起视觉疲劳,不利于对其他淡色物体的观察。从这一点上讲,又十分不利于安全。

5. 汽车颜色安全性比较

澳大利亚莫纳什大学研究团队的研究结果显示:在白天,黑色汽车比最安全的白色汽车事故率高12%,在黎明前和黄昏后则高47%。其他颜色的不安全性依次是灰色、银色、红色和蓝色,而最安全的汽车色依次为白色、金色和黄色。

四、汽车的流行色彩

1. 流行色彩的发展规律

流行色是指在一定的时期内被人们广泛采用的颜色。汽车的流行色具有时间性、区域性和层次性，还可以上升到文化的高度。汽车流行色彩有其自身的发展规律，新鲜感是流行色彩的原动力。大量的资料表明，汽车的流行色彩也呈现周期性的变化，其新鲜感周期大约为1.5年左右，交替周期大约是3.5年左右。

2. 社会流行色彩对消费者的影响

日本涂料公司与美国一化学工业公司通过对日、美、英、法四国七个色彩学会调查资料的分析发现，最受欢迎的汽车色彩为带有光泽的白色。在日本，白色轿车的普及率比第二名的黑色高出40%；在美国，白色轿车普及率为22%，比第二名的红色高出6%；在欧洲白色轿车的普及率为28%，比第二名的红色高出2%。显然，白色、红色和黑色是最受消费者欢迎的色彩。

3. 各种车型的流行色彩

经济车型：由于这个价格区间的目标消费群体数量庞大，需求也相对多样，生产厂商一般都为其制定了尽可能丰富的颜色。鲜艳、明朗、轻快、时尚的色彩是这个消费群体购车时的首选，也更能体现出车主的个性。

中档车型：由于这一价位段，已逐渐融入了商务用途，颜色过于鲜艳自然与场合不相匹配。在这个价位段黑色同样受欢迎，同时深绿、墨绿色的受欢迎程度在中档车型中有所提高，而鲜艳、夸张的颜色明显减少。

高档车型：高档车一般集家用、商用于一身，所以颜色比较沉稳厚重，以黑、白、银色为主。

4. 汽车流行色彩的变迁

汽车的流行色彩不但会因时而异、因地而异，而且会因车而异、因人而异。同时，由于越来越多的金属和化学物质被用于汽车涂料，每年大约有600种新的汽车颜料被开发出来。展望未来，汽车色彩将向更加丰富多彩和更加赏心悦目的方向发展。正如德国色彩专家克雷默所说："一个相当清楚的趋势是，人们开始崇尚更加古怪的色彩。"

 思考题

1. 影响汽车外形的因素有哪些？
2. 汽车诞生100多年来，车身外形演变的过程是怎样的？
3. 现代汽车造型设计的方法有哪些？
4. 汽车颜色与安全有什么联系？
5. 如何选择汽车颜色？

第七章

汽车运动

> **学习目标**
>
> 1. 掌握汽车运动的概念，了解其起源。
> 2. 了解国际及国内汽车运动发展现状及其组织机构。
> 3. 掌握汽车运动的分类及运动规则。
> 4. 了解汽车运动的魅力及著名车手。

各式各样的汽车比赛统称为现代汽车运动，它是世界范围内一项影响较大的体育运动。多姿多彩的汽车运动使汽车这一冰冷的钢铁机器充满情趣，汽车运动的激烈、惊险、刺激，不仅使成千上万的观众为之痴迷，还能促进汽车技术的发展。汽车运动是集人、车为一体的综合较量，体现了人与科技最完美的结合，也体现了人类对自然的征服能力。

第一节　汽车运动概述

汽车运动是使用汽车在封闭场地内、道路上或野外进行比赛速度、驾驶技术和车辆性能的一项运动。

一、汽车运动的起源

1. 最早的汽车比赛

汽车运动与汽车具有同样长的历史。法国是汽车运动的故乡。国际汽车大奖赛法文叫Grand Prix（简称 GP）。世界最早的车赛是在 1887 年 4 月 20 日由法国《汽车》杂志社举办的，只有乔乐基·布顿一个人参赛，他驾驶四人座的蒸汽机汽车从巴黎沿塞纳河畔跑到了努伊伊。1888 年，法国《汽车》杂志社再次举办了车赛，全长 20km，结果驾驶迪温牌三轮汽车的布顿获得冠军；第二名也就是最后一名，为驾驶塞尔波罗蒸汽汽车的车手。

2. 最早的正规汽车比赛

1894 年，在法国举行了首次汽车比赛，路线是从巴黎到莱茵又返回巴黎，共有 102 辆汽车参加了比赛。比赛的目的是厂商检验车辆的性能，宣传使用汽车的安全性和可靠性。

参赛的有内燃机汽车、蒸汽汽车、电动汽车和酒精汽车。比赛结果，只有 9 辆汽车到达终点，蒸汽汽车获得第一名，车速为 24km/h。早期的汽车比赛如图 7-1 所示。

3. 最早的汽车场地赛

在以后的车赛中，为避免汽车在野外比赛时扬起漫天尘土而影响后面车手的视线，造成伤亡事件，车赛逐渐改为在封闭的道路赛场和跑道上进行，这就是

图 7-1　早期的汽车比赛

汽车场地赛的雏形。最早的汽车场地赛于 1896 年在美国的普罗维登斯举行。

二、汽车运动的组织机构

1. 国际汽车联合会 FIA

早期的赛车运动对参赛车辆没有统一的规定，参赛者可以驾驶各式各样的汽车参加比赛。1904 年 6 月 10 日，法国、英国、德国、比利时等欧洲国家发起成立 国际汽车联合会 FIA（Federation Internationale de l'Automobile），总部设在法国巴黎（1999 年移至瑞士苏黎世）。FIA 的官方语言为法语和英语，FIA 是国际奥林匹克委员会成员组织。FIA 标志如图 7-2 所示。

图 7-2　FIA 标志

2. FIA 的组织形式

FIA 已演变成代表五大洲的 117 个国家的 150 个国家级汽车驾驶组织的非营利性组织，其最高权力机构是世界汽车旅游理事会和世界汽车运动理事会。两个理事会的主席均由国际汽联主席担任，分别另设一名执行主席。世界汽车旅游理事会主要负责协调道路交通安全、环境保护、消费者权益保护、组织相关活动及旅行事务等；世界汽车运动理事会主要负责统筹安排世界各国汽车运动组织，颁发一系列的比赛规则，为所有不同种类的赛车运动制定规则，协调安排世界范围内的各项汽车比赛。

两理事会分别设立若干个特别委员会，较有影响的委员会有赛道及安全委员会、一级方程式赛车委员会、拉力赛委员会、卡丁车委员会、汽车旅游委员会和制造厂商委员会等。

3. FIA 的工作

1）FIA 以推动汽车工业发展为宗旨，负责全球汽车俱乐部和各种汽车协会的活动。

2）FIA 根据各国的申请，每年在世界上约 80 个国家和地区安排包括世界锦标赛、世界杯赛、世界大奖赛、地区赛在内的近 800 场各类汽车比赛。

3）FIA 制订有关汽车大赛路线、车辆、驾驶人以及比赛方法的相应规定，对比赛和纪录进行认可，并对举行的比赛进行必要的调整或协调。

4）FIA 联系着各个国家的中央汽车俱乐部。各地方汽车俱乐部就汽车比赛有关事务与 FIA 进行接触，参照国际比赛的规则，制定适合当地的比赛方案，组织实施汽车比赛。

第二节　汽车运动的分类

国际上正规车赛主要分长距离比赛（拉力赛、越野赛等）、环形场地赛（方程式汽车赛、耐久赛等）以及无道路比赛（如特种车赛、大脚车赛等）。

一、方程式汽车锦标赛

自从汽车问世以来，人们就对汽车进行车速和耐久性竞赛。由于其竞争激烈，刺激性强和充满趣味性，吸引了众多的汽车爱好者。

20世纪30年代，为了规范汽车比赛并使比赛的胜负不再由发动机的功率来决定，而是由车手的技术来决定，人们开始规定发动机的类型和气缸容量，于是有了方程式（FORMULA）的概念。

> **小知识：　　　　　　　　方程式赛车**
>
> 方程式赛车是按照国际汽车运动联合会规定标准制造的。这些标准对方程式赛车的车长、车宽、轮距、车重、发动机的功率和排量、是否用增压器以及轮胎的尺寸等技术参数都做了严格的规定。要生产方程式赛车的厂家，首先要通过FIA的认可，在确信有足够的技术生产实力后才能够生产方程式赛车。方程式赛车是生产厂家创造力、想象力、技术水平和经济实力的结晶，其价值不亚于一架小型飞机。

属于方程式汽车比赛的项目有一级方程式汽车赛（F1/Formula1）、三级方程式汽车赛（F3/Formula 3）、方程式3000（F3000/Formula 3000）、雷诺方程式（Formula Renault）、亚洲方程式（Formula ASIA）、无限方程式、福特方程式、卡丁车方程式等。方程式赛车的特点见表7-1。

表7-1　方程式赛车的特点

级　别	发　动　机		其他特点
一级方程式（F1）	非增压的汽油发动机	排量3.0L、10缸以下、478kW以上	由底盘、发动机、变速系统、轮胎和空气动力装置等构成。单座位、座舱敞露、四轮外露；变速器采用半自动变速系统；底盘是以航天飞机的构造科学为基本理论依据，用碳化纤维制造的；车身呈流线型，在其前、后部设有扰流装置和翼子板；轮胎采用特殊合成橡胶制造，分干地与湿地两种
方程式3000（F3000）		排量为3L、8缸、350kW以上	
三级方程式（F3）		排量2L、4缸、125kW以上	
亚洲方程式		限在亚洲地区开展、与F3相似	

下面介绍世界一级方程式锦标赛（F1/Formula1）。

1）**F1定义**。世界一级方程式锦标赛（FIA Formula1 World Championship）是由国际汽车联盟（FIA）举办的最高等级的年度系列场地赛车比赛，是当今世界最高水平的赛车比赛，与奥运会、世界杯足球赛并称为"世界三大体育盛事"。1950年，国际汽联在英国银石赛车场第一次举办了F1世界锦标赛。F1比赛场景如图7-3所示。

2）**赛道**。专用赛道均为环形，每圈长度为3～8km，每场比赛距离为300～320km。赛场不允许有过多过长的直道，目的在于限制高速，以免发生危险。

3）**比赛**。每场比赛均分为计时排位赛和决赛两个过程。排位赛（Qualifying）是在正式比赛前专门举行的比赛，以单圈最快者排在首位，获得杆位。正式比赛开始，各车手按各自排位从相继不远的位置出发。跑完规定圈数（每场为超过305km的最小圈数），时间短者获胜。

图7-3　F1比赛场景

4）**计分方法**。车队积分方法与车手相同。2003年以前取前6名，车手获得分数依次为10、6、4、3、2和1；2003年开始取前8名，车手获得分数依次为10、8、6、5、4、3、2和1；从2010赛季开始实行新的积分系统，每场比赛取前10名，车手获得分数依次为25、20、15、10、8、6、5、3、2、1。在每一赛季结束后，将车手在全年若干场比赛中的比赛成绩相加得出总积分，得分最高者为当年世界冠军。在积分相同的情况下，车手将以得分时获得的名次做比较，如得冠军的次数相同则比较第二名，得第二名的次数仍相同则比较第三名，以此类推。

5）**车手**。车手必须持有由国际汽车联合会签发的超级驾驶执照（FIA Super Licence）。这张车手执照只发给在F3000、F3或CART系列赛事表现杰出的车手。通常一位车手要花8年的时间从小型赛车（karting）逐步晋级到F1赛车。每年全世界持有这种执照的车手不超过100人。F1赛车的驾驶人必须是世界上最强壮的运动员，通常一场比赛车手必须换档2 500次，平均2s要换档一次，因此车手的注意力必须高度集中，过弯时$4g$的加速度让车手的重量变成4倍，身体有安全带可固定，但头部就需要极强壮的颈部肌肉才能支撑。对于赛车手来说，除了天分与丰富的赛车经验外，不断努力才是他们成功的因素。

6）**PIT**。PIT指F1比赛中的维修站。比赛过程中必须视轮胎的磨耗及油耗的状态进入维修站（Pit）换胎及加油，称为Pit Stop。一次Pit Stop需要21个人来共同完成，用6～12s来为赛车加油及换胎。以现今F1车队的水准来说，通过团队的合作可在7s内完成换胎并加满60L的汽油。

拓展阅读

F1著名车队

著名的F1车队包括法拉利、麦凯轮、威廉姆斯、乔丹、世爵、米德兰、印度力量、红牛、布朗GP、超级亚久里、红牛二队、本田、丰田、普罗斯特、斯图尔特、标致、莲花、飞箭、捷豹、BAR等。

> **拓展阅读**

世界著名车手

车坛明星，灿若星辰。他们都有着优秀的身体素质、过人的胆量、超人的智慧和非凡的驾驶技巧。他们是国家的骄傲，车迷心中的太阳和星星。

赛车王子——巴西人埃尔顿·塞纳。他以其勇敢、智慧，奔驰在赛场上10年，他不仅在晴天比赛时是一名优秀车手，就是在乌云翻滚、暴雨倾盆的恶劣条件下，也能以他超人的胆量和娴熟的技术在赛道上奋勇争先。最佳表现：1988年的铃鹿赛道。第一圈比赛结束时，塞纳尚处在第16名，可是到比赛结束时，他后来居上夺取了冠军。

纪录之王——德国人迈克尔·舒马赫（图7-4）。他是F1车手队伍中最有天赋的人物，他以赛前准备最全面稳妥、赛场内外全神贯注的优秀品质成为车队的一面旗帜。最佳表现：1995年霍根海姆赛道。在湿滑的赛道上，舒马赫只用了几圈就超过了所有的对手并最终夺取了冠军。

集三种冠军于一身——加拿大人雅凯·维伦纽夫。加拿大首位印第500赛冠军，印第安纳波利斯500赛最年轻的冠军车手，首次参加F1世界锦标赛就获得四个分站冠军。

黑人冠军——英国人刘易斯·汉密尔顿。他毕业于剑桥大学艺术和科技学院，是F1史上首位夺取分站冠军的黑人车手。

图7-4　迈克尔·舒马赫

二、汽车拉力赛（Rally）

拉力赛亦称多日赛，是汽车道路比赛项目之一，在有路基的土路、沙砾路或沥青路上进行，是一种在一个国家内或者跨越数国举行的既检验车辆性能和质量，又考验驾驶技术的长途比赛，因此可以把拉力赛看成是一项长距离的耐久性试验。拉力赛主要比拼技术和耐力。

> **小知识：** 　　　　　　　**拉力赛一词的来历**
>
> 拉力赛一词取自英文"Rally（集结）"，表示参赛车辆必须严格按照比赛规定的行驶路线，在规定的时间内，到达分站点目标，并在规定时间内完成汽车的维修检测。

汽车拉力赛在规定日期内分若干阶段进行，每阶段内设置由行驶路段连接的数个测速的赛段交替进行，每个赛段的长度最短 3km，最长可达 30km。比赛采用单个发车方法，每隔 2~3min 有一辆赛车出发投入比赛。每个车组由 1 名驾驶人和 1 名副驾驶人（领航员）组成。以每个车组完成全部特殊路段比赛的时间和在行驶路段所受处罚时间累计计算最终成绩，用时越短排名越靠前。

> **拓展阅读**
>
> **大型国际赛事**
>
> 国际汽车拉力赛每年设有世界拉力锦标赛（16 站）、欧洲拉力锦标赛（11 站）、亚洲拉力锦标赛（6 站）、非洲拉力锦标赛（5 站）、中东拉力锦标赛（6 站）等众多大型国际赛事。另外还有著名的蒙特卡罗拉力赛、巴黎—达喀尔拉力赛及东非沙法里拉力赛等。

1. 拉力赛里的 F1——WRC

世界汽车拉力锦标赛 WRC（World Rally Championship）始于 1973 年，是 FIA 四大赛事之一，与 F1 齐名。但是与 F1 不同的是，所有参赛车辆必须以量产车研发制造而成，并在世界各地的雨林、泥泞、雪地、沙漠及蜿蜒山路等不同的路况进行比赛，是最严酷的赛事之一，但也是最有魅力的比赛之一，每年全球有近 10 亿人次通过各种方式观看 WRC。同时，WRC 还以它"不要门票的比赛"或者叫"家门口的比赛"而闻名，因为 WRC 的赛道多是利用乡村、野外的砂石、沙漠或者沥青路面设计组成，比赛时赛车会在村庄中穿行，而观众就站在赛道两侧的安全区域观战，可以说是"零距离"地体验赛车飞驰的刺激。

2. 巴黎—达喀尔汽车拉力赛（The Paris Dakar Rally）

巴黎—达喀尔拉力赛是以严酷的大自然为对手，驱使人类自身的全部智力、体力和精力进行挑战的世界上最艰巨的充满冒险精神的汽车赛程，被称为勇敢者的游戏、世界上最艰苦的比赛、魔鬼般的赛事。至今，赛程的全程跑完率只有 38%，更有"跑完全赛程者均为胜利者"一说，可见赛事的艰辛程度。每年 1 月 1 日以法国为赛程起点，以非洲沙漠为舞台，以赞助商或地区名称冠名。

巴黎—达喀尔拉力赛每年举行一次。比赛中需要经过的地形比普通拉力赛的要复杂且艰难得多，而且参赛车辆都为真正的越野车，而非普通拉力赛中的改装轿车。该比赛为多车种的比赛，共分为摩托车组、小型汽车组（包括轿车和越野车）以及货车组。

巴黎—达喀尔拉力赛的一个较大的特征是，无论是专业选手还是业余赛车爱好者，都可自由参赛，共同竞技，80% 左右的参赛者都为业余选手。正如巴黎—达喀尔拉力赛创始人泽利·萨宾（Thierry Sabine）所说：巴黎—达喀尔拉力赛是一个对于专业选手充满吸引力的专为业余爱好者设计的比赛。巴黎—达喀尔拉力赛场景如图 7-5 所示。

3. 其他拉力赛

国际著名的蒙特卡罗拉力赛，比赛时间是每年的 1 月，赛程 4~5 天，地点在摩纳哥附近长约 4 000km 的山区。此外，还有摩洛哥拉力赛、奥地利阿尔卑斯拉力赛、希腊的阿克罗波利斯拉力赛、法国的阿尔卑斯杯拉力赛，美国的奥林巴斯拉力赛、芬兰的千湖拉力赛等。图 7-6 为蒙特卡罗拉力赛的冰天雪地赛道。

图 7-5　巴黎—达喀尔拉力赛场景

图 7-6　蒙特卡罗汽车拉力赛的冰天雪地赛道

三、越野赛（Cross Country）

越野赛是汽车道路比赛项目之一，是在一个国家的公路和自然道路上举行的允许对该国进行考察的汽车比赛。经过几个国家的领土、总长度超过 10 000km 或跨洲的比赛称马拉松越野赛。越野赛必须使用在国际汽联注册的全轮驱动汽车参赛。

除国际汽联特别批准外，越野赛的赛程不得超过 15 天，比赛必须在白天进行。采用单车发车方式。比赛每经过 10 个阶段后至少休息 18h。每阶段的行驶距离自定，但每个赛段的最大长度不超过 350km，马拉松越野赛规定不超过 800km。

> **拓展阅读**
>
> **世界著名的越野赛**
>
> 1996 年国际汽联首次对越野赛实行世界杯赛制，其中较著名的比赛有巴黎—达喀尔越野赛、突尼斯国际汽车赛、巴黎—莫斯科—北京马拉松汽车越野赛、阿拉伯联合酋长国沙漠挑战赛等。

四、耐力赛（Endurance Race）

每年 6 月举行的被称为**最辛苦、最乏味**的单项赛事——"**勒芒 24 小时耐力赛**"（Le Mans 24 Hour Race）是汽车耐力赛的典型例子。它是在位于巴黎西南 200km 的小镇勒芒举行的重大赛事。从 1923 年开始举行，至 2013 年已经举办了 81 届。勒芒比赛场景如图 7-7 所示。

图 7-7　勒芒比赛场景

该赛事赛道是将当地的高速公路和街区公路封闭成一个环行路线，单圈长 13.5km，沥青和水泥路面。比赛一般从第一天的下午四点开始，一直持续到次日的下午四点，历时 24h。

每部赛车由三名赛手分别驾驶，采用换人不换车的方法，所有的加油、换胎和维修时间都包括在 24h 以内。最后，行驶里程最多的赛车获胜，一般一昼夜下来，成绩最好的赛车行驶的里程将近 5 000km。

由于勒芒耐力赛是全球各种耐力赛时间最长的比赛，而且选手驾车在同一环行赛道上要不停地转上 350 多圈，因此比赛显得单调、乏味，不论是车手、维修技师还是观众，在下半夜都会变得疲惫不堪。

五、卡丁车比赛（Karting）

卡丁车比赛是汽车场地比赛项目的一种，分方程式卡丁车及国际 A、B、C、E 级和普及级六类，共 12 个级别。

卡丁车是有车厢或无车厢的微型汽车。卡丁车的结构十分简单，由钢管式车架、四个小车轮、转向系统、脚蹬（加速踏板、制动踏板）、风冷式汽油发动机（二冲程或四冲程，0.1L、0.125L 或 0.25L）、传动链护罩、车手座椅、前后及左右防撞保险杠及护套等组成。卡丁车单座，重心低，后两轮驱动，前两轮导向。

卡丁车是世界方程式赛车的最初级形式，始于 1940 年的东欧。由于许多著名的一级方程式赛手都是从卡丁车起步的，卡丁车被视为 F1 的摇篮，在欧洲也称"迷你方程式"。卡丁车比赛场景如图 7-8 所示。

图 7-8 卡丁车比赛场景

国际汽车联合会（FIA）在 1962 年成立了世界卡丁车联合会。中国汽车运动联合会（FASC）于 1995 年加入国际汽车联合会世界卡丁车联合会，完成了我国卡丁车运动与国际的接轨工作。

六、印第车赛（Indy Car）

印第车赛是汽车场地比赛的一种，也叫印第方程式赛。设有世界锦标赛。该车赛起源于美国，原为美国汽车协会主办的锦标赛。1978 年由 18 支印第车队联合成立了"印第锦标赛赛车队有限公司"，建立了赛事管理机构，举办系列车赛，制定了独特的比赛规则。1979 年举办了第一次比赛，成为不受国际汽车联合会管辖的汽车比赛。

比赛使用的汽车整体结构类似一级方程式赛车，采用排量为 2.6～3.4L、8 缸以下的涡轮增压发动机，使用不易挥发的乙醇为燃料。在印第赛车上不允许使用各种先进的电子装置，使用普通离合器、普通变速换档装置。在印第赛车中，燃料总量是受限制的，每场比赛中分配给每辆赛车一定的燃料，油箱容量限定为 151L，这使得一个车队在比赛过程中和冲刺阶段要采用不同的策略。

依不同的比赛场地，比赛距离为 320～800km 不等。印第赛车与一级方程式赛车相比，既大又重而且结构简单,但并不意味着它比 F1 赛车慢。在整个印第车赛过程中,车手能充分显示出他们的操作技术、胆识、勇气和经验。

印第 800km 大赛是美国车坛最重要的赛事,奖金最高,现场观众最多。美国赛车手希望赢得印第大赛冠军,因此这比赢得美国方程式锦标赛更重要。

七、直线竞速赛（Drag Racing）

直线竞速赛是汽车场地比赛项目之一。比赛按不同车型及发动机排量分为 12～14 个级别,在两条并列长 1 500m、各宽 15m 的直线沥青跑道上进行,实际比赛距离为 402.336m（0.25mile）或 201.168m（0.125mile）。

比赛时每两辆车为一组,实行淘汰制,分多轮进行,直至决出冠军。采用定点发车方法,加速行进,通过电子仪器测量从发车线到终点线的行驶时间评定成绩。使用特别设计制造的活塞式或喷气式专用赛车,以汽油、甲醇或煤油为燃料,车重 500～1 000kg。

观看直线竞速赛成为一些人的最大乐趣,美国人常称其为 4S（Sights、Sounds、Smells and Speed）,即充满刺激的场面、震耳欲聋的发动机声、甲醇燃料的强烈气味和超乎寻常的车速交汇一起,构成刺激无比的山摇地动的沸腾景观。

第三节　汽车运动的魅力

汽车比赛已经成为世界人民喜爱的一项运动。1925 年 7 月 12 日,在德国慕尼黑举行的第一次老式车拉力赛上,81 岁高龄的卡尔·本茨驾驶他发明的三轮汽车参加了比赛,可见赛车运动的魅力。汽车运动激烈、惊险、刺激、浪漫,使成千上万的观众为之痴迷,其魅力表现在以下几个方面。

1. 改善汽车的性能

汽车赛有助于改善汽车的性能。汽车诞生百余年来,汽车技术能不断进步,在很大程度上是因为各种车赛所做的大量试验。赛车场是汽车技术创新的试验田,汽车赛可以作为试验汽车新构造、新材料等的重要手段。在比赛中获胜的赛车往往就是制造厂日后生产新车型时参考的样板。

2. 强化的道路试验

汽车赛实质上是一种强化的道路试验。F1 赛车的最高车速能达到 350km/h,汽车赛能够使汽车的所有零部件都处在最大应力状态下工作,正常使用条件下几年后才能出现的问题在短短的几个小时之内就能暴露出来,节省了大量的时间。

3. 动态车展

汽车赛可喻为动态车展。F1 汽车锦标赛现在每年举行 16～18 场,分站赛场遍布全世界。赛车是尖端技术的结晶,在汽车大赛中推出的每一部新型赛车,都代表着一家汽车公司甚至一个国家在汽车方面的新技术水平。赛车是汽车发展的先驱,F1 赛车发动机功率大（669kW）,转速高（19 000r/min）,发动机、底盘、车身采用高强度、质量小的特殊材料。F1 赛车外形是空气动力学的杰作,是在风洞中进行数千次试验的结果。

4. 最佳广告

汽车赛是生动真实的广告。一次组织得好的汽车赛,尤其是国际性高水平大赛,能够吸引上亿观众(包括电视观众)。在比赛中获胜的赛车和车队可以为汽车制造商和比赛赞助商提供最佳广告宣传,可以促进产品销售,为企业带来巨大的经济利益。正因为如此,许多车队才高薪征聘优秀车手,大的实业公司才慷慨解囊赞助大型车赛。汽车商和赞助商每年在 F1 汽车锦标赛上的总投入超过 10 亿美元。赞助商头号巨子要数生产万宝路(Marlboro)香烟的菲利普·莫里斯(Philip Morris)公司,每年赞助费高达 1.7 亿美元。

5. 促进汽车大众化

汽车赛促进了汽车大众文化。除职业性汽车比赛外,世界各地的汽车爱好者们还自行组织进行了一些小型的汽车比赛,这对汽车工业的发展有着另外一层意义。许多地方性的汽车俱乐部,联系着千万名汽车运动爱好者,其广泛性和群众性是汽车大赛所无法比拟的。地方汽车俱乐部组织的汽车赛招徕大量参赛者和现场观众,通过比赛掀起了一阵阵汽车热,使越来越多的人被汽车所吸引,传播了汽车技术,扩大了汽车爱好者队伍,培育了潜在的汽车制造、使用、维修方面的人才和汽车市场,使许多人成为车迷。

6. 带动城市经济建设

汽车运动促进了赛事举办地一些相关产业的发展,还带动了城市经济建设。F1 的观众 70% 左右来自于举办地以外的其他地方,每年众多的观众从世界各地赶到举办城市观看比赛,因而带动举办地的旅游、航空、餐饮、酒店以及周边地区商业的发展。

7. 集人与车为一体的综合较量

汽车赛是集人与车为一体的综合较量。与其他体育运动相比,赛车运动不仅是车手个人技艺、意志和胆量的竞争,而且是汽车设计、产品质量的角逐,这种独具特色的双重性运动,更能体现人类精英与高新科技最完美的结合,体现人类对自然的征服能力。

> 汽车赛是车战、商战、金融战,还是科技战?怎样说也不过分。它那丰富而又复杂的内涵超过了世界上任何一项体育运动。总之,由具有高科技产品的汽车公司做后盾,有顶尖赛车高手,拥有雄厚经济实力的大企业集团的资助,再加之热衷汽车运动的人们的积极参与,这就是汽车运动能够经久不衰的关键所在。

第四节　中国汽车运动

一、中国汽车运动组织

1. 中国汽车运动联合会

中国汽车运动联合会是全国性体育社团,是中华全国体育总会的团体会员。其前身

为中国摩托运动协会，1975年成立于北京，1983年加入国际汽车联合会。1993年5月，汽车运动项目从中国摩托运动协会分离出来，单独组成"中国汽车运动联合会"。它是中国境内管辖汽车运动唯一的全国性组织。中国汽车运动联合会会徽如图7-9所示。

2. 中国汽车运动联合会组织形式

最高权力机构是全国理事会，实行会员选举制，设主席、副主席、秘书长、副秘书长若干名。日常工作在秘书长领导下进行，下设有办公室、外事联络部、运动竞赛部和教练员委员会、裁判员委员会等办事机构。

图7-9　中国汽车运动联合会会徽

3. 中国汽车运动联合会主要任务

负责全国汽车运动的业务管理，组办国内外汽车比赛和体育探险活动，指导群众性活动，培训运动员、教练员和裁判员，参加国际交往和技术交流。

二、中国的国际赛车场

中国于1996年创建了国内第一座符合国际汽车联盟一级方程式标准的国际级赛车场——珠海国际赛车场。之后，又创建了上海国际赛车场、广东国际赛车场、北京金港国际赛车场、南京空港国际赛车场、成都国际赛车场、桂林锦龙国际赛车场等。

1. 珠海国际赛车场 ZIC

ZIC位于珠海经济特区金鼎镇。ZIC赛道长4.3km，有10个右弯、4个左弯，大直路长达900m，这为世界一流赛车手壮观的超车表演提供了具有挑战性的弯道。符合国际标准的珠海国际赛道是亚洲的赛车中心。ZIC赛道如图7-10所示。ZIC在1996年首次主办国际赛、BPR环球GT锦标赛。除了国际赛之外，珠海国际赛车场还主办相当多的本地赛事，包括亚洲赛车节、香港房车锦标赛、澳门房车锦标赛、亚洲三级方程式挑战赛、莲花跑车挑战赛、超级跑车挑战赛、亚洲雷诺方程式挑战赛、迷你车赛、珍藏车赛、ZIC摩托车锦标赛、中国全国场地锦标赛、康巴斯方程式系列赛等。

2. 上海国际赛车场

上海国际赛车场位于上海市嘉定区，赛车场赛道（图7-11）总长度7km左右，由一级方程式赛道和其他类型赛道组成。一级方程式赛道单圈长度为5 451.24m，宽度12～18m，具有7处左转弯道及7处右转弯道，最长的直道长度为1 175m（最高允许时速为327km/h），平均时速205km/h，在窄弯道处要求制动到87km/h的时速，给观众带来一种赛车运动所特有的激烈、紧张和刺激的感受。赛道整体造型犹如一个翩翩起舞的"上"字，它既有利于大功率发动机发挥的高速赛道，又具有挑战性、充分体现车手技术的弯道。

上海国际赛道举办过的赛事有世界一级方程式锦标赛（F1，第一次是2004年9月24—26日）、世界杯汽车大奖赛（A1）、世界摩托车大奖赛（Moto GP）、全国房车锦标赛（CTCC）、中国方程式公开赛（CFO）等，以及各种表演赛。

第七章 汽车运动

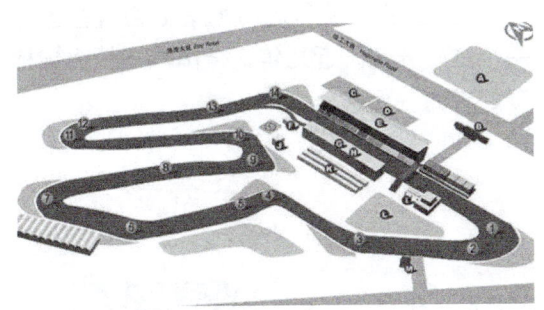

图 7-10　ZIC 赛道

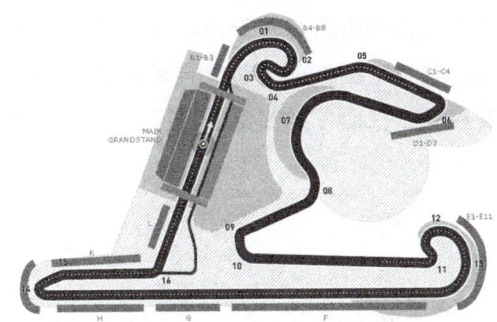

图 7-11　上海国际赛车场赛道

三、中国的汽车赛

1. 中国汽车场地锦标赛

2003 年 12 月 19 日，由中国汽车运动联合会、央视体育中心与上海国际赛车场在珠海签署三方协议，确定三方将从 2004 年起联手打造和经营全国汽车场地锦标赛（CCC，China Circuit Championship），简称全锦赛。

> **拓展阅读**
>
> **全锦赛的标志**
>
> 全锦赛的标志是一匹飞奔向前的骏马，在骏马的脖子下面胸部的地方，是 3C 标志（图 7-12）。因为全锦赛的主题口号是"驰骋中国"（Racing in China），所以标志的寓意和主题口号做到了相吻合。
>
>
>
> 图 7-12　全国汽车场地锦标赛的 3C 标志

全锦赛是按照赶超 F1 的目标打造的，相对于中国现有的赛车运动，更加正规和庞大。它从 6 月到 10 月共有 6 站比赛，分别在上海、珠海和北京三个拥有国际赛车场的城市举行，每个城市连续举办两站。不管 CCC 能否达到 F1 的运作规模和影响力，但其蓬勃的开展，对于中国国内汽车赛事的气氛和国内赛车手的成长是绝对有利的，并会加快中国赛车事业的发展。

2. 全国汽车拉力锦标赛 CRC

在国内越来越多引进国际赛事的情况下，中国汽联为推动国内汽车运动发展，统一制定了比赛规则、规程。1997 年，第一届全国汽车拉力锦标赛（China Rally Championship）

在全国范围内展开，无论在赛事组织、参赛车手、俱乐部数量和运动水平上均有很大提高，这是中国汽车运动走向规范化、系列化的一个良好开端。近几年，全国汽车拉力锦标赛得到了社会各界的更多支持，成为国内赛车爱好者的一次盛会。

拓展阅读

中国车王

中国车王——卢宁军（图7-13）。他是我国第一代职业赛车手，3次夺得亚太汽车拉力锦标赛N组冠军，9次夺得全国汽车拉力锦标赛分站冠军，两获"亚洲最佳车手"奖及"最佳华人车手"奖。从空降兵战士，到特种警察，再到职业车手并创建"金鼎汽车运动俱乐部"，卢宁军用自己一生的传奇经历诠释了充满挑战与征服的先锋精神。

图7-13 卢宁军

思考题

1. 什么是汽车运动？目前国际上有哪些正规的汽车比赛？
2. 国际汽车联合会和中国汽车运动联合会分别是哪一年成立的，总部分别在哪里？
3. 介绍一种汽车运动的特点。
4. 简述汽车运动的魅力。

第八章 汽车与社会

> **学习目标**
>
> 1. 了解汽车对环境、能源和交通的影响,掌握减少这些影响的措施。
> 2. 了解与汽车相关的产业,熟悉这些产业的特点。

第一节 汽车与环境

历经百年的汽车已经深入到人类生活的方方面面,成为现代文明的象征。但是,在享受汽车带来便利的同时,也带来了环境污染、交通安全、能源消耗等负面影响。汽车发展的过程也是人类不断地认识和解决这些问题的过程。

一、排放污染

1. 汽车有害排放物

燃油在发动机中燃烧时会产生大量对环境有害的污染物质,其中对人体健康危害最大的有一氧化碳(CO)、碳氢化合物(HC)、氮氧化物(NO_x)、炭烟颗粒等(图8-1)。

图8-1 汽车排放污染

1) CO。CO是燃料燃烧时空气不足或其他原因造成不完全燃烧时产生的。一氧化碳是无色无味的气体,吸入人体后,易与血液中的红蛋白结合,其亲和能力较氧强210倍,故很快形成碳氧血色素,使血液丧失输氧能力,致使人体缺氧,引起头痛、头晕、呕吐等中毒症状,严重时造成死亡。

2) NO_x。NO_x是被高温燃气氧化成的NO、NO_2等氮氧化合物的总称。氮氧化合物进入肺后,形成亚硝酸和硝酸,对肺组织产生很强的刺激作用,引起肺炎、肺水肿,吸入高浓度的氮氧化合物后甚至会引起中枢神经的瘫痪。

3) HC。HC是指发动机废气中的未燃烧部分。近来研究表明,汽车排气中的高分子重芳香烃可使人致癌，NO_x 和 HC 受阳光照射后发生光化学反应，形成光化学烟雾。光化学烟雾容易刺激人的眼睛和喉头，导致咳嗽、哮喘等疾病。

4）<u>炭烟颗粒</u>。由于汽油、柴油燃烧不充分，排放出的尾气中含有大量的颗粒物（直径大于或小于等于 $2.5\mu m$），颗粒物上凝聚和吸附了相当多的有机物和无机物，包括有毒重金属、酸性氧化物等，这些颗粒可在空气中飘浮多达几十天，有害物质随颗粒物进入人的肺部，并有可能透过肺泡进入血液，引起呼吸系统生病、损伤肺、致癌，使人视力下降等。

> **小知识：**   **PM2.5**
>
> PM2.5（图 8-2）是指大气中直径小于或等于 $2.5\mu m$ 的颗粒物，也称为可吸入颗粒物。它的直径不到人的头发丝粗细的 1/20。虽然 PM2.5 只是地球大气成分中含量很少的组分，但它对空气质量和能见度等有重要的影响。与较粗的大气颗粒物相比，PM2.5 粒径小，富含大量的有毒、有害物质且在大气中的停留时间长、输送距离远，因而对人体健康和大气环境质量的影响
>
>
>
> 图 8-2 PM2.5
>
> 更大。2013 年 2 月，全国科学技术名词审定委员会将 PM2.5 的中文名称命名为"细颗粒物"。

2. 排放控制措施

汽车排放控制是一项综合而复杂的课题，治理排放污染应从<u>燃油品质、新能源、发动机设计制造、使用、维修、交通管理、国家政策</u>等全方位地采取有效措施。

1）改进燃油品质。燃料掺水，改良汽油，采用乙醇汽油。

2）汽油机排放控制技术（图 8-3）。①机内净化技术：电控喷射技术、均质稀燃技术、燃油分层喷射 FSI 技术等。②机外净化技术：三元催化转换技术（CC）、废气再循环技术（EGR）、汽油蒸发控制技术（EVAP）、曲轴箱强制通风技术（PCV）等。

3）柴油机排气净化技术。①机内净化技术：燃油喷射高压化、电控化以及燃油多次喷射技术、废气涡轮增压与中冷技术。②机外净化技术：除广泛应用废气再循环技术外，目前被认为较实用的有氧化催化转化器、微粒捕集器和 NO_x 还原催化转化器。

4）汽车使用维修管理。大力加强在用车辆的检查维护，加速老旧车辆的更新换代，科学的交通管理，政策扶持（宣传、排放标准）等。

5）研制可替代能源的环保型汽车。着重开发电控柴油轿车，采用混合动力汽车、天然气汽车、液化石油气汽车、电动汽车、太阳能汽车等。

3. 汽车排放控制标准

目前，国际上汽车排放标准主要分为三大体系，即<u>美国、欧洲和日本</u>排放标准。其他各国的排放标准基本上是按照或参照这三大体系制定的，我国主要参照的是欧洲排放标准。

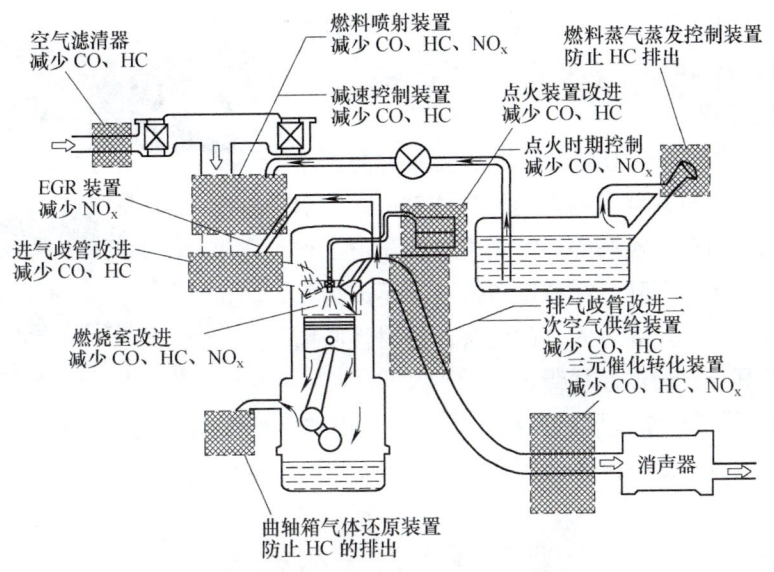

图 8-3 汽油机排放控制装置

欧洲汽车排放标准

中国汽车排放标准

我国在 1987 年颁布实施了《中华人民共和国大气污染防治法》，1983 年制定实施了第一批汽车污染物排放标准，相继修订和制定了一大批汽车污染物排放标准。表 8-1 是我国与欧洲轻型车型式认证标准的实施年份。

表 8-1 我国与欧洲轻型车型式认证标准的实施年份

汽车排放标准	欧洲实施时间	我国实施时间
欧Ⅰ、中国第Ⅰ阶段	1992 年	2000 年
欧Ⅱ、中国第Ⅱ阶段	1996 年	2004 年
欧Ⅲ、中国第Ⅲ阶段	2000 年	2007 年
欧Ⅳ、中国第Ⅳ阶段	2005 年	2010 年
欧Ⅴ、中国第Ⅴ阶段	2008 年	2013 年
欧Ⅵ、中国第Ⅵ阶段	2013 年	

二、噪声污染

道路交通噪声（图 8-4）是指由道路交通而产生的人们所不需要的、令人厌烦的声音，是一种随车流量、车型、车速、路况、载重量有密切关系的非稳态随机噪声，是城市噪声的主要来源，约占 75% 的比例。

1. 汽车噪声来源

汽车噪声来自**发动机噪声**（燃烧、机械、进排气、风扇）、**传动系统噪声**（变速器、

传动轴、驱动桥)、轮胎噪声(花纹、道路、弹性振动、风噪等)、喇叭噪声、防盗器噪声等。

2. 噪声的危害

1)对人体的危害。①交通噪声干扰人们的正常生活和休息,严重时甚至影响人们的身体健康。如引起心血管疾病、内分泌疾病等。②噪声可使学习工作效率降低、产品质量下降,在特定条件下甚至成为社会不稳定的因素之一。③对人耳的危害:暂时性听阈提高、噪声性耳聋、爆炸性耳聋。

图8-4 道路交通噪声

2)对公路沿线经济发展的影响。①交通噪声严重地影响房地产、工厂、商厦等的经济效益和生产效益。②噪声还直接影响到公路周围的土地价值。

第二节 汽车与能源

一、汽车能源消耗

汽车能源的消耗主要是指矿产资源消耗、石油消耗、土地资源的消耗。

1)矿产资源消耗。汽车集中了多种矿产资源于一身。一辆普通轿车平均重量为1 150kg,平均使用600余种材料,涉及数十种矿产资源。

2)石油消耗。我国汽油年产量的80%、柴油年产量的20%被汽车消耗掉,我国石油消耗总量的50%以上需要进口来提供,这无疑对我国能源安全形成了严重威胁。

3)土地资源的消耗。大量土地被道路、汽车占用,引起土地资源消耗。四车道高速公路及一级公路的建设,每千米占用土地50km^{2}左右,六车道占用土地更多。我国"五纵七横"国道主干线总长约3.5万km,其中80%为耕地。

二、节能措施

1)法规。1975年美国政府首先颁布了能源保护法和能源政策,并制定了1978—1985年控制汽车燃油消耗量的法规,成为世界上第一部强制执行的汽车油耗法规。1998年,国务院颁布了《中华人民共和国节约能源法》,从此把我国的节能工作纳入了法制化的轨道。2004年10月28日,我国首个油耗强制性国家标准《乘用车燃油消耗量限值》(GB 19578—2004)出台。

2)措施。通过宣传,让民众建立起节能环保意识,提倡骑自行车、乘公交车上班。同时大力发展城市公共交通事业。在交通法规上规定了公共交通优先的条款,同时颁布了一些限制私人交通工具发展的政策。有些国家规定:某些特别繁华、交通量又很大的市区为轿车及其他私人交通工具的禁驶区;上下班时私人轿车必须合乘使用等。

3)开发使用节能型汽车。开发小排量汽车(图8-5),采用代用燃料汽车(如天然气、液化石油气、醇类等),开发电动汽车(图8-6)、混合动力汽车、太阳能汽车,发展柴油汽车等。

图 8-5 开发小排量汽车

图 8-6 开发电动汽车

第三节 汽车与交通

随着汽车工业的发展和人民生活水平的提高，汽车拥有量大幅提高，随之而来的问题就是交通事故和交通堵塞。

一、交通事故

1. 交通事故及影响因素

道路交通系统是一个由**人、车、路、环境**构成的动态系统，四要素必须协调地运动，以达到安全、快速、经济、舒适的要求。交通事故（图 8-7）是在特定的交通环境下，因诸要素配合失调而发生的。四要素在交通事故中所占比例见表 8-2。

图 8-7 高速公路交通事故

表 8-2 四要素在交通事故中所占比例

因素		原因与比例
人（90%）	驾驶人（70%）	超速行驶＞违章操作＞违章超车＞逆道行驶＞违章装载＞酒后驾车，因驾驶人过错造成的约占60%，无证驾驶约占10%
	骑车人（13%）	违章在机动车道内行驶、猛拐和抢行
	行人（12%）	不走人行道、无视交通信号和交警指挥而横穿道路
	车上乘员（5%）	将身体伸出车外以及在车辆还没停稳就上下车
车辆（2%~4%）		制动系统（制动失效、制动不良）占67%
		转向系统（转向失效）占10%
		灯光失效占5%
		其他（机件损坏、装载超高、超宽、超载以及货物绑扎不牢等）占18%
道路（3%~5%）		死亡事故多发生在平直道路
		急弯陡坡路段事故虽然不多，但多发生损失严重的群死群伤事故

(续)

因素	原因与比例
环境（1%~3%）	道路周围环境：城市交通干道两侧商业化程度高的路段和公路通过村镇、街道化程度高路段的事故率高于其他路段
	天气因素：风、雨、雾、冰雪等恶劣天气严重影响驾驶人正常驾驶，导致事故多发

2. 交通事故预防措施

1）提高交通参与者的素质。①严格驾驶人驾驶证的发放标准。②开展驾驶人驾驶适宜性检验。③加强驾驶人心理训练，提高其心理素质。④对交通参与者和驾驶人开展安全教育，增强安全意识。

2）提高车辆安全性。①提高汽车的主动安全性（ABS、ESP、ASR、汽车轮胎监测系统 TPMS 等）和被动安全性（安全气囊、安全带、安全转向柱等）。②加强行车前、行车中、收车后对车辆的检查保养，不开病车上路。③严格机动车安全检测制度。

3）加强公路建设。①适当加大公路建设的资金投入，并加大地方道路的管养工作，从而使全国的公路运输网络更加合理和畅通。②公路建设要严格执行国家规范，应建立交的地方尽量不平交，道路的弯度、坡度、坡长执行标准要严格。

4）完善交通安全设施（traffic safety device）。交通安全设施（交通标志、标线、护栏、防眩设施等）齐全有效，以充分发挥道路的作用，保障行车和行人的安全，减轻事故严重程度，美化道路景观，平滑交通流，提高行驶舒适性。

5）加强执法管理（图8-8）。

图8-8 加强执法管理

> **拓展阅读**
>
> ### 最早研究交通安全的人
>
> 被称为"交通安全之父"的是美国纽约一名叫菲尔普斯·伊诺的人。9岁那年，伊诺在马车里目睹了纽约市一个十字路口交通堵塞达30min之久，留下了很深的印象。以后他常跟家里人到欧美去旅行，每到一处就观察当地的交通秩序，考察交通事故问题，并写下了大量的笔记。1890年，伊诺还是耶鲁大学二年级学生时，在杂志上发表了《我们的城市交通急需改革》《车辆管理的建议》等文章。接着，纽约市警察局请伊诺起草交通管制的规则。他在自己整理的考察笔记的基础上，起草了世界上第一个交通法规——《驾车的规则》，其条文1903年在美国正式颁布，由此把美国的汽车交通带入了高效安全的世界。从此，世界各国积极仿效。

拓展阅读

安全带的发明与使用

1902 年 5 月 20 日，美国纽约举行汽车竞赛。参加竞赛的人中，有一位名叫沃尔特·贝克的工程师，驾驶一辆"鱼雷"牌电动汽车。车上除了他之外，还有一个技工。贝克是个细心、慎重的人，他在座位上钉了几根皮带以防万一。竞赛开始后，正在高速飞驰的"鱼雷"碰到一根露出路面的钢轨，腾空而起，冲入观众群，造成两人丧生，数十人受伤，可是贝克和那位技工却安然无恙，这几根皮带也就成为汽车安全带的雏形。

1922 年，赛车场上的跑车开始使用安全带。1955 年，美国福特汽车装用了安全带。1959 年，尼尔斯·博林设计出了一条全新样式的安全带。它的一条带子斜跨人体胸部，全面固定人体上下半身，一条带子横跨腹部，阻挡由于惯性造成的身体位移，单一的锁扣很容易系好。这就是现在全世界汽车都在使用的三点式安全带。1968 年，美国规定轿车面向前方的座位均要安装安全带。欧洲和日本等发达国家都相继制定了汽车乘员必须要佩戴安全带的规定。我国《道路交通安全法》第五十一条规定：机动车行驶时，驾驶人、乘坐人员应当按规定使用安全带。

3. 汽车安全法规及标准

1) **中国强制性汽车安全标准**。我国建立有汽车安全法规体系，汽车强制性标准共有 66 项，其中关于安全的有 40 项。关于安全强制性标准的具体项目名称见表 8-3。

表 8-3　中国强制性汽车安全标准

项目（46 项）		已发布标准（27 项）	尚未发布标准（19 项）
主动安全	制动 2 项		制动系统、制动软管等 2 项
	转向 1 项		转向系统
	灯光 11 项	前照灯配光、前雾灯等、制动灯、倒车灯、灯泡等 5 项	牌照灯、转向灯、后雾灯、反射器、前照灯使用和调整、外部照明等 6 项
	视野 2 项	轿车前视野、后视镜等 2 项	
	轮胎 2 项		轿车轮胎、货车轮胎等 2 项
	风窗玻璃 3 项	除雾、除霜、刮水器和洗涤器等 3 项	
	其他 9 项	外廓尺寸、操纵件等的图形标志、护轮板、车速表、号牌板、喇叭、防盗装置等 7 项	罩盖销、加速器控制系统 2 项
被动安全	乘员保护 5 项	外部凸出物对驾驶人的伤害、侧门强度 3 项	乘员保护要求、内部凸出物等 2 项
	安全部件 6 项	安全带、安全带固定点、座椅、头枕、门锁铰链等 5 项	安全玻璃
	防护装置 2 项	汽车及挂车侧面及后下部防护装置	轿车前后端保护装置
	防火性能 3 项	内饰材料燃烧特性	燃油箱碰撞时燃油泄漏的规定等 2 项

2）**汽车制动性能控制标准**。根据《机动车运行安全技术条件》（GB 7258—2017）规定，汽车、汽车列车路试行车制动性能应满足表8-4至表8-8的规定。

表8-4 制动距离和制动稳定性标准

机动车类型	制动初速度/(km/h)	满载检验制动距离要求/m	空载检验制动距离要求/m	试验通道宽度/m
乘用车	50	≤20	≤19	2.5
总质量≤3500kg 的低速货车	30	≤9.0	≤8.0	2.5
其他总质量≤3500kg 的汽车	50	≤22	≤21	2.5*
铰接客车、铰接式无轨电车、汽车列车（乘用车列车除外）	30	≤10.5	≤9.5	3.0
其他汽车、乘用车列车	30	≤10	≤9	3.0

注："*"对车宽大于2.55m 的汽车和汽车列车，试车道路宽度为车宽（m）+0.5m。

表8-5 制动减速度和制动稳定性标准

机动车类型	制动初速度/(km/h)	满载检验充分发出的平均减速度/(m/s²)	空载检验充分发出的平均减速度/(m/s²)	试验通道宽度/m
乘用车	50	≥5.9	≥6.2	2.5
总质量≤3500kg 的低速货车	30	≥5.2	≥5.6	2.5
其他总质量≤3500kg 的汽车	50	≥5.4	≥5.8	2.5*
铰接客车、铰接式无轨电车、汽车列车（乘用车列车除外）	30	≥4.5	≥5.0	3.0
其他汽车、乘用车列车	30	≥5.0	≥5.4	3.0
制动协调时间	液压制动：≤0.35s；气压制动：≤0.60s；汽车列车、铰接客车和无轨电车≤0.80s			

注："*"对车宽大于2.55m 的汽车和汽车列车，试车道路宽度为车宽（m）+0.5m。

表8-6 制动踏板力或制动气压标准

机动车类型		空载	满载
气压制动系气压表指示气压/kPa		≤750	≤额定工作气压
液压制动系踏板力/N	乘用车	≤400	≤500
	其他机动车	≤450	≤700

表8-7 空载状态驻车制动性能标准

机动车类型	轮胎与地面间附着系数	停驻坡道坡度（车辆正反向）	保持时间/min
总质量/整备质量<1.2	≥0.7	15%	≥2
其他车辆	≥0.7	20%	≥2

第八章 汽车与社会

表8-8 施加于制动操纵装置的手握力和踏板力标准

机动车类型	乘用车	正三轮摩托车	摩托车（正三轮摩托车除外）	其他机动车
行车制动/N	500	500	350（踏板力）或250（手握力）	700
驻车制动/N	手操纵≤400；脚操纵≤500			手操纵≤600；脚操纵≤700

二、交通堵塞

交通堵塞（图8-9）是指一种车多拥挤且车速缓慢的现象，通常在节假日或上下班高峰等时刻出现。人们经常把容易塞车的道路，称为交通瓶颈。造成交通堵塞的原因有汽车使用率增加，道路容量不足或设计不妥及道路交会处过多。解决措施：①兴辟拓宽道路。②减少道路交叉（图8-10）。③发展公共运输系统。

图8-9 严重的交通堵塞

图8-10 立体交叉道路

拓展阅读

交通信号灯的由来

1868年，根据伦敦警察总督理查德·梅因的建议，为防止议员被街上往来频繁的马车撞倒，在伦敦威斯敏斯特区乔治大街和布里奇大街交叉的路口上安装了世界上最早的交通信号灯。信号灯由当时英国机械师德·哈特设计，制造的灯柱高7m，灯柱上挂着一盏红、绿两色的提灯——煤气交通信号灯，这是城市街道的第一盏信号灯。

随着各种交通工具的发展和交通指挥的需要，第一盏名副其实的三色灯（红、黄、绿三种标志）于1918年诞生。它是三色圆形四面投影器，被安装在纽约市五号街的一座高塔上，由于它的诞生，使城市交通大为改善。我国最早的马路红绿灯，于1928年出现在上海。

第四节　汽车研发制造与相关产业

汽车的发明和发展为社会提供了众多的商业机会和就业机会。一辆汽车上有上万个零件，由钢铁、有色金属、塑料、橡胶、玻璃、纺织品、木材、涂料等多种材料制成，应用冶金、铸造、锻造、机械加工、焊接、装配、涂装等许多工艺技术制成，涉及冶金、机械制造、化工、电子、电力、石油、轻工等部门。汽车的销售和营运还涉及金融、商业、运输、旅游、服务等第三产业。汽车工业提供的就业机会不仅数量较大，而且面广，技术含量也较高。以下就对汽车直接相关的产业进行叙述。

一、汽车研发与制造过程

当你驾驭爱车驰骋在街道上时，你是否想过它是如何诞生的？哪些环节会决定它的细节？下面我们从汽车的研发和制造两个不同的阶段进行说明。

1. 研发阶段

1) 市场调研阶段。确定新车型的市场定位及初步工艺、成本等基本信息。

2) 概念设计阶段。包括总体布置草图设计和造型设计。

总体布置草图设计的主要内容包括车厢及驾驶室、发动机与离合器、变速器、传动轴、车架和承载式车身底板、前后悬架、制动系统、燃油箱、备胎和行李箱等的布置以及空调装置的布置。

造型设计包括外形和内饰设计两部分，这是汽车设计的重要环节之一。设计师为了快速捕捉创意和灵感，采用设计草图。最初的设计草图也许只有几根线条，但是能够勾勒出造型的神韵，设计师通过大量的设计草图来尽可能多地提出新的创意。草图绘制完成后，就要制作油泥模型了。目前，各大汽车厂家的全尺寸整车模型基本上都是由 5 轴铣床铣削出来，再由油泥模型师根据设计师的要求对其进行局部修改。按照这种方法，制作一个模型只需要 1 个月甚至更短。

3) 工程设计阶段。工程设计是一个对整车进行细化设计的过程，各个总成分发到相关部门分别进行设计开发。具体包括总布置设计、车身造型数据生成、发动机工程设计、车身工程设计、底盘工程设计、内外饰工程设计和电气工程设计，最终确认整车的设计方案。

4) 样车试制阶段。

5) 试验阶段。试验阶段关乎新车的最终品质，如果在这个阶段没能及时发现问题便匆匆投产，将导致产品的先天不足以及新车的问题成堆。样车的试验包括性能试验和可靠性试验。试验阶段完成以后，新车型的性能得到确认，产品最终定型。在确保小批量生产的产品 3 个月无重大问题的情况下，将正式启动量产。至此，研发阶段宣告结束。

2. 制造阶段

1) 投产启动阶段。在这个阶段，生产流程链、各种生产设备及生产线铺设等均已准备完毕，为新车的正式量产做好了准备。

2) 制造过程（图8-11）。汽车的制造过程主要分为冲压工艺、焊装工艺、涂装工艺和总装工艺。

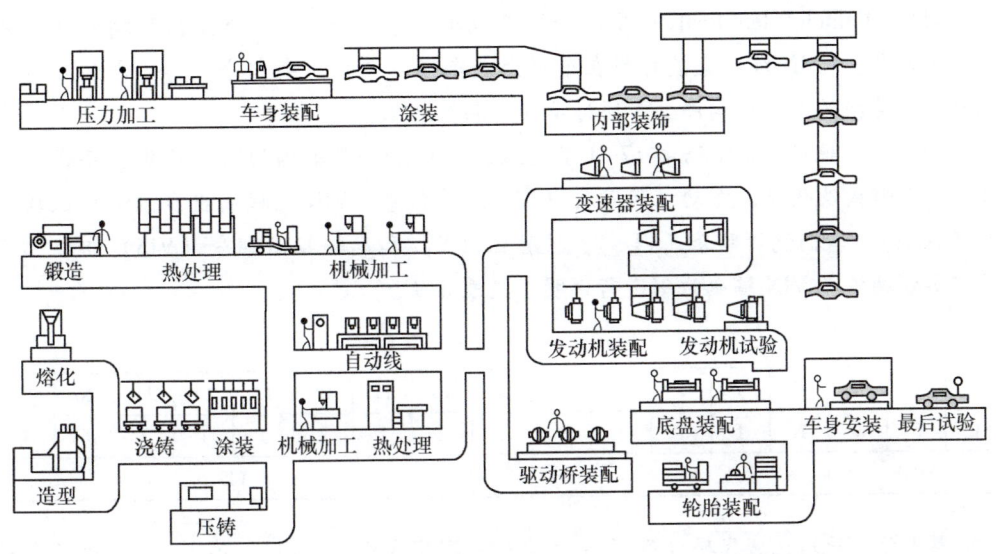

图8-11 汽车制造过程

① 冲压工艺。冲压一般为冷冲压，是所有工序的第一步，是一种使金属板料在冲模中承受压力而被切离或成形的加工方法。每个工件都有一个特定的模具，模具的质量直接决定着工件的质量，采用冷冲压加工的汽车零件有发动机油底壳、制动器底板、汽车车架以及大多数车身零件。冲压加工的生产率很高，并可制造形状复杂而且精度较高的零件。

② 焊装工艺。焊接是给冲压好的车身板件局部加热或同时加热、加压而接合在一起形成车身总成。在汽车车身制造中应用最广的是点焊，焊接的好坏直接影响了车身的强度。点焊适于焊接薄钢板，操作时两个电极向两块钢板加压使之贴合，并同时使贴合点通电流加热熔化从而牢固接合。焊好整个轿车车身，通常需要上千个焊点。焊点的强度要求非常高，每个焊点可承受5 000N的拉力，甚至将钢板撕裂仍不能将焊点部位分离。因此很多厂家在宣传自己的车身结构时会特别强调是"激光焊接"。

③ 涂装工艺。涂装的两个重要作用是防腐蚀和增加美观度。涂装工艺过程主要分为漆前预处理和底漆、喷漆工艺、烘干工艺等工序。整个过程需要大量的化学试剂处理和精细的工艺参数控制，对油漆材料以及各项加工设备的要求都很高。

④ 总装工艺。总装就是按照一定的要求，用连接零件（螺栓、螺母、销或卡扣等）把各种零件相互联接组合成部件，再把各种部件组合成整车。装配工艺的水平直接影响到整车的性能。

经过各模块装配和各零部件的安装后，再经过车轮定位、车灯视野检测等检验调整后，整辆车就可以下线了。

> **小知识：　　　　　　车辆识别代码 VIN**
>
> VIN（Vehicle Identification Number）是汽车的身份证号，也就是出厂编号（车架号、底盘号）。VIN 编码直接打刻在车架上或车辆右侧的前半部分、易于看到且能防止磨损或替换的车辆结构件上，还标示在产品标牌上。
>
> ASE 标准规定：VIN 码由 17 位字符组成，它包含了车辆的生产厂家、年代、车型、车身形式及代码、发动机代码及组装地点等信息。VIN 编码由世界制造厂识别代号（WMI）、车辆说明部分（VDS）、校验位（X）和车辆指示部分（VIS）组成。下面以桑塔纳轿车 VIN 编码为例进行说明，见表 8-9。
>
> **表 8-9　桑塔纳轿车 VIN 编码**
>
> | 1 | 2 | 3 | 4 | 5 | 6 | 7 | 8 | 9 | 10 | 11 | 12 | 13 | 14 | 15 | 16 | 17 |
> |---|---|---|---|---|---|---|---|---|---|---|---|---|---|---|---|---|
> | L | S | V | H | J | 1 | 3 | 3 | 0 | 2 | 2 | 2 | 2 | 1 | 7 | 6 | 1 |
> | WMI | | | VDS | | | | | X | VIS | | | | | | | |
>
> 第 1 位：地理区域代码（亚洲）；第 2 位：国家代码（中国）；第 3 位：制造厂代码（上海大众）；第 4 位：车身形式代码（4 门加长型折背式车身）；第 5 位：发动机/变速器代码；第 6 位：乘员保护系统代码（驾驶人安全气囊）；第 7～8 位：车辆等级代码（上海桑塔纳轿车）；第 9 位：校验位；第 10 位：年份代码（2002 年）；第 11 位：装配厂代码（上海大众汽车有限公司）；第 12～17 位：车辆制造顺序号（出厂编号 221761）。

二、汽车试验

汽车试验是在实际使用环境中、专用试验场中或室内试验台上，按照预定程序对汽车或其零部件、材料等进行的试验，用以判明汽车的技术特性、可靠性、耐久性和环境适应性。

1. 汽车试验的类型

1）发展和研究性试验。此项试验是对新型汽车包括新结构、新材料和新理论的开发研究、设计和试验。汽车厂常设立设计研究中心，一方面从事产品的设计、改进，一方面进行一些基础性的研究，这些工作常需要进行大量的试验。

2）定型试验。大量生产汽车的定型试验在汽车或其主要部件正式生产前进行，借以考核汽车或部件的性能、效率、可靠性、耐久性和适应性，以保证产品符合使用要求。

> **小知识：　　　　　　定型试验**
>
> 对于量产车，这种试验一般先用 3～8 辆样车，一部分进行 5 万～16 万 km 的性能、可靠性和耐久性试验；一部分进行适应性试验。在样车试验后，修改图样，消除缺陷，再制造 20～50 辆进行更大规模的实际使用试验，以考核工艺的稳定性，然后才能投入生产。各样车及其部件的累积试验里程可达 100 万 km 以上。

对于产量不大的汽车，如工矿用自卸车，因其主要部件大都是选用专业厂的现成产品，所以只对自制部件如车架进行台架应力测定和可靠性及耐久性试验，而整车的性能、适应性、可靠性和耐久性试验则在现场使用中进行。

3) 检查性试验。在汽车生产过程中抽查产品以考核生产质量，以便发现工艺上或材料上的问题并及时改正。

2. 汽车试验的项目和具体内容（表8-10）

表8-10 汽车试验的项目和具体内容

	试验项目	试验的内容
1	动力性能试验	对汽车的最高车速、加速和爬坡性能进行实际试验
2	燃料经济性试验	能测量汽车的油耗，还能同时测量废气排放
3	制动性能试验（图8-12）	常进行制动距离试验、制动效能试验、热衰退和恢复试验、浸水后制动效能衰退和恢复试验等
4	操纵稳定性试验	转弯制动试验、转向轻便性试验、蛇形行驶试验、侧向风敏感性试验、抗侧翻试验、路面不平度敏感性试验、汽车稳态回转试验
5	平顺性试验	汽车平顺性随机输入行驶试验和汽车平顺性单脉冲输入行驶试验
6	通过性试验	指车辆克服障碍物的能力，一般在汽车试验场和专用路段上进行该试验
7	安全性试验	主要指碰撞安全试验（图8-13）

图8-12 汽车ABS制动转鼓试验台

图8-13 汽车碰撞试验

3. 试验方法

1) 道路试验和适应性试验。在汽车上装设测试仪表和施加模拟载荷，按实际使用条件行驶至规定的里程。对各种路面的里程规定有一定的比例，对炎热、寒冷和高原等地区的试验时间也有一定的规定。这种方法是早期的汽车试验方法，因能反映用其他试验方法所不能发现的真实情况，仍在继续应用。

2) 汽车试验场试验。汽车试验场是试验汽车的专用场地，在专用试验场中试验汽车易于保证安全，试验的项目较多、范围较广，试验条件易于模拟和控制，试验结果的再现性和可比性好，还可以用加大载荷和专门设计的坏路面以进行"强化试验"，使汽车的零部件加速损坏，以缩短试验周期。因此，试验场试验是现代汽车试验的主要方法。

3) 试验台试验。很多汽车零部件的工况可以用专门设计的试验台模拟。在模拟的试验台上用飞轮代表汽车行驶时的惯性力,用以试验制动器的性能。汽车试验中试验台试验的费用最省,试验所需的时间较短,试验条件较易控制。但这种试验一般多用于单项性能或耐久性试验,或少数相关项目的综合性试验,不能较全面地考核综合性能。

4. 汽车试验场

汽车试验场(图 8-14 和图 8-15)是重现汽车使用过程中遇到的各种道路条件和使用条件的试验场地。为满足汽车的试验要求,汽车试验场将实际存在的各种道路经过集中、浓缩、不失真地强化形成典型化的道路。汽车试验在汽车开发过程中处于极为重要的地位,因此许多汽车企业都投入巨额资金修建大型的汽车综合试验场,如通用汽车公司的密尔福德试验场、日本汽车研究所试验场、英国汽车工业研究协会(MIRA)试验场、我国海南汽车试验场等。

图 8-14 国内某汽车试验场

图 8-15 上海大众汽车试验场

三、汽车 4S、3S 店

汽车 4S 店,就是指将包括整车销售(Sale)、零配件供应(Spare Part)、售后服务(Service)、信息反馈(Survey)这四项功能集于一体的汽车服务企业。汽车 4S 店由经销商投资建设,用以销售由生产厂家特别授权的单一品牌汽车。它可以提供装备精良、整洁干净的维修区、现代化的设备和服务管理、高度职业化的气氛、良好的服务设施、充足的零配件供应、迅速及时的跟踪服务体系等。通过汽车 4S 店的服务,可以让用户对品牌产生信赖感和忠诚度,从而扩大汽车的销售量。

汽车 3S 店包括整车销售(Sale)、零配件供应(Spare Part)、售后服务(Service)。

小知识: 　　　　　　　　　　**汽车召回制度**

汽车召回制度(Recall),就是投放市场的汽车,发现由于设计或制造方面的原因存在缺陷,不符合有关法规、标准,有可能导致安全及环保问题,厂家必须及时向国家有关部门报告该产品存在的问题、造成问题的原因、改善措施等,提出召回申请,经批准后对在用车辆进行改造,以消除事故隐患。厂家还有义务让用户及时了解有关情况,对于维护消费者的合法权益具有重要意义。

汽车召回制度始于 20 世纪 60 年代的美国，美国的律师拉尔夫发起运动，呼吁国会建立汽车安全法规。他努力的结果就是《国家交通及机动车安全法》的颁布。该法律规定，汽车制造商有义务公开发表汽车召回的信息，且必须将情况通报给用户和交通管理部门，进行免费修理。目前实行汽车召回制度的有美国、日本、加拿大、英国、澳大利亚、中国等。

四、汽车销售及售后服务

1. 汽车销售

汽车销售是销售顾问通过客户开发—接待咨询—产品介绍—试车—协商—签约协商—交车—跟踪八个步骤，将汽车交付给客户。

2. 汽车维修

汽车维修是汽车维护和修理的泛称，就是对出现故障的汽车通过技术手段排查，找出故障原因，并采取一定措施使其排除故障并恢复达到一定的性能和安全标准。

3. 汽车保养

车辆的保养主要有两个方面：一是由维修站为汽车提供的强制保养，另一方面就是车主自己做的日常保养。车辆的正常保养关系到车辆的使用寿命和驾驶人、乘客的安全。

现代的汽车保养主要包含对发动机、变速器、空调、冷却系统、燃油系统、动力转向系统等的保养。汽车保养项目及内容见表 8-11。

表 8-11　汽车保养项目及内容

项　目	内　容
常规保养	更换机油、冷却液、变速器油，更换三滤（机滤、汽滤、空滤），蓄电池维护，轮胎检查与换位，间隙的检查调整，传动带的检查等
季节保养	空调检测及补充制冷剂
高级保养	电脑检测及解码，发动机不解体清洗，尾气排放检测保养，润滑系统免拆清洗，冷却系统免拆清洗等

4. 汽车美容

汽车美容（图 8-16）是指针对汽车各部位不同材质所需的保养条件采用不同性质的汽车美容护理用品及施工工艺，对汽车进行全新的保养护理。汽车美容、护理项目及内容见表 8-12。

表 8-12　汽车美容、护理项目及内容

项　目	内　容
车表护理	无水洗车、全自动电脑洗车、漆面污渍处理、新车开蜡、氧化层去除、漆面封釉、漆面划痕处理、抛光、打蜡、翻新、金属件增亮、轮胎增亮防滑、玻璃抛光等

(续)

项目	内容
内饰护理	顶棚清洗、行李箱清洁、车门衬板清洗、仪表板清洗护理、桃木清洗、丝绒清洗、地毯除臭、塑料内饰清洗护理、真皮座椅清洗、全车皮革养护、内饰消毒等
漆面美容	漆面失光处理、漆面划痕处理和喷漆
汽车防护	粘贴防爆太阳膜、安装防盗器、安装语音报警系统和安装静电放电器

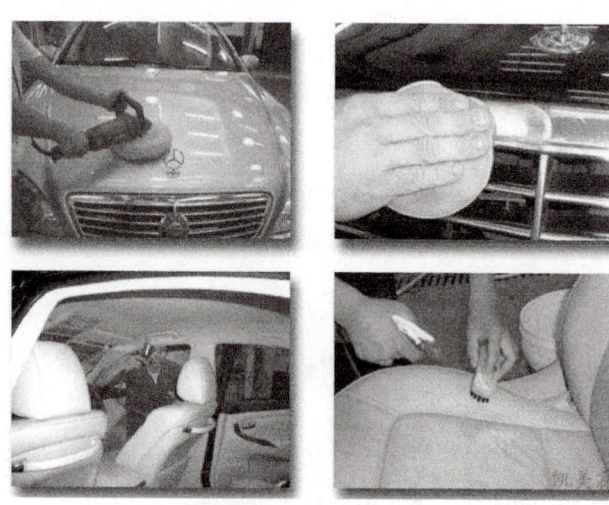

图 8-16 汽车美容

5. 汽车装饰

汽车装饰是指通过增加或者替换一些附属的物品,以提高汽车表面和内饰的美观性、实用性、舒适性。汽车装饰项目及内容见表 8-13。

表 8-13 汽车装饰项目及内容

项目	内容
新车装饰	全车贴膜、铺地胶、安装挡泥板、加装扶手箱、加装桃木内饰、加装轮眉、防撞胶条等
美观方便装饰	加装脚垫、附加头枕、转向盘套、手机支架、车内香水、座套或皮椅、变速杆头、车内的小挂件、车内摆件、装饰贴等

6. 汽车改装

汽车改装是指根据汽车车主需要,将汽车制造厂家生产的原形车进行外部造型、内部造型以及机械性能的改动,主要包括车身改装和动力改装两种。汽车改装项目及内容见表 8-14。

表 8-14 汽车改装项目及内容

项目	内容
外观改装	改装包围,更换转向盘、个性贴纸,轮胎、轮毂、仪表改装
性能提升	改装天窗、氙气灯、电动门窗

(续)

项　目	内　容
环保节能	在进气、点火、供油等系统上加装环保节能装置
影音系统	车载电视、CD、VCD、DVD、喇叭、功放、低音炮、显示器
先进的电子装置	倒车雷达、中央门锁、车载电话、自动天线、车载冰箱、胎压检测器、后视系统
防盗装置	防盗器、档位锁、转向盘锁等

7. 轮胎服务

更换轮胎、轮胎动平衡、四轮定位、快速补胎、专业补胎、轮胎充氮气。

8. 二手车经营

二手车翻新处理、二手车过户手续办理。

五、汽车保险

机动车辆保险是以机动车辆本身及其第三者责任等为保险标的的一种运输工具保险。其保险客户主要是拥有各种机动交通工具的法人、团体和个人。

机动车辆保险一般包括交强险和商业险。商业险包括基本险和附加险两部分。基本险分为车辆损失保险和第三者责任保险。附加险包括全车盗抢险（盗抢险）、车上人员责任险（驾驶人责任险和乘客责任险）、玻璃单独破碎险、划痕险、自燃损失险、涉水行驶险、无过失责任险、车载货物掉落责任险、车辆停驶损失险、新增设备损失险、不计免赔特约险等。

当前，机动车辆保险已成为我国财产保险业务中最大的险种。机动车辆保险已涵盖汽车危险事故的大部分，我国交通部已强制购车人员购买机动车辆保险，以保证在交通事故中，受害人正当权益得到保障。如交强险就是以保证第三方的权益为目的。

六、汽车配件与汽车运行材料

1. 汽车配件

汽车配件是构成汽车整体的各单元及服务于汽车的产品，包括发动机各大机构和系统配件、底盘各大系统配件、车身部件以及电气设备配件。

2. 汽车电子部件

汽车电子部件主要包括倒车雷达、车载免提、防盗系列、GPS 导航、汽车音响、车载影音、点烟器、汽车冰箱和汽车测试仪等。

3. 汽车保养美容装饰用品

汽车保养美容用品除了汽车养护工具，还有护理油（多功能润滑剂、链条润滑剂、齿轮润滑油等）、保护剂（皮革保护剂、持久轮胎保护喷剂、汽车底盘保护剂等、车蜡、清洁剂）、车蜡（仪表台清洁上光喷蜡、多功能护理抛光蜡等）、清洗剂（轮胎钢圈清洗剂、塑料无磨损清洁剂、万能内饰品清洗剂、强力油膜去除喷剂）等。

4. 汽车运行材料

汽车运行材料包括燃料（汽油、柴油、天然气、液化气）、内燃机润滑油（汽油机油、柴油机油、通用机油等）、齿轮润滑油（自动变速器油、齿轮油等）、制动液、冷却液、轮胎等。

 思考题

1. 汽车有哪些有害排放物？可采取哪些措施减少排放污染？
2. 汽车能源的消耗主要是指哪些？可采取哪些措施来减少能源的消耗？
3. 什么是交通事故？道路交通系统四要素是什么？
4. 简述汽车研发与制造过程。
5. 汽车试验的类型和方法有哪些？
6. 什么是汽车4S店、3S店？
7. 什么是汽车维修、保养、美容、装饰？
8. 世界上第一个研究交通安全的人是谁？

第九章 汽车时尚

学习目标

1. 了解汽车俱乐部的产生、发展和世界各国汽车俱乐部的业务范围。
2. 了解汽车展览会的作用和世界著名的汽车展览会。
3. 了解广告、电视、电影、期刊、网络与汽车的关系。
4. 了解老爷车、车模和邮票收藏的相关知识。
5. 掌握乘车礼仪、行车礼仪和停车礼仪。
6. 掌握汽车命名的原则，了解汽车命名和译名的规律和特点。

随着汽车工业的发展、技术的进步，人们生活节奏的加快，汽车已经成为人们的代步工具，成为人们生活的一部分，影响着人们的思维方式、交流方式及日常活动方式，提升着人们的生活品位，改变着人们的生活。

第一节 汽车俱乐部

汽车俱乐部是以会员制的形式，将社会上高度分散的汽车车主或驾驶人组织到一起，通过发挥规模效应和服务网络的优势，提供单车和小单位很难办到的一些服务，从而给会员带来诸多方便和实惠，而俱乐部本身也从会费中取得一定的经济效益。

汽车俱乐部所提供的产品是服务，服务分为生产型服务和生活型服务。生产型服务是指俱乐部为会员提供各种对车辆和车主本人的有关车辆的服务，其目的是为广大会员解决在使用车辆的过程中所产生的实际困难。生活型服务是以会员为主体的各种休闲、娱乐和交友服务。

一、汽车俱乐部的产生

1895年10月中旬，美国《芝加哥时报》在"车坛风云"专栏上发表了赛车运动员查尔斯·布雷迪·金格建议成立汽车俱乐部的一封信，成为车迷和驾驶人议论的热门话题。1895年11月1日，由《先驱者时报》主办的汽车大赛在芝加哥开幕，各国各地很多驾驶人都赶来参加比赛。其中，有60名驾驶人在一家酒店聚会，他们赞成金格的倡议而发起成立了美国汽车联盟，这是世界上最早的汽车俱乐部。1895年11月29日，美国汽车联盟召开第二次会议并通过了活动宪章，旨在利用报告会等形式向会员传授汽车工程最新技术，通报汽车大赛动态，并为他们提供紧急救援和法律咨询服务，以保障机动车会员的各种合法权益。同年11月12日，法国汽车驾驶人则以巴黎普拉斯·德罗佩拉大街4号作为活动总部，成立了法国汽车俱乐部。随后，欧美各国都相继成立了为车主和驾驶人服务的汽车俱乐部，使汽车融入了人们的交通生活。

二、汽车俱乐部的发展

随着私人购车比例的大幅度增加，私家车越来越多，车主在汽车使用过程中会遇到许多问题，如驾照年审、转籍过户、车辆的日常维护、修理、年审、事故处理以及缴纳养路费、车船税、办理车辆保险等。为了让车主摆脱这些烦恼，使得有车的生活真正变得轻松，服务于驾车人士的俱乐部不断涌现。

如今汽车俱乐部在很多国家已经形成一个非常大的行业。据统计，世界各国汽车俱乐部的会员总数至少2亿，其中规模最大的是美国。俱乐部不仅创造了大量的就业机会，而且每年的营业额也很可观。

三、各国汽车俱乐部介绍

1. 美国汽车协会（AAA）

美国汽车协会（American Automobile Association，AAA）是世界上最大的汽车俱乐部，成立于1902年，现有会员超过4 800万人。加入AAA很容易，既可以通过网站注册，也可以电话报名，费用由信用卡支出，不需要本人露面。初级会员年费在70美元左右，可得到的服务包括4.8km范围内的拖车、蓄电池充电、换胎、紧急送油、小故障排除、租车优惠、饭店及旅馆优惠等。如果多交60多美元，就可以成为高级会员，则可以享受较为"高级"服务，如320km免费拖车服务、一次免费租车、24h旅行和医疗援助；如遇交通事故打官司时，还可得到几百美元的律师费补偿等。

2. ADAC全德国汽车俱乐部

ADAC（图9-1）成立于1903年，现有1 500万会员，是一家企业化运作、非营利性、混合性的组织，拥有保险、空中救援、旅游、通信、汽车金融、汽车运动等领域的经营性公司18个。最基本的汽车救援等服务是以会员制的方式收取少量的年费，服务时不收费

图9-1　全德国汽车俱乐部 ADAC

或少收费。ADAC 也是 AIT（国际汽车旅游联盟）与 FIA（国际汽车协会）的双重会员。

3. 日本汽车联合会（JAF）

JAF（Japan Automobile Federation）成立于 1962 年，现有会员 1 720 万人，基本会费每年 2 000 日元。日本汽车联合会也公开称自己为公众组织，他们的宗旨是为增强驾车人的安全与提高安全意识服务，努力改善驾驶安全与公共交通环境与秩序。考虑到在 21 世纪，现在十六七岁的青少年，将是摩托化社会的骨干以及老龄化社会到来的现实，日本汽车联合会别具特色开发了面向个体会员、家庭会员、十六七岁的青少年，满足不同人群、不同需求、不同内容的服务，兑现了他们的服务宗旨。

4. 澳大利亚汽车协会（AAA）

AAA（The Australian Automobile Association）成立于 1924 年，由 8 个州和地区的俱乐部组成，现有会员 620 万人。协会的宗旨是让所有的成员保持汽车服务领域的世界一流水平；使命是提高驾车人对公共政策的影响力，推动会员有效地利用俱乐部。

5. 中国汽车俱乐部

中国汽车俱乐部（图 9-2）的发展从 1995 年开始。相对于国外的汽车俱乐部而言，规模不算大。目前，我国的汽车俱乐部主要有三种形式：第一种是以售后服务为目的的俱乐部，车主从经销商处买车，同时可以加入其组织的品牌车主俱乐部。如神龙富康的里程车会、通用别克的红彤车主俱乐部等。第二种是专业的车主俱乐部，以商业盈利为目的，车主可以根据自己的需要自由选择是否加入，如大陆汽车俱乐部、安吉汽车俱乐部、各地的越野者俱乐部等。这类汽车俱乐部的会员除了能享受各种优惠服务、专业服务外，还可以通过俱乐部组织的各类活动广交朋友、增长见识。第三种是车主自发成立以沟通维权为主的俱乐部，大都是通过网络联络而成立，比较成功的有宝来车友俱乐部等。

图 9-2 我国各种汽车俱乐部

第二节 汽车展览会

汽车承载着人们太多的梦想，而车展是人们距离梦想最近的地方。透过车展，人们可以更清晰地认识、了解和热爱汽车。通过车展，人们还可以看到汽车行业发展的前景和未来走向。

一、汽车展的作用和看点

最初，汽车展扮演了普及汽车知识和推动汽车工业发展的角色。现在，汽车展不仅仅

是一个人们可以参观全世界车型的盛会,也是整个汽车行业专家的集会场所。透过车展,不仅可以看到汽车厂商日趋激烈的竞争,同时可以感受到由于竞争给汽车产业带来的生机与活力。

汽车展的看点大体有三:一是看新车。汽车展是汽车厂商展示实力与推出新款的好时机。各国厂商推出新车的速度令人目不暇接。针对汽车消费者的不同需求及社会的不同要求,汽车制造厂商使出浑身解数,将信息化、数字化等高新技术应用在汽车领域,开发出不同价位、不同款式、不同功能以及动力性、经济性、安全性、舒适性、操控性等越来越好的汽车。令人不得不惊叹汽车设计师们的精妙构思和匠心独运。

二是看概念车。在车展中,展露天机、揭示未来的概念车总是人们关注的最大看点。每款概念车都有着其独特的概念元素,有着充满个性张力的车身造型和非常前卫的色彩。电动车、混合动力车、清洁能源等使用新燃料和新技术的汽车使人们看到了汽车为环保所做出的努力。

三是看模特。香车美人的绝配逐渐成为一种时尚、一种全新的促销手段。车模亮丽的面容、婉约动人的身段,与一辆辆名车一起构成完美的汽车展台。钢铁铸就的汽车与柔美婀娜的汽车模特的搭配,成为汽车车展的表现形式之一。无论是服饰设计、身体造型,还是内涵的表现,模特都用其特有的气质和魅力来凸现汽车的品质,彰显汽车品牌的形象。例如,一部跑车需要树立一个热情奔放、充满活力的形象;一部豪华轿车则以高贵、典雅形象为佳;而概念车则以抽象、前卫形象为合适;家庭用车以温馨、浪漫形象为主角;旅行车以自然、休闲的形象为重点。

拓展阅读

第一个车展

1894年12月11日至25日,在巴黎香榭丽舍大街产业宫举办了世界上最早的汽车展——世界自行车汽车博览会。有英、法等国家的9家汽车公司携带20多款新车参加展出,展品有自行车、摩托车、蒸汽机汽车和汽油汽车。历时15天的博览会给汽车销售创造了无限商机,参会的各家汽车公司都接到了不少汽车订单,从而使新兴的汽车展览行业引起了各界人士的高度关注。

二、国际著名车展

衡量某一车展是否为国际一流的主要依据是参展商的规模和级别,汽车展品的档次,首次亮相的新车与概念车的多少,展出面积,配套设施的先进性和完备性,主办方的服务质量,国内外媒体宣传报道量,观众数量和专业水平等。德国法兰克福车展、法国巴黎车展、瑞士日内瓦车展、美国底特律车展和日本东京车展被誉为当今国际五大车展。

1. 德国法兰克福车展

法兰克福车展是世界上规模最大的车展,有"汽车奥运会"之称。法兰克福车展的前身为柏林车展，创办于1897年，1951年移到法兰克福举办，每年一届，轿车和商用车轮换展出。后来法兰克福国际车展改为每两年举办一次，一般安排在9月中旬开展，为期两周左右。参展的商家主要来自欧洲、美国和日本，尤以欧洲汽车厂商居多。

2. 法国巴黎国际汽车展

享誉全球的巴黎国际汽车展（图9-3、图9-4）自1898年创办以来，直至1976年每年一届，以后每两年一届，是世界第二大汽车展。巴黎车展的展览时间一般在9月至10月，与法兰克福车展交替举办，展览地点位于巴黎市区。

作为浪漫之都的巴黎，它的车展如同时装展，总能给人争奇斗艳的感觉。法国的汽车设计一向以新颖独特著称于世，富于浪漫和充满想象力的法国人，总是在追求最别具一格的车型、风一般的速度和最舒适的车内享受，这些法国人的嗜好，都在巴黎车展中显露无遗。同时，巴黎车展也是概念车云集的海洋，各款稀奇古怪的概念车常常使观众眼前一亮。

图9-3 巴黎收藏汽车展

图9-4 概念车

3. 瑞士日内瓦车展

日内瓦车展创办于1924年，举办地在瑞士的日内瓦，是欧洲唯一每年度举办的大型车展。在五大车展中，瑞士是唯一一个没有汽车工业的国家。日内瓦车展每年3月举行，是各大汽车厂商首次推出新产品的最主要的展出平台，素有"国际汽车潮流风向标"之称。日内瓦车展每年能吸引30多个国家900多辆汽车参展，展览面积7万多m^2，面积虽然不大，却是生产豪华轿车的世界著名汽车生产厂家的必争之地。

4. 北美国际汽车展

北美国际车展创始于1907年，由底特律汽车经销商协会主办，因此最初称为"底特律车展"。1989年底特律车展更名为北美国际汽车展，每年1月办展。近年来，概念车在北美车展上所占的比例越来越高，每年都有40多家汽车厂商、700多辆新款概念车和生产车参加展览，是全球汽车工业的一个重要展示窗口。众多人被吸引到车展的原因，除了对汽车的兴趣外，还因为车展办得像个大的假日集会，吃喝玩乐，热闹非凡。近年来车展每年为底特律带来的经济效益平均在4.2亿美元以上。

5. 日本东京车展

东京车展（图9-5、图9-6）是世界五大车展中历史最短的，创办于1954年，逢单数年秋季为轿车展,双数年为商用车展,被誉为"亚洲汽车风向标"。东京车展具有鲜明的特点:日本本土汽车厂商出产的五花八门、千姿百态的小型汽车历来是车展的主角。同时,各种各样的汽车电子设备和技术也是展会的一大亮点。

图 9-5　东京车展日产展区

图 9-6　东京车展本田文化展区

三、国内著名车展

近年来,国内举行的车展有很多,几乎每个省份每年都要举行一定规模的车展。另外,各汽车厂家还在全国各地举行不定期的巡展,其中最有影响的车展是北京车展和上海车展,均为两年一届,两地间隔举行。

1. 北京车展

北京国际汽车工业展览会(Auto China,图9-7)是中国最有影响力的国际汽车展览会之一,每逢双数年6月间在北京中国国际展览中心定期举办,从1990年开始创办。Auto China 以其展品的科技前瞻性、创新程度备受业界及国内外观众的青睐。

2. 上海车展

上海车展(图9-8)创办于1985年,是中国最早的专业国际汽车展览会,逢单数年举办。2004年6月,上海国际汽车展顺利通过国际博览联盟(UFI)的认证,成为中国第一个被UFI认可的汽车展。从2003年起,除上海贸促会外,车展主办单位增加了行业权威性组织和拥有举办国家级大型汽车展经验的中国汽车工业协会和中国国际贸促会汽车行业分会,三家主办单位精诚合作,为上海车展从区域性车展发展成为全国性乃至国际汽车大展奠定了坚实的基础,确立了上海车展的地位和权威性。

图 9-7　北京车展

图 9-8　上海车展

第三节　汽车与媒体

汽车的诞生和普及，衍生出丰富多彩的汽车文化，这些都与各种媒体紧密相连。户外广告、广播、电视、电影、报纸、期刊等传播媒介由于汽车的出现而焕发出新的活力。

一、户外广告与汽车

汽车户外广告是城市的识别符号，又是城市经济文化的晴雨表。现在人们到一个新的城市，只要看看这个城市的汽车广告，就能感觉到这个城市的个性、居民的文化追求及繁荣程度。

1. 早期的汽车户外广告

早期的汽车户外广告设计简单，但因其形式新颖，在汽车销售中发挥着重要作用。

1900年，美国奥兹莫比尔汽车厂建成，奥兹父子在工厂门口树起了一块醒目的标志牌，上面写着"世界最大的汽车工厂"，来往行人纷纷驻足观看。这是历史上最早的汽车企业户外广告。

1914年，德国的奔驰和戴姆勒等汽车公司，先后在报刊或街头标志牌等媒体上推出宣传各自品牌的汽车广告，从此汽车广告席卷全球。

1925年7月，巴黎埃菲尔铁塔上展出雪铁龙汽车公司广告（图9-9），它由6种颜色、25万个灯泡组成了"CITROEN"字样，耀眼的光芒在巴黎的夜空显得格外明亮，夜间在30km外都可看到。这项电灯式汽车广告展出时间长达10年，被列入《吉尼斯世界纪录大全》。当年闻名全球的驾机独自穿越大西洋的查尔斯·里本，是凭借着这耀眼光芒的导航，平安登陆法国，一时被传为佳话。图9-10为车展上的雪铁龙展厅。

2. 现代的汽车户外广告

如今的汽车户外广告有了更多的表现手法，更富有创意。汽车户外广告不仅体现出人们思维的进步和科技的发展，而且成为城市的一道亮丽风景。

图9-9　1925年雪铁龙汽车公司广告

图9-10　雪铁龙展厅

福特在底特律推出的户外广告打造出飞驰的互动效果：将一个轮胎安置在广告牌中汽车的后轮上，让广告牌中的汽车能表演奔驰互动的效果，同时也安装了喷烟系统，让你远远地看到广告牌在冒烟，近看又仿佛看到车子奔驰的效果，乐趣无穷。

2004 年 10 月，2005 款 JEEP 大切诺基"开"上了纽约一座 30 层的大楼（图 9-11），以展示其越野的风格和豪放的气质，为即将发布新款大切诺基的销售代理权做广告宣传。

奥迪汽车的一则户外广告设计令人拍案叫绝。它以整个汽车为背景，以汽车的前照灯作为路灯的发射光源，巧妙地使汽车前照灯与路灯合而为一，旁边的奥迪车标深化了印象（图 9-12）。

图 9-11　大切诺基"开"上了大楼

图 9-12　奥迪汽车广告

3. 户外广告的宣传主题

汽车户外广告的宣传主题在不同时期、不同市场体现出不同的社会文化诉求。20 世纪 70 年代，由于石油危机的影响，日本汽车经销商们的广告以突出"节油"而获得成功；80 年代宣传主题是"生活方式"；90 年代变成了"提高生活质量"；21 世纪的广告主题则是"绿色环保"和"安全"。

4. 汽车车身广告

现在，公共汽车车身广告已经成为普遍的展现形式。汽车车身广告具有流动性大、覆盖面广、渗透力强的优点。

二、广播电视与汽车

1. 广播电视里的汽车

广播电视的发展，给汽车行业的发展提供了良好的宣传载体。因为其受众和传播范围的广泛性，其传播形式的生动性，不仅加速了汽车进入家庭的步伐，而且使汽车知识迅速得到普及。如今，专门的汽车广播电台、电视台和介绍汽车知识的广播电视专栏比比皆是，广播电视上的汽车广告铺天盖地。一些汽车公司在广播电视上投入巨大，使汽车公司及其产品的知名度、美誉度得到提升，使产品的销量上升、公司的品牌价值提高。

2. 汽车上的广播电视

最早的车载无线电收音机于 1922 年在一辆 Daimler 轿车上使用。广播电视在汽车上的应用，使汽车由一个普通的代步工具，发展成为一个流动的办公、休闲、娱乐场所。人们在旅途中能够欣赏到优美的电视画面、听到赏心悦目的音乐，同样可以听到各种创意的汽车广告。

公交移动电视（图9-13）于2001年首次出现在新加坡的1 500辆公交车上，之后，这种新的信息传播方式迅速普及。

图9-13 公交移动电视

三、电影与汽车

1. 电影里的汽车

香车美女、飞车追逐是好莱坞电影的经典模式，电影成了体现汽车性能并影响人的思维和观念的舞台。电影所产生的强烈的视觉冲击以及电影中偶像的举动往往能引起消费潮流，提升汽车品牌的价值。

真人版《变形金刚》将汽车与电影结合得天衣无缝，影片中的许多角色都由汽车来扮演。片中的汽车人摇身一变，成了吸引眼球的各款超级名车（雪佛兰、庞蒂克、悍马等）。导演为了拍摄这部电影，使用了数百辆汽车。

2. 汽车影院

汽车影院就是观众坐在各自的汽车里，通过调频收听和观看露天电影，它源于美国崇尚个人自由的汽车文化。1933年6月6日，美国新泽西州的Richard M. Hollingshead在自家后院创办了世界上第一家汽车电影院。随后，这种休闲娱乐方式随着汽车的普及风靡整个北美地区。

汽车影院的电影银幕采用全钢铸的大屏幕，观众坐在车内，在不同的位置都能看到清晰、逼真和稳定的图像。声音是从汽车音响中发出来的，观众的鼓掌声是按汽车喇叭。汽车影院作为汽车文化的一个标志，已经出现在了世界各地。

四、报纸期刊与汽车

无论是汽车文化、汽车知识的弘扬、传播和普及，还是汽车产品、汽车科技、汽车企业的信息报道等，报纸与期刊都起着重要的载体作用。

1. 报纸与汽车

1900年2月4日《底特律新闻论坛报》周日特刊版的大标题是"比马的速度还快的家伙飞驰过结了冰的街道"。文章中详细记述了"在零度左右的低温下，胆战心惊地乘坐第一辆底特律出品的汽车的感受"。报道预见到，马儿一定会被汽车取代。同年，美国另一家报纸《星期六晚邮报》登出全球第一份汽车广告。从此，各汽车企业都将报纸作为重要的产品宣传平台，汽车广告也成为报纸创收的重要来源之一。

我国专业的汽车报纸有《中国汽车报》《当代中国汽车》等。

2. 期刊与汽车

世界上第一份汽车刊物是法国人拉乌尔·布尤蒙于1894年12月1日在巴黎创办的《汽车杂志》月刊。英国的《汽车》周刊是迄今最高寿的汽车杂志，它问世于1895年11月2日，目前仍在出版。

中国汽车杂志的发展与中国汽车工业的发展同步。目前的汽车杂志包括消费类杂志和专业类杂志。消费类杂志是为了满足大众消费者对信息的需求而创办的，内容上多侧重于对汽车产品的介绍，大多设置有新产品介绍、产品测试、自驾游等栏目。我国销量较大的消费类汽车杂志主要有《汽车杂志》《汽车之友》《车主之友》等。专业类杂志相对注重内容的学术价值，偏重于汽车科研、整车和零部件相关市场及技术资讯等内容。业内有影响的专业杂志有《汽车工程》《汽车技术》《汽车维修与保养》《世界汽车》等。

五、网络与汽车

互联网凭借着传播速度快、信息量大等优势，为广大车迷展示出一个精彩的网上汽车世界。各种汽车网站不仅提供及时的车市信息、详尽的汽车新品介绍与点评，还有准确全面的价格动态、丰富实用的驾车知识、大量的维修技巧，以及互动精彩的汽车论坛。

在网络媒体的细分市场，出现了"汽车频道"这个新名词。主要门户网站的汽车频道有搜狐汽车、腾讯汽车、网易汽车、新浪车魔等。这些网站每天的浏览人数已远远超越单一的传统媒体的受众人数，社会影响力与主流舆论导向均达到举足轻重的地位。比较著名的汽车咨询网有中国汽车网、汽车之家、爱卡汽车网、中国二手车、购车网等。

第四节　汽车收藏

随着汽车越来越普及，以汽车文化为主题的收藏悄然兴起，成为当今收藏的又一热点。汽车收藏范围广泛，凡与汽车相关的物品都有收藏，包括老爷车、汽车模型，有汽车图片的挂历、台历、钱币、书签、扇子、卡通画、纪念册以及停车证等，甚至还有收藏过期汽车尾气合格证、年审证、临时牌照的，可谓五花八门。

一、老爷车收藏

最初的老爷车收藏者大多出于个人爱好，空闲时间开上老爷车出游是当时有钱人流行的生活方式之一。而现在，汽车市场的迅猛发展让收藏老爷车产生了经济回报（与新车相比，老爷车具有更强大的抵御贬值的能力，当老爷车度过了自己的第20个生日后，它的身价就会有一个飞跃），因此，越来越多的人开始在"老爷车"市场淘金。根据国际老爷车联合会（FIVA）的最新统计，欧盟每年老爷车产业市场有160亿欧元，从业企业9 000多家，员工总数5.5万人。每年从欧盟出口的老爷车，销售额达到33.5亿欧元。

伴随着汽车收藏的升温，很多国家早已拥有权威的老爷车协会，有成熟的交易平台，还有专门的老爷车价值评估机构以及专门介绍、传播老爷车知识的相关机构。老爷车在很多国家是合法上路的，一般两年检测一次，通过这个检测就可以拿到牌照。

在我国，虽然老爷车收藏刚刚起步，属于初级阶段，但已经拥有为数不少的老爷车迷。2009年，被称为"中国老爷车第一人"的河北省承德市的雒文有，在北京怀柔建成私人独资老爷车博物馆（图9-14）。该馆是全球唯一一家以中国国产品牌汽车为主要藏品的展览馆，馆内藏有古典汽车百余辆，包括几乎所有型号的早期国产汽车、部分国外车

第九章 汽车时尚 161

型，堪称一部实物版的中国汽车史。

二、车模收藏

汽车模型（图 9-15）是汽车收藏中人数和种类最多的一种。车模是完全依照真车的形状、结构、色彩，甚至内饰部件，严格按比例缩小而制作的比例模型。它有知识产权和收藏证书，有的还限量发行，通常比例有 1∶12、1∶18、1∶24、1∶43、1∶64、1∶72、1∶87 等。车模的用途是装饰居室、馈送和收藏，同时也是汽车厂家的广告和礼品。通过收藏汽车模型不仅可以提高生活品位，缓解工作压力，增加乐趣，同时还能增长汽车知识。

图 9-14 北京怀柔老爷车博物馆

图 9-15 汽车模型

> **拓展阅读**
>
> ### 世界上第一批车模
>
> 世界上第一批车模诞生于 1914 年，当时，美国福特汽车公司在销售新出品的 T 型车的同时，还赠送给购车者一个精致的 T 型车小模型，福特的本意纯粹是为了与通用汽车公司进行竞争。然而出人意料的是无心插柳柳成荫，这种被用于赠送的礼品车模一经问世，便很快受到爱车人士的青睐，各汽车生产厂继而争相效仿。

不同的收藏品可以体现主人的不同性格和爱好。车模收藏者的类型可以分为以下几种：①时尚先锋型。此类收藏者时刻关注国际车坛的风云变幻，如果对一款新车产生兴趣，他们便会寻觅这种新车的模型，渴望能够在第一时间拥有它。②经典怀旧型。此类收藏者只对汽车发展史上特别著名的经典车型感兴趣。③品牌专一型。他们是某个著名汽车品牌的忠实发烧友，拥有这个品牌历史上所有汽车的模型是他们的梦想。④爱国型。他们会购买各种类型的汽车模型，甚至连翻斗车和拖拉机也会收入囊中。他们的收藏只有唯一的标准：模型的原型只能是国产车。

在我国，专业从事仿真车模制造起步于 20 世纪 90 年代中后期，目前主要分布于沿海发达地区及北京、上海等大城市。95% 以上的制造商都是国外著名品牌在中国设立的独资生产企业，产品主要销往世界各地。近年来我国的汽车工业发展迅猛，特别是国内外汽车厂商合作生产下线的新车型层出不穷，各款限量开发制造的新型车模型也孕育而生，并作为汽车厂家馈赠贵宾和促销宣传的必备佳品流行于市，由此仿真模型车收藏逐渐在各地成为一种新的时尚。

三、汽车邮票收藏

汽车和邮票的结合，成为邮票王国中的一朵奇葩，深受集邮爱好者的追捧。汽车邮票的发展几乎与汽车的发展同步。汽车邮票这一方寸小纸展示着庞大的汽车世界，从一个侧面反映出汽车发展的历史进程，极具收藏价值。

1901 年 5 月 1 日，美国为纪念"新 20 世纪泛美博览会"的召开发行了一套名为《电动汽车》的邮票。邮票图案为在泛美博览会上展出的一台电动汽车，从此拉开了汽车驶入方寸之地的序幕。截至目前，全世界已有一百多个国家和地区发行了 5 000 多种以汽车为内容的普通、纪念、特种、航空等各种邮票。

我国第一枚出现有汽车画面的邮票，是中华邮政 1936 年为纪念中国邮政创办 40 周年而发行的纪念邮票的第二枚。该枚邮票图案的前景中有两辆用于邮政运输的汽车。新中国成立后，1956 年建成长春第一汽车制造厂。为展现我国在汽车制造方面的成就，1957 年 5 月 1 日原邮电部发行了《我国自制汽车出厂纪念》纪念邮票，一套两枚，其一为长春第一汽车制造厂的厂房外景，其二为该厂汽车总装配车间景象。1996 年 7 月 15 日发行的《中国汽车》特种邮票是新中国迄今为止唯一的一套全部以国产汽车为主图的邮票，可谓人见人爱。这套邮票（图 9-16）展示了"红旗轿车""东风

图 9-16　汽车邮票

中型载货汽车""解放轻型载货汽车""北京轻型越野汽车"等四种国产汽车的英姿，而且每一枚邮票都以汽车的整体外观形象为全图，主题突出，视觉冲击力强烈。在我国已经发行的 12 套新中国汽车邮票中，只有一枚邮票出现了汽车驾驶人的特写形象，就是 1978 年 3 月 5 日发行的《向雷锋同志学习》中第三枚《雨露滋润禾苗壮》纪念邮票，这个驾驶人就是雷锋。

第五节　汽车礼仪

礼仪体现一个人的修养和一个民族的素质。待人接物、穿着打扮、谈吐就餐等日常生活中处处充满着礼仪。随着汽车逐步融入人们的社会生活中，同汽车相关的各种礼仪也越

来越多地受到重视。

一、乘车礼仪

乘车文明从某种程度上体现着人们的生活质量和公德意识。乘车礼仪主要体现在车内座位的排列次序和上下车的次序上。

1. 乘车礼仪

不同的场合，应从不同的角度考虑座位的主次。在公务接待中，应从"安全"（后排左座最重要）、"视觉"（前排右座最重要）、"服务"（后排右座最重要）的角度考虑，如把握不好的话，可询问一下："您坐前排还是后排"。在现实生活中，还要从"受尊重""便于谈话"等角度考虑。

1）小轿车

① 专职驾驶人驾车。后排右座—后排左座—后排中间座—前排右座。

② 专职驾驶人驾车，领导配有秘书外出。领导坐后排右座，秘书坐前排右座；如彼此有事沟通时，秘书则坐在后排左座。

③ 主人亲自驾驶。前排右座—后排右座—后排左座—后排中间座。

④ 主人亲自驾车，坐客只有一人。应坐在前排右座。若同坐几人，中途坐前座的客人下车后，在后面坐的主要坐客应改坐前座。

⑤ 主人夫妇驾车时。主人夫妇坐前排，客人夫妇坐后排，男士要服务于自己的夫人，开车门时让夫人先上车，自己再上车；下车时，男士先下车，然后再让夫人下车。

⑥ 主人夫妇搭乘友人夫妇的车，男友人驾车时。男主人坐前排右座，女主人后排右座，或让主人夫妇都坐后排。

2）吉普车。无论是主人驾驶还是驾驶人驾驶，都应以前排右座为尊，后排右座次之，后排左座为末席。上车时，后排位低者先上车，前排尊者后上。下车时前排客人先下，后排客人再下车。

3）微型客车。微型客车一般座位为三排，车内的位次是中间为上，前后两端为下。即第二排的位置为上，第三排次之，最后一排（超过三排时）和第一排（前排乘员）居末。在同一排的两（三）个座位中，以右面的座位为尊。也就是说，第二排右座是全车中的首席。

4）旅行车。以驾驶人座后第一排为尊，后排依次为小。每排右侧为尊，往左侧递减。

2. 上下车次序

1）同女士、长者、上司或嘉宾乘双排座轿车时，应先主动打开车后排的右侧车门，请女士、长者、上司或嘉宾在右座上就座，然后把车门关上，自己再从车后绕道左侧打开车门，在左座坐下。

2）到达目的地后，若无专人负责开启车门，则自己应先从左侧门下车后绕到右侧门，把车门打开，请女士、长者、上司或嘉宾下车。

3）在上司或嘉宾上车时，应主动为上司或嘉宾打开车门。若是特别尊贵的客人，还应在打开车门的同时，礼节性地用另一只手护住车门的上沿，防止客人上车时碰到头部。

3. 女士上下车礼仪

1）女士上车时不要一只脚先踏入车内，也不要爬进车里。需先站在座位边上，把身体降低，让臀部坐到位子上，再将双腿一起收进车里，双膝一定保持并拢的姿势。

2）女士下车时应将身体尽量移近车门，立定，然后将身体重心移至另一只脚，再将整个身体移离车外，最后踏出另一只脚（如穿短裙则应将两只脚同时踏出车外，再将身体移出，双脚不可一先一后）。

二、行车礼仪

1. 正常行车礼仪

1）汽车应遵循靠右行驶的原则，各行其道，不随意变更车道。严格遵守交通法规，按照各种交通标志行车。

2）转弯时，应提前打开转向灯。不要随意按喇叭。喇叭仅仅在需要的时候用短暂而清脆的声音提示他人。在街道、安静的小区、校园等场合，不要使用喇叭提醒别人。

3）异常天气时多为路人考虑。雨雪天气要减速慢行。驾驶人在经过水坑的时候，要注意减速、避让，不要把水溅到路人身上。

4）让行人先行，不跟行人抢路。即使交通信号灯已经转变为绿色，驾驶人也应耐心等待行人横穿过马路。

5）对新驾驶人要多宽容。有的人对新驾驶人缺乏应有的宽容和理解，嫌新手开得慢，就在后面使劲按喇叭，或者跟得很紧，造成新手越发紧张。

6）在没有任何道路障碍的时候尽量不要压车行驶；路况好时，也不要飙车。

7）不酒后驾车，不疲劳驾驶，开车时不打电话、不吸烟。

2. 超车礼仪

1）左侧超车。

2）选择路段超车。超车时应该选择在路面平直宽阔、视线良好、左右无障碍且前方路段150m范围内没有来车的状况下进行。在繁华街道、交叉路口、隧道、窄桥、陡坡、弯道、狭窄以及积雪、结冰的道路上不要超车；雨雾或大风天气、视线不良、拖拉故障车等不要超车；不要超越正在超车的车辆。

3）超车应瞻前顾后。超车时一定要前后都要观察清楚，在确定前后方车辆无异常情况，鸣笛、打转向灯提醒前后方车辆自己要超车，然后再果断地全速超车。超车完成并线时，还要注意驶过必要的安全距离后，再回到行车道，以防止擦剐被超的车辆。

3. 会车礼仪

1）会车时要做到"礼让三先"：先让、先慢、先停。

2）尽量避免在窄桥、涵洞、急转弯或有障碍物的路段会车。

3）会车时，要预见是否从对面来车的后部突然出现车辆和行人等情况，并随时做好停车的准备。

4）夜间行驶时应打开前照灯。如果自己是头车，路面采光不好，可以用远光灯照明。会车时，应及时调到近光灯（图9-17），避免因强光眩目给对面车辆驾驶人造成驾驶障碍。

4. 让车礼仪

人让车，让出一份安全；车让人，让出一份文明；车让车，让出一份秩序。

1）让优先通行的车辆。

2）让行人。任何情况下，发现前方有行人时，都应减速礼让行人。在驾车方具有优先通行权时，减速礼让的同时可以鸣喇叭提醒行人避让。在单位院落、居民居住区内，机动车应当低速行驶，避让行人。遇大雨等坏天气，在乡村公路、小巷等狭小道路行车遇行人时，应减速让行人从较好的路面通过。

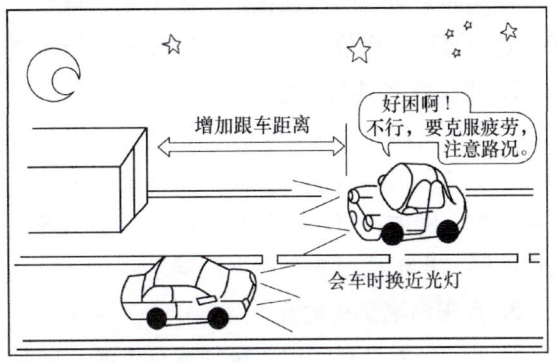

图9-17　夜间会车应及时调到近光灯

3）让公交。每一位行车者都应有公交优先的意识，自觉让公交车先行，以提高道路通行效率。

4）让急者。行车人遇后车闪灯、鸣喇叭欲超车时，应减速让超。

三、停车礼仪

1）停车时，要做到"三不堵"，即不堵他人车、不堵非机动车道、不堵在商店门口和小区出入口。

2）不要把车停在人行通道上，或占用已属于别人的车位，或堵住他车的出路。

3）不管车位是否拥挤，都应注意按车位线停车，或者与大家的停车方向保持一致。

4）不管车技如何，尽量与别的车靠近，以此让更多的车主能在有限的空间内找到停车的车位。如果实在没有车位，而又一定要短暂停留时，可在车上贴个条，写上自己的电话，告知需要时与你电话联系。

5）在夜间或遇风、雨、雪等天气时，如果需停车要打开示宽灯和尾灯，并靠路边停放。如果发生故障需要停车，还应在车后摆好三角停车标识牌，夜间开小灯或尾灯。

第六节　汽车命名

给汽车命名是一项点石成金的智慧性工作，不仅关系到汽车形象的塑造，而且也意味着汽车商战的胜败。因此，汽车的名字既能反映该款车的本质与特色，还必须在审美，心理情感及信仰推崇上征服消费者。

一、汽车命名原则

汽车命名应有名有形，以便于呼叫和记忆。如奔驰、宝马、雪铁龙，大气且通俗易懂，富有联想，读起来朗朗上口，而且显得铿锵有力。

1. 汽车命名符合身份

车辆的命名要能反映该款车的本质与特色。对于量产车应以简单好记的车名为最佳选择；对于具有纪念价值的车款，则比较适合取独一无二且不容易重名的车名。

2. 汽车命名具有个性

汽车命名需具有独特个性，消费者能够从众多的汽车名称中做出有效的识别。如果某种新车型的命名与其他车类似，则在推向市场后，消费者不好区分，甚至以假乱真，从而影响销售。例如：野马、烈马、奔马、小马等。如此多的马牌汽车在同一时期、同一地域销售的话，肯定会引起名称上的混乱。

3. 汽车命名具有内涵

汽车命名需具有文化韵味的深刻内涵。就是说汽车名称不仅要成为一个听觉信号、视觉图形，而且还要给人们以艺术上的享受。既能美化人们的生活，又能使汽车平添三分魅力。

二、浓缩文化的汽车命名

1. 神话传说

神话是历史的序幕，是文学艺术不竭的源泉。丰田的一种轻型载货汽车"戴娜"是希腊神话中的月亮女神；日本汽车"马自达"是源自西亚神话中一种创造铁器、车辆的文明之神阿费拉·马自达；美国通用汽车公司的"泰坦"是古希腊神话中的大力士。

2. 取意动物

动物充满活力，马、虎、豹、狮子、鹰都被汽车厂商采用过。如：通用汽车公司的凤凰、火鸟、云雀等，福特汽车公司的烈马、野马、雷鸟、眼镜蛇等，日产公司的猎豹、羚羊、蓝鸟等，德国大众的甲壳虫，意大利菲亚特的熊猫，阿尔法·罗密欧的蜘蛛等。

3. 象征和寓意

韩国的"现代"，比喻现代意识。丰田的"赛利卡"，日文意思为晴朗的天空，比喻驾驶的心情永远开朗。武汉冷藏机械厂的冷藏车"企鹅"，象征该车会产生企鹅生活的冰天雪地的环境。广汽本田的"雅阁"，容易让人联想到彬彬有礼的绅士；"歌诗图"，如歌、如诗、如画，容易让人联想到充满浪漫和诗意的奔放人生。

4. 借助山河地名

美好的河山为人们欣赏。德国大众公司的"桑塔纳"，是以美国加利福尼亚州一座常刮旋风的山谷（桑塔纳）而命名的；克莱斯勒公司的"切诺基"，原本是印第安人一个部落之名；日本的"丰田"，其开发产地在丰田县，类似的车名有黄河、太脱拉、伏尔加等。

5. 创建人名字

汽车工业早期，一般汽车公司都是以创建者的名字命名。如福特、克莱斯勒、劳斯莱斯、保时捷、法拉利、奥迪等。

6. 纪念名人

"林肯"之名取自美国总统林肯；"凯迪拉克"是为了向建立了底特律城的法国皇家贵族、探险家安东尼·门斯·凯迪拉克表示敬意。

7. 用户特殊

美国雪佛兰汽车公司为郊区用户设计的轿车命名为"郊区居民";为独行者设计的豪华轿车命名为"骑士";本田汽车公司专为普通百姓设计的大众化轿车,取名为"市民"。

8. 冠以高位

日产公司有"总统""公爵",克莱斯勒公司有"君主""男爵",凯迪拉克公司有"元首"。

9. 时代印记

南京汽车制造厂在 1958 年大跃进年代开发了第一辆轻型载货汽车,车名为"跃进"。类似的车名有一汽的"红旗",二汽的"东风""富康",广东的"三星"等。

10. 引进标志

江西汽车制造厂与日本五十铃公司的合作,车名为"江铃"。类似车名有"庆铃""长安奥拓""广州标致""五洋本田"等。

11. 数字、字母

1907 年意大利兰旗公司将他们生产的第一辆汽车命名为"阿尔法"(即希腊字母 α)。现已生产出"贝塔"(β)、"伽马"(γ)、"德尔塔"(δ)等。也有的用数字作汽车牌名,如美国通用汽车公司生产的"双六""九十八"等。

12. 心里、艺术、体育、奇异

日本本田公司的"民谣",法国的"桑巴舞",美国汽车公司的"马拉松",德国大众汽车公司的"水球",日本丰田公司的"短跑家"等,令人一目了然。美国的"幽灵",英国特洛斯公司的"精灵",本田公司的"小妖精"等,令人有种奇异的感觉。

13. 吸引买主

本田公司的"调和",体现公司的设计思想;丰田公司的"皇冠",象征着日本国产车的王位和高贵;再如大众公司的"新设计",日本三菱公司的"永久"等。

14. 人和车、车和环境的协调一致

1987 年日本日产汽车公司推出一种小巧、形似小轿车的货车,它左右后方为平面,上前方为圆弧。该公司给它起名叫"S—CARGO"。英文里 CARGO 本为载货、货车之意,但日产公司的解释是第一字母 C 代表 CONVENIENT(方便的);第二个字母 A 代表 ARTISTIC(艺术的);第三个字母 R 代表 ROMANTIC(浪漫的);第四个字母 G 代表 GREAT(名副其实的);第五个字母 O 代表 OH;S 是日文罗马字 SUTEKI(非常漂亮的)。合起来就是"非常漂亮、方便、富有艺术性和浪漫色彩、名副其实的汽车,哦,那就是我的货车"。表达了制造人对汽车的评价和赞美,并希望把这种看法推广到使用者心中。

三、汽车译名

1. 汽车译名方法

当一种牌号的汽车准备出口时,一定要选择另一种或几种语音的翻译名称。从某种意义上来说,这不亚于对汽车的命名。翻译家严复先生说过:翻译的标准是信(忠实于原文)、达(通顺畅达)、雅(有文化和美感)。基于这一原则,汽车出口商或进口商应该认真对待汽车的译名,在另一语言文化中创造出形神兼备的称谓。

1)意译。皇冠(Crown)、世纪(Century)、云雀(Skylark)等同于意译,它们字数少,朗朗上口,有文化韵味。

2)音译。如菲亚特(Fiat)、雷诺(Renault)、桑塔纳(Santana)等。

3)音意译结合。如奔驰(Benz)、标致(Peugeot)等。这种译法比单纯的音译好听也有意义。看到"奔驰"两个中文字,会立刻在脑海中浮现出一辆风驰电掣的"奔驰"牌轿车。

2. 文化差异

各国语言文化有差异,如中国人心目中的东风是温暖、有活力的象征,但世界上其他许多国家则以"西风"为吉,如英国的东风就是从欧洲大陆北部吹来的寒风,跟我国的西风、北风相似。因此中国的"东风"车出口时改称"风神"。

不少车名变化体现了我国大陆地区和港台地区文化的差异。如,Volvo本义是"滚滚向前",在大陆音译为沃尔沃,在台湾被称为富豪;再如标致与宝狮(Peugeot)、斯巴鲁与富士(Sabaru)、萨博与绅宝(Saab)等。

汽车趣谈

? 思考题

1. 什么是汽车俱乐部?汽车俱乐部所提供的产品是什么?
2. 目前我国的汽车俱乐部主要有几种形式?分别是什么?
3. 世界最大的汽车俱乐部是哪个?
4. 汽车展览的作用是什么?国际著名的车展有哪些?国内著名的车展有哪些?
5. 叙述乘车礼仪、行车礼仪和停车礼仪。
6. 汽车命名的原则是什么?举例说明浓缩汽车文化的车名。

第十章 现代汽车科技

> **学习目标**
>
> 1. 掌握汽车发动机新技术和安全新技术。
> 2. 了解节能环保新技术,熟悉智能运输系统。
> 3. 了解未来汽车材料的发展趋势。

现代汽车新技术层出不穷,有的已经得到了运用,有的还在实验阶段,有的则是对未来的探索。汽车新技术提升了汽车的动力性、经济性、舒适性、操控性、环保性、安全性等。信息、能源和材料等科学技术的进一步发展,为未来汽车的安全、节能、环保并向智能化、网络化等方向发展拓展了无限空间。汽车技术及未来汽车的发展趋势如图10-1所示。

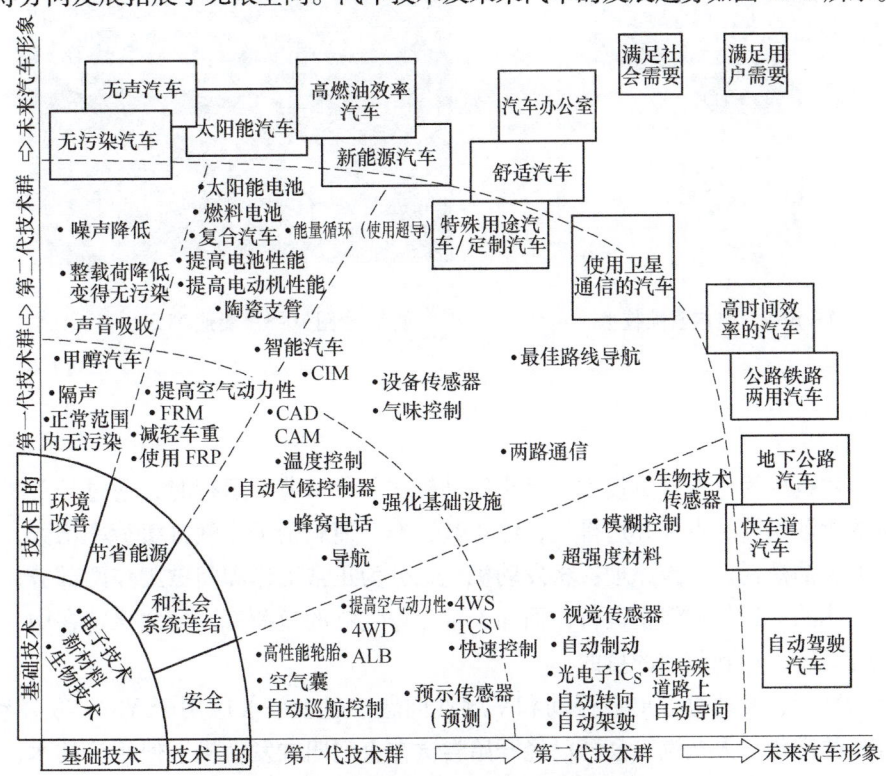

图10-1 汽车技术及未来汽车的发展趋势
(资料:21世纪汽车世界的高技术展望,世界贸易和工业部)

第一节　发动机和底盘新技术

一、直喷、分层燃烧和涡轮增压新技术

燃油分层喷射 FSI（Fuel Stratified Injection）技术是发动机稀燃技术的一种。FSI 具有以下特点：①稀燃。汽油与空气之比可达 1∶25 以上。②缸内直喷（图 10-2）。将燃油喷嘴安装于气缸内，直接将燃油喷入气缸内与进气混合。③在进气道中产生可变涡流，以最佳的涡流形态分层进入到燃烧室内。④火花塞周围形成浓混合气，混合比达到 12∶1 左右，外层逐渐稀薄。浓混合气点燃后，燃烧迅速波及外层。

TFSI（涡轮增压燃油分层喷射）是在 FSI 的基础上增加涡轮增压（Turbocharger）。TFSI 发动机（图 10-3）比 FSI 拥有更小的体积以及更出色的动力表现和节油优势。

TSI（涡轮机械增压燃油分层喷射）是在 FSI 的基础上增加一个涡轮增压器和一个机械增压器（Supercharger）。TSI 中的 T 是 Twincharger（双增压）的意思。

FSI、TFSI、TSI 技术的应用对于提升发动机功率、减少油耗、降低排放有十分显著的作用。

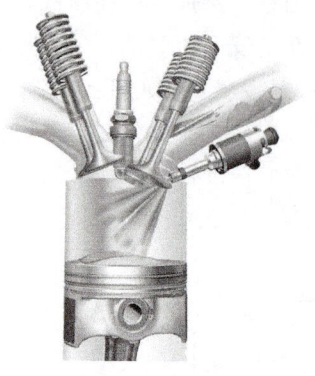

图 10-2　缸内直喷技术

图 10-3　奥迪 TFSI

二、断缸技术

断缸技术也称为可变排量技术，是指发动机在部分负荷下运行时，通过相关机构切断部分气缸的燃油供给、点火和进排气，停止其工作，使剩余工作气缸负荷率增大，以提高效率，降低燃油消耗。工作原理：将发动机气缸分为正常工作和间歇工作两部分，低负荷时使间歇工作的一组气缸停止运行，而加大常工作气缸的负荷率，使之保持在中、大负荷经济油耗区运转，达到节油的目的。

因为断缸后，发动机会出现振动和平顺性问题，过去一般应用于 V6、V8 发动机上。但随着科技的进步，大众汽车公司已经开始尝试在直列四缸发动机上使用该技术，并配合涡轮增压和缸内直喷技术，使 1.4T 和 1.2T 发动机更节油。

三、可变压缩比技术

可变压缩比技术（SVC，Saab Variable Compression）的技术核心就是在缸体与缸盖之间安装楔形滑块，缸体可以沿滑块的斜面运动，使得燃烧室与活塞顶面的相对位置发生变化，改变燃烧室的容积，从而改变压缩比，其压缩比范围可从 8:1～14:1 之间变化。可变压缩比的优点是适合多元燃料，有利于降低排放和提高运行稳定性。

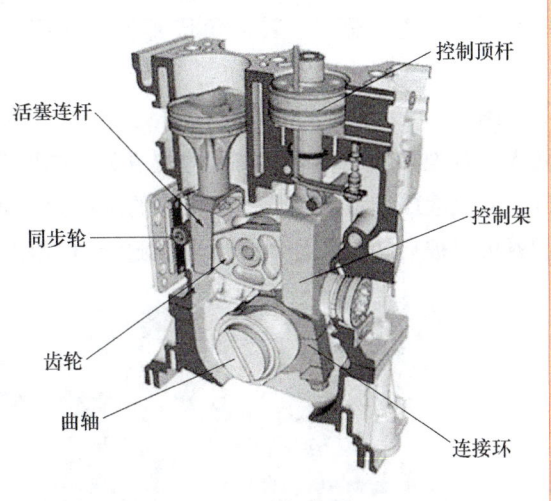

小知识： 智能可变压缩比技术（VCRi）

图 10-4 所示是标致雪铁龙集团 PSA 与宝马公司进行合作，发展出 SVC 的进化版本——智能可变压缩比技术（VCRi）。装备一台 1.5L MCE5 VCRi 发动机的标致 407 其所使用的可变压缩比技术将压缩比可以控制在 7.1～20.1 之间，油耗仅为 6.7L/100km，CO_2 的排放量为 158g/km，其最大功率为 162kW，最大转矩为 420N·m，达到了一些 V8 发动机（陆地巡洋舰 C200，4.7L V8，最大转矩 410N·m；奔驰 G500，5L V8，最大转矩 460N·m）所提供的转矩性能。

图 10-4 智能可变压缩比技术（VCRi）

四、CAN 总线技术

CAN 总线全称为"控制器局域网"（CAN—Controller Area Network），是德国博世公司为解决现代汽车中众多的电控模块（ECU）之间的数据交换而开发的一种串行通信协议。优点：①通过遍布车身的传感器，汽车的各种行驶数据会被发送到"总线"上，凡是需要这些数据的接收端都可以从"总线"上读取需要的信息。数据共享减少了数据的重复处理，节省了成本。②CAN 总线的传输数据非常快，可以达到 1Mbit/s，有效保证数据的实效性和准确性。③传统的轿车需要埋设大量线束以传递传感器采集的信号，而 CAN 总线技术的应用可以大量减少车体内线束的数量，从而降低了故障发生的可能性。

五、直接换档变速器（DSG）

DSG（Direct Shift Gearbox）也称双离合变速器（Double-clutch Gearbox），是机械式自动变速器（AMT）的一员。DSG 具有以下特点：①可以手动换档也可以自动换档。②比传统的自动变速器易于控制。③比手动变速器反应更快。④传递的转矩更大、效率更高。

第二节 安全新技术

一、汽车的主动安全装置

汽车的主动安全性是指事故将要发生时操纵制动或转向系统避免事故发生的能力，以及汽车正常行驶时保证其动力性、操纵稳定性、驾驶舒适性、信息性正常的能力。

1. 制动系统新技术

1) 电子稳定程序（ESP）。ESP（Electronic Stability Program）由控制单元 ECU、液压调节器、轮速传感器、转向角传感器、横摆角速度传感器和侧向加速度传感器等组成。ESP 整合了 ABS 和 ASR 的功能。当车辆处在各种不稳定状态下（在转向过度或转向不足等，图10-5），ESP 能够同时精确测量四个车轮的制动力，并按照每秒 25 次的频率检测驾驶人的行驶意图和车辆的实际行驶情况。如果车辆不按照转向意图行驶，ESP 就会迅速反应，通过液压调节器调节每个车轮的制动力；如有可能，还会干预发动机和传动系统，车辆就可以被"拉"回正确的行驶轨迹上（见图10-5）。

不足转向　　　　　　　　过度转向

图 10-5　ESP 工作原理

2) 制动力辅助系统（BAS）。BAS（Brake Assist Syste）如图 10-6 所示。在车辆行驶过程中全程监测制动踏板，正常制动时该系统并不介入，但当其侦测到驾驶人忽然以极快的速度和力量踩下制动踏板时，会被判定为需要紧急制动，于是便会对制动系统进行加压，以增强并产生最强大的制动力，让车辆及驾乘者能够迅速脱离险境。根据测试数据表明，拥有制动辅助系统的车辆比未装有该系统的车辆可少约 45% 的制动距离。

3) 发动机牵引力矩调整（EBC）。EBC（Engine Braking Control）也称 MSR，其作

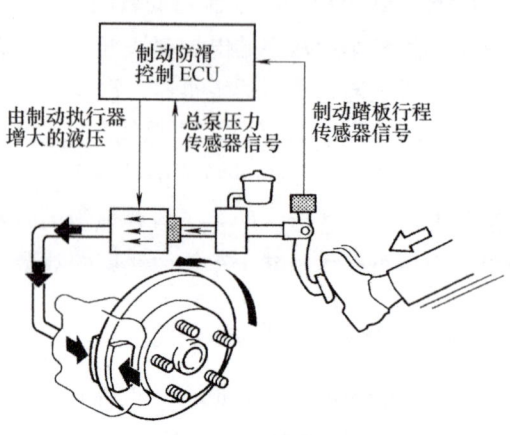

图 10-6　制动助力系统

用是防止发动机突然出现较大阻力后，如发动机制动时（加速踏板突然松开或者挂入低档时）出现驱动轮抱死。

4）<u>电子差速锁止（EDL）</u>。EDL（Electronic Differential Lock）的作用是当车辆处于附着力不同的路面时，通过对空转的车轮（单侧车轮打滑）施加制动实现车辆起步行驶。

5）<u>自动紧急制动系统（AEB）</u>。自动紧急制动系统的英文缩写为AEB（图10-7）。该系统可以通过雷达、超声波、摄像头等设备时刻侦测前方车辆，判断本车与前车之间的距离、方位及相对速度。

图10-7 自动紧急制动系统结构

AEB不同于自适应巡航系统ACC，并非舒适性辅助配置，而是紧急情况下发挥重要作用的主动安全装置。当探测到前方有潜在的碰撞危险时提前进行预警，仪表会主动发出影音报警，并辅助驾驶人施加制动。如果驾驶人没有采取任何制动措施，该系统还可以自动进行紧急制动，从而避免车辆碰撞或减小碰撞速度。

AEB作为一种汽车主动安全技术，主要由三大模块构成，分别是测距模块、数据分析模块、制动执行模块。模块的核心包括微波雷达、激光雷达和视频系统等，它可以提供前方道路安全、准确、实时的图像和路况信息。

汽车界最具权威的安全认证机构新车碰撞测试NCAP将AEB紧急制动技术作为五星级评价里的加分项目，没有配备该系统的汽车都不会从NCAP处获得五星级的安全认证。

2. 转向系统新技术

1）<u>电控动力转向系统（EPS）</u>。EPS（Engine Control Power Steering）也叫电控随速转向助力。其作用是在各种不同的速度状况下通过电控单元自动调整转向盘的操纵力。在低速行驶和车辆摆放时，驾驶人只需较小的力就能灵活地进行转向；在高速时，能自动调整使操纵转向盘的力加大。既提高了驾驶舒适性及转向灵活度，又能克服转向"发飘"的弊病，使驾驶操作时有显著的转向感，保证了高速行驶时的稳定性和安全性。EPS根据动力源不同可分为液压式 EPS 和电动式 EPS（图 10-8）。

2）**可变传动比（齿比）主动转向系统**。车轮的转向角与转向盘的转向角之比称为转向系统传动比，一般轿车的传动比是固定的，一般为 1∶12～1∶20。但是固定的传动比不是很理想，例如在原地掉头时，需要传动比小一点，这样转向盘就可以少转两圈；而高速行驶时，需要传动比大一点，保证车辆行驶的稳定性。可变齿比主动转向系统能在不同的情况下，将传动比在 1∶14～1∶22 之间进行调节，如宝马、奔驰轿车上配置有该装置。

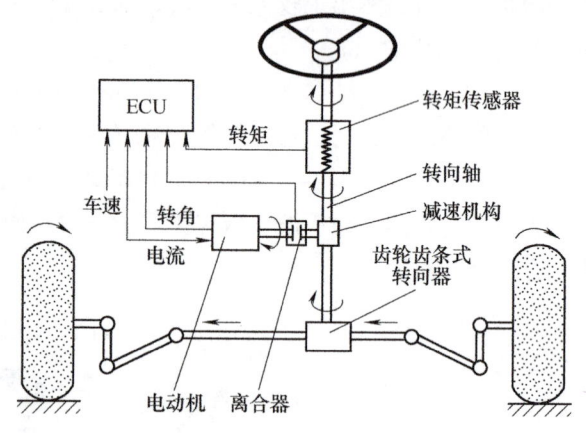

图 10-8 电动式 EPS

3. 行驶系统新技术

1）**自适应空气悬架系统（CDC）**。CDC（Continuous Damping Control）如图 10-9 所示，它通过调节悬架的刚度、减振器阻尼和车身高度，使悬架在不同的条件下具有不同的弹簧刚度和阻尼减振，防止汽车前倾、后倾等不稳定状态，从而满足行驶平顺性和操纵稳定性的要求，同时又能达到安全行驶的目的。

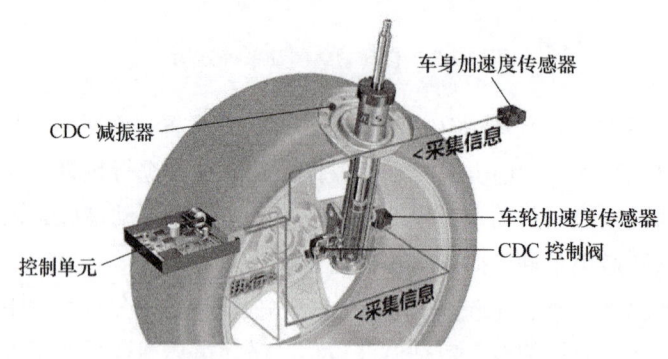

图 10-9 自适应空气悬架系统（CDC）

2）**自适应雷达巡航控制（ACC）**。ACC（Adaptive Cruise Control）系统（图 10-10）是定速巡航系统的升级品，是一种自动调节前后两辆行驶汽车之间距离和相对速度的辅助系统，也叫电子自动驾驶仪。ACC 由 ABS、ASR 和 ESP 及带信号处理和调节单元的雷达探测器组成。

ACC 系统通过自动提速、减速或制动而使车速自动与交通条件相适应。它可以认出前头跑得较慢的车，并通过自动（而非驾驶人主动）制动自行减低车速，以便与前车保持较安全的距离。如果前车速度改变时，该车的车速和距离也都相应地随之改变。当前方有足

第十章 现代汽车科技

够的安全距离时，车辆又会自动恢复初始的设定速度。

3) 驾驶模式选择系统。配置有驾驶模式选择系统的车型至少都有三种模式可以选择：舒适、自动、运动。一般的驾驶模式选择系统可以调节变速器的换档特征和转向盘的指向特征，复杂的可以调节发动机的动力输出以及悬架的特征。如果是越野车，还可以调节底盘的高低。例如奥迪 A5 轿车，可选装驾驶模式选择系统，该系统由可调运动悬架和动态转向系统组成。

图 10-10 自适应雷达巡航控制（ACC）

4) 轮胎压力监测系统（TPMS）。TPMS（Tire Pressure Monitoring System）如图 10-11 所示，它由轮胎气压传感器和轮胎气压监测模块组成。压力传感器周期性地测量实际轮胎气压，压力信息通过射频（RF）通信传送至轮胎气压监测模块，然后经由车身控制模块（BCM）将数据传送至组合仪表多功能显示屏（MFD）。这样驾驶人可方便地获取轮胎气压值，在轮胎气压不稳时，对轮胎气压进行调节。

4. 信息和照明系统新技术

1) 显示系统（HUD）。HUD（Heads Up Display）又叫平视显示系统，它可以把重要的信息，如车速、导航信息等映射在前风窗玻璃上，使驾驶人不必低头，就能看清重要的信息，从而避免分散对前方道路的注意力。

2) 主动转向前照灯（AFS）。AFS（Adaptive Front-lighting System）又叫作自适应转向前照灯系统（图 10-12），它能够根据汽车转向盘角度、车辆偏转率和行驶速度，不断对前照灯进行动态调节，以适应当前的转向角，保持灯光方向与汽车的当前行驶方向一致，确保对前方道路提供最佳照明从而显著增强了黑暗中驾驶的安全性。

图 10-11 轮胎压力监测系统（TPMS）

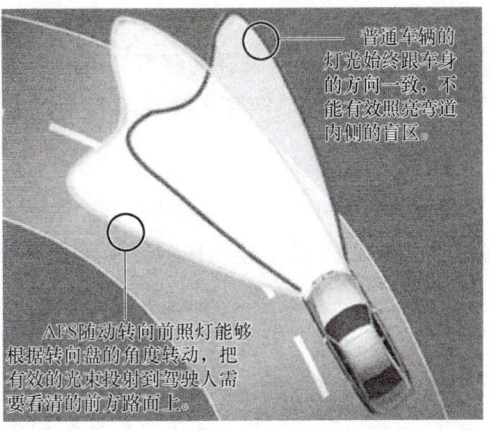

图 10-12 主动转向前照灯（AFS）

3) 电子感光防眩目后视镜。镜面由一面特殊镜子、两个光敏二极管和电子控制器组成。当强光照在后视镜上时，镜上的传感器把光信号传送给电脑，经过信号处理，控制电路会使镜面颜色变深，以吸收后车带来的强光，起到防眩目的作用。

4) 能够产生弯曲灯光效果的前照灯。当车速低于 70km/h 且已打开转向灯或转动转向盘时，就会有一个附加的前照灯打开。该附加前照灯将照亮汽车前面与行驶方向呈 90°的右侧或左侧区域。

5) 主动式弯道照明灯。借助一个电动机能够在 12°范围内转动，以便让驾驶人在转弯时能够看清前方弯道的路面。

6) 夜视系统。夜视系统通过车内的显示屏将车外看不清的障碍物显示出来，使驾驶人在黑夜里看得更远、更清楚。现在的夜视系统主要采用红外线技术或热感技术。

5. 汽车视野新技术

先进的汽车视野设计可以给驾驶人提供一个对路面和周围车道的无阻碍视野和最好的视见度。这种技术包括：

1) 眼位传感器。用眼位传感器测定驾驶人眼睛的位置，据此确定和调节座椅的位置。

2) 电动调节功能。电动机将座椅自动升降到最佳高度，并能自动调整转向盘、踏板、中央控制台，甚至地板高度，提供尽可能舒适的驾驶位置。

3) 摄像系统。安装在汽车上的摄像系统使驾驶人能够绕过大型车辆提前看到隐蔽处的汽车或行人，提供增强的侧方视野，并可以获得车后的全景视野。

4) 人机工程视野。人机工程视野是将人机工程特征和最佳的视野融为一体的系统。

> **拓展阅读**
>
> **Volvo YCC 的人机工程视野**
>
> Volvo YCC 的驾驶位置是通过对驾驶人身体扫描后所得到的数据确定的。这个位置以数字形式存储在钥匙单元中。坐进驾驶人座椅后把钥匙靠近中央控制台，座椅、转向盘、踏板、头枕以及安全带将会自动调整以适应你的个人体形，使你获得最佳坐姿和最佳视野。如果你的视野不正确，系统将通过小型全息摄影装置发出警报，一个"眼睛"标示将显示在风窗玻璃和车门间的 A 柱上。

5) 感应式自动刮水器。能通过雨量传感器感应雨滴的大小，自动调节刮水器运行速度，为驾驶人提供良好的视野，从而提高雨天驾驶的方便性和安全性。

6) 变道辅助系统。通过车外后视镜下方探头，可以更加准确和及时地探测到两侧盲区内的车辆。当车辆开启转向灯准备变道驾驶时，通过车内 A 柱位置或者是后视镜外壳内侧的提示灯亮启闪烁，来警示驾驶人在盲区内有其他车辆。

7) 自动泊车系统。自动泊车系统包含车头和车尾各四个传感器，以及左右两侧前轮轮眉上的两个 PLA 传感器，在车头两侧几乎 180°的位置各设计了一个雷达探头。运用超声波传感器扫描路面两侧，通过比较停车的空间和车辆的长度，自动寻找合适的停车位。

找到合适位置后，驾驶人就只需控制制动，加速踏板和转向盘都进入自动模式，转向盘在自动泊车系统的指挥下来回修整，很快便可将车停进停车位，并且液晶屏会有相应的显示。目前这一系统还只能支持侧方停车。

8）**车道保持辅助系统**。车道保持辅助系统能够防止由于驾驶人注意力不集中而导致车辆偏离行车路线。一旦感知和预测到车辆偏离车道，就会辅助操控方向盘使车辆回归原始位置（图10-13）。该系统只能暂时接管并控制车辆主动驶回原车道，不能完全替代驾驶人的工作，在操作车辆时仍需驾驶人时刻关注路面情况。

9）**交通标志识别系统**。在车辆的驾驶过程中，有的人会因为超速行驶而被罚款扣分，严重的还可能会引发交通事故，类似的事情相信各位并不陌生。现在广大车友们的福音来了，为了防止由于车辆超速出现的罚单和交通事故，汽车厂商研发了一种能够自动识别交通限速标志的新技术，即交通标志识别系统。这项技术可以通过安装在汽车风窗玻璃内侧的摄像头率先读取并识别道路旁的限速标志牌（图10-14），并迅速做出影音报警，以便提醒驾驶人及时减速。

图10-13　车道保持辅助系统工作情况示意图

图10-14　交通标志信号采集

二、汽车的被动安全装置

汽车的被动安全性是指事故发生时保护乘员和步行者，使直接损失降到最小，以及防止事故车辆火灾和迅速疏散乘客的性能。汽车的被动安全系统有**安全带、安全气囊、吸能式车体结构、安全转向柱、吸能转向盘、安全头枕、安全门**等。

> **拓展阅读**
>
> **防弹车**（bulletproof vehicle）
>
> 防弹车是指装有防弹钢板、防弹玻璃、防弹轮胎等，在受到袭击时仍然能继续行驶的汽车。对防弹车而言，它是一座活动的金属堡垒，使命就是为主人挡下致命的袭击。
>
> 一辆真正的防弹车，绝不仅仅是在普通汽车的车身上镶嵌钢板和玻璃那么简单，它是诸多行业（汽车、机械、材料、电子、通信等）先进技术的整合，并与日新月异

的军事、武器尖端科技的发展相伴随行。每一台防弹车根据其背负的使命,具备着不同的防御功能,除了能抵挡致命的枪弹、爆炸破片的袭击外,还可加装各类防护系统、先进的通信设备、电子干扰设备、主动攻击装备,从而将车辆变身为具备不同能量的豪华、安全、坚不可摧的移动座驾。

一辆完美的防弹车是一件能工巧匠精心制作的艺术品,它不仅有卓越的动力、匹配的车架车桥、出色的悬架、可靠的制动,而且在披上安全铠甲后,还能天衣无缝地复原其精致的内饰与各类先进装备。一辆顶级的防弹车必定是豪华汽车家族中的皇冠,亦是汽车制造领域的精品。

三、自动驾驶技术

自动驾驶汽车又称为无人驾驶汽车,是指通过车载传感器感知道路环境,以此自动规划行车路线并控制车辆安全行驶的汽车。

自动驾驶汽车是多个学科领域的技术整合,总体来说可归纳为环境感知、路径规划和运行控制三大系统。首先利用车载传感器来感知车辆周围的环境,然后将监测到的道路实况、车辆位置以及障碍物等信息进行运算处理,最后通过各个执行器来控制车辆的速度、方向和路线,从而使车辆能够安全、可靠地在道路上行驶。

目前汽车自动驾驶技术大致可分为两类。一类是无人驾驶系统,主要强调的是机器驾驶,使用人工智能驾驶体系来完成对车辆的全部控制。另一类是高级辅助驾驶系统,其主要功能并不是完全控制汽车自动行驶,而是预先为驾驶人判断有可能会发生的危险并及时进行影音警告,使驾驶过程更加便捷舒适,从而提高安全性能。

不同组织对自动驾驶汽车的等级划分标准也各不相同。美国国家公路交通安全管理局(NHTSA)把自动驾驶汽车分为五个级别,而美国机动车工程师学会(SAE)的标准是把自动驾驶汽车分成了L0~L5共六个级别。两者的L0、L1、L2的分类都是相同的,不同之处在于NHTSA的L4被SAE细分为L4和L5。我国各个科技公司和车厂大都采用的是SAE标准:

L0—完全人类驾驶。

L1—辅助驾驶。增加了预警提示类的ADAS功能,包括车道偏离预警(LDW)、前撞预警(FCW)、盲点检测(BSD)等功能。

L2—部分自动驾驶。具备了干预辅助类的ADAS功能,包括自适应巡航(ACC)、紧急自动制动(AEB)、车道保持辅助(LKA)等。

L3—有条件自动驾驶。具备了综合干预辅助类功能,包括自动加速、自动制动、自动转向等。

从L2到L3发生了本质的变化,L2及以下还是由人来观测驾驶环境,需要驾驶座上有驾驶人,遇到紧急情况下直接进行接管;L3级及以上则由机器来观测驾驶环境,驾驶人不需要坐在驾驶座上手握方向盘,只需要在车内或车外留有监控计算机即可,在紧急情况下通过计算机操作进行认知判别干预。

L4—高度自动驾驶。没有任何人类驾驶，可以无方向盘、加速踏板、制动踏板，但限定区域（如园区、景区内）或限定环境条件（如雨雪天、夜晚不能开）。

L5—完全自动驾驶。是真正意义上的无人驾驶阶段，驾驶人位置无人，也没有人在车内或车外的认知判别干预，无方向盘、加速踏板、制动踏板，实现了全区域和全功能的自动驾驶。

自动驾驶汽车最基本的技术架构由车载系统和云端系统组成，是机器视觉、计算机、通信、导航定位、模式识别以及智能控制等多门前沿学科的综合体。按照自动驾驶汽车的技术模块划分，主要包括环境感知、导航定位、路径规划以及决策控制等（图10-15）。

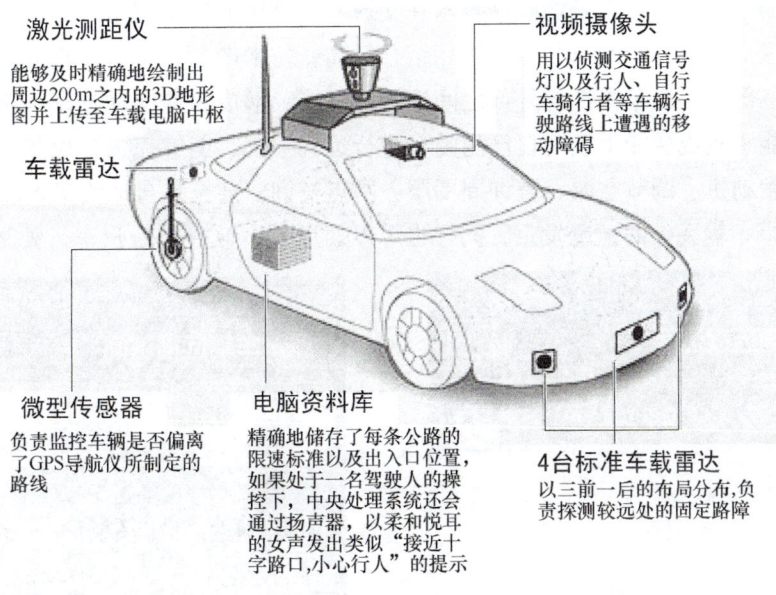

图10-15 自动驾驶汽车结构

环境感知模块相当于自动驾驶汽车的眼睛和耳朵。自动驾驶汽车通过激光雷达、毫米波雷达、视觉摄像头等传感器来辨别车辆周围的环境信息，为其行为决策提供参考数据。

自动驾驶汽车在行驶过程中最重要的是首先要知道自身处在什么位置上，只有这样才能知道如何前往目的地。自动驾驶汽车的导航定位模块用于确定自动驾驶汽车其自身的地理位置，是自动驾驶汽车的路径规划和任务规划的支撑。

路径规划模块是自动驾驶汽车信息感知和智能控制的桥梁，是实现自主驾驶的基础。路径规划的任务就是在具有不确定障碍物的行车环境中按照一定的评价标准，寻找一条从起始位置到达目的地的无碰撞路径。

决策控制模块相当于自动驾驶汽车的大脑，其主要功能是依据感知系统获取的信息来进行判断，进而对下一步的行为进行决策，然后对车辆进行控制。决策控制模块的功能核心包括行为决策、动作决策和反馈控制。最后，这些信号会传送给CAN-BUS，由车辆的执行结构来完成动作。

四、车联网技术

如今的汽车已经不再是一个单一的交通工具,越来越多的科技元素逐渐体现在各厂商的新款车型中,车联网已经和物联网一样成为许多汽车厂商和用户共同关注的领域。

车联网(IOV)是物联网在汽车领域的一个细分应用,2013 年 8 月 27 日,由中国汽车工程学会发起成立的"车联网产业技术创新战略联盟"在北京正式成立。根据车联网产业技术创新战略联盟的定义,车联网是以车内网、车际网和车载移动互联网为基础,按照约定的通信协议和数据交互标准,在车-X(X:车、路、行人及互联网等)之间,进行无线通信和信息交换的大系统网络,是能够实现智能化交通管理、智能动态信息服务和车辆智能化控制的一体化网络,是物联网技术在交通系统领域的典型应用。

智能网联汽车是智能汽车与互联网相结合的高新技术产品,它通过集成多种通信技术将汽车内部各部件、汽车内部与外部之间连接成网络,形成智能网联汽车系统。广大车主可以通过智能手机或智能手表对自己的爱车进行远程控制,能够完成车辆状态查询、开关车门、预热发动机、调节空调、查询周围服务网点查询,甚至是自动泊车入库等功能(图10-16)。如果车辆丢失的情况发生,同样也可以通过 App 软件查看汽车行驶路线,第一时

图 10-16 车辆远程控制界面显示

间找到自己的爱车。车辆远程控制的最终目标就是无须人们亲自坐到驾驶室里，而在家中就可以控制汽车行驶，这一技术可以使车主远在千里之外也能远程控制车辆。

第三节 节能环保新技术

节能环保新技术包括以下几个方面：①改善发动机结构，提高发动机的动力性、经济性和排放性能。②在汽车上安装排气净化装置，减少发动机有害排放物的产生或将有害排放物进行转化。③开发绿色能源汽车，即开发节约能源、对环境污染极小或是零排放的汽车。新能源汽车主要包括天然气汽车、液化气汽车、醇类燃料汽车、电动汽车、混合动力汽车、太阳能汽车等。

一、代用燃料汽车

1. 压缩天然气（CNG）汽车和液化石油气（LPG）汽车

天然气是一种高效、清洁、价廉的燃料和化工原料，是继煤和石油之后的第三大能源。天然气被世界公认为是最为现实和技术上比较成熟的车用汽油、柴油的代用燃料。天然气主要成分是甲烷（CH_4），抗爆性好，使用安全、方便，与空气混合更均匀，燃烧更完全。与汽油车相比，天然气车辆各种排放物均明显减低。

液化石油气（LPG）具有热值高，热效率高，燃烧充分，排气中CO，HC和硫化物含量低等优点。液化气汽车燃料费仅是汽油的一半，而且发动机寿命长，冷起动性能好，运行稳定，为许多汽车生产厂家所看中。

以压缩天然气或液化石油气为燃料的出租汽车和公共汽车在我国城市中已获得推广应用。

2. 醇类燃料汽车

醇类燃料汽车是利用醇类燃料［甲醇（CH_3OH）和乙醇（C_2H_5OH）］做能源驱动的汽车。醇类燃料可以与汽油或柴油按一定比例配制成混合燃料，亦可以直接采用醇类燃料作为发动机的燃料。与汽油相比，醇类燃料具有较高的输出效率。由于燃烧充分，有害气体排放较少，属于清洁能源。

甲醇主要从煤和石油中提炼，若形成规模生产，成本不高于汽油。乙醇一般利用谷物和野生植物生产，成本较低。目前，西方一些国家开始使用醇类燃料与汽油掺混使用，掺混比例在5%~15%时可不更改发动机结构。

3. 氢燃料汽车

氢燃料与天然气、汽油比较具有以下特点：①氢气的单位质量低，热值高。②氢内燃机易于实现稀薄燃烧，提高经济性，同时可以降低最高燃烧温度，大幅度地减少NO_x的排放量。③氢自燃温度较高，燃烧速度快，有利于提高压缩比，提高热效率。④点火能量很低，因此具有良好的起动性。⑤氢气在空气中的扩散系数很大，因此氢气容易和空气混合形成均匀的混合气。⑥有害排放物少。氢气燃烧的主要产物是水，不产生CO及HC，但会产生一定量的NO_x。

4. 煤液态燃料和阳光燃油

利用煤合成生产的煤液态燃料称为 CTL（Coal to Liquid），利用天然气合成生产的天然气液态燃料称为 GTL（Gas to Liquid），利用生物质合成生产的生物质液态燃料称为 BTL（Biomass to Liquid）。

阳光燃油（Sun Fuel）又称为生物质液态燃料，可分为生物柴油、生物汽油等。生物柴油是以大豆、油菜籽等油料作物，林木及其果实，藻类水生植物以及动物油脂等原料制成的生物液态燃料。德国奔驰、宝马、大众和奥迪等汽车公司均生产使用生物柴油的汽车。德国对生物柴油实行免税政策。

二、电动汽车

电动汽车（Electric Vehicle）是指以蓄电池或燃料电池为动力、在市区街道或城间公路上行驶的用电动机驱动的汽车。电动汽车由电力驱动系统、电源系统和辅助系统等三部分组成。典型的电动汽车组成如图 10-17 所示。

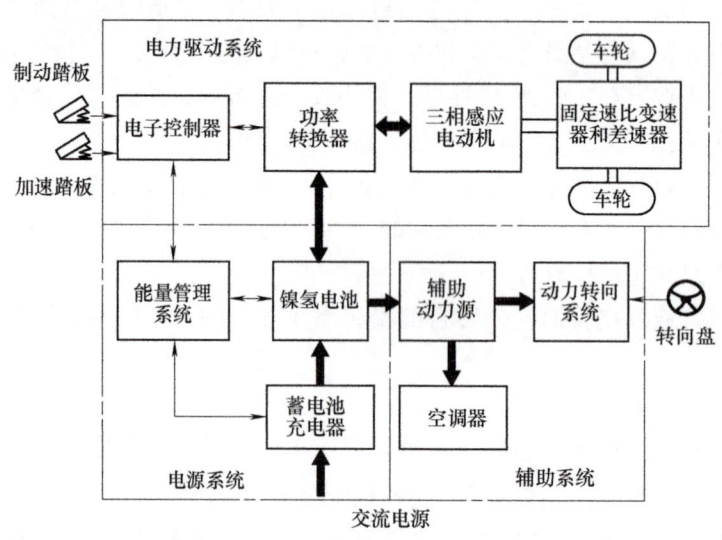

图 10-17 典型的电动汽车组成框图
双线—机械连接　粗线—电气连接　细线—控制信号连接
箭头—电功率或控制信号的传输方向

电动汽车有如下优点：①行驶时为零排放。②能源有效利用率高。电能可以来源于风能、水能、热能、太阳能等多种方式，也可以利用深夜的剩余电力，从而提高了发电设备的利用率。③振动和噪声小。④结构简单，维修使用方便。缺点是纯电动汽车一次充电续驶里程短、成本高、充电时间长。

三、氢燃料电池电动汽车

氢燃料电池电动汽车（图 10-18）采用的电池是质子交换膜燃料电池（PEMFC）。氢燃料电池的原理是把氢输入燃料电池中，氢原子的电子被质子交换膜阻隔，通过外电路从负极传导到正极,成为电能驱动电动机,质子却可以通过质子交换膜与氧化合为纯净的水雾排出。

氢燃料可以是气态也可以是液态,可以从天然气、甲醇、丙烷、石油或碳氢化合物"重整"产生氢。氢气储存方式目前主要采用高压钢瓶来储存液态氢。还可采用高压-超低温技术来保持氢气呈液态,或采用储氢合金或纳米技术材料储存氢气。

氢燃料电池的特点:①在燃烧时比汽油的发热量高。②无污染,只有水排放。③无噪声,无传动部件。④起动快,8s 即可达全负荷。⑤属于二次能源。因此氢能汽车具有广阔的应用前景。推广氢能汽车需要解决三个技术问题:一是大量制取廉价氢气的方法;二是解决氢气的安全储运问题;三是解决汽车所需的高性能、廉价的氢供给系统。

图 10-18 氢燃料电池电动汽车

氢燃料汽车技术

四、混合动力汽车

混合动力汽车一般采用传统的内燃机和电动机。根据混合动力驱动的联结方式,混合动力系统主要分为以下三类:

1)串联式混合动力系统。串联式混合动力系统一般由内燃机直接带动发电机发电,产生的电能通过控制单元传到电池,再由电池传输给电动机转化为动能,最后通过变速机构来驱动汽车。这种动力系统在城市公交上的应用比较多,轿车上很少使用。

2)并联式混合动力系统。并联式混合动力系统有两套驱动系统:传统的内燃机系统和电动机驱动系统,适用于多种不同的行驶工况,尤其适用于复杂的路况。

3)混联式混合动力系统(图 10-19)。混联式混合动力系统的特点在于内燃机系统和电动机驱动系统各有一套机械变速机构,两套机构或通过齿轮系,或采用行星轮式结构结合在一起,从而综合调节内燃机与电动机之间的转速关系。与并联式混合动力系统相比,

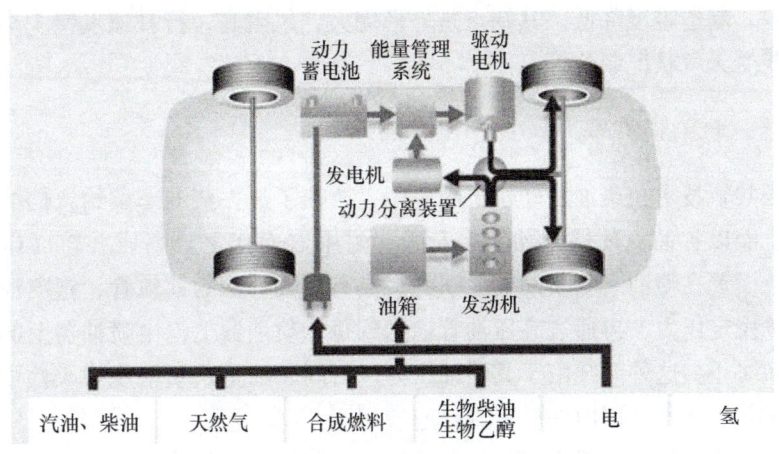

图 10-19 混合动力汽车

混联式动力系统可以更加灵活地根据工况来调节内燃机的功率输出和电动机的运转。

> **拓展阅读**
>
> **普锐斯混合动力汽车**
>
> 普锐斯采用的是混联式联结方式。在起步或低速行驶时,汽车仅依靠电力驱动,此时汽油发动机关闭,车辆的燃油消耗量是零;当车辆行驶速度升高(一般在40km/h以上)或者需要紧急加速时,汽油发动机和电动机同时起动并开始输出动力;在车辆制动时,混合动力系统能将动能转化为电能,并储存在蓄电池中以备下次低速行驶时使用。节能方面:普锐斯厂家给出的标准油耗仅4.7L/100km。环保方面,普锐斯刷新了各国最苛刻的汽车环保性能基准。

五、太阳能汽车

太阳能汽车(图10-20)一般有六个基本的组成部分,有驾驶控制系统、电器系统、传动机构、机械系统、车身和底盘、太阳能电池板。

太阳能汽车的优点:①无污染,无噪声。②太阳能电动车耗能少,只需采用3~4m^2的太阳电池组件便可使太阳能电动车行驶起来。③易于驾驶。无须电子点火,只需踩踏加速踏板便可起动,利用控制器使车速变化,不需换档、踩离合器。④结构简单,除了定期更换蓄电池以外,基本上不需日常保养。⑤没有内燃机、离合器、变速器、传动轴、散热器、排气管等零部

图10-20 太阳能汽车

件,结构简单,制造难度降低。其缺点是外形庞大,风阻高,行驶速度慢,车辆制造成本高,运行性能受天气状况制约等。

六、高压共轨柴油轿车

电控高压共轨技术在柴油发动机上的应用,改变了过去柴油车留给人们的冒黑烟、噪声大的印象,而以省油、环保、劲大、安静、耐用取而代之。高压共轨(Common Rail)技术是用一个设置在喷油泵和喷油器之间的、具有较大容积的共轨管,把喷油泵输出的燃油蓄积起来并稳定压力,再通过高压油管输送到每个喷油器上,由喷油器上的电磁阀控制喷射的开始和终止。这种系统由于其喷油压力、时间、油量及喷油规律柔性可调,性能优越。现在高压共轨技术在国内外已得到普遍应用。

与汽油机相比柴油机有很多优势:①排放少。柴油车比汽油车的CO_2排放量少20%~30%。②能量转化率高、省油。柴油燃烧时具有40%~45%的能量转化率,汽油则只能达

到 30%~33%。③动力性好。转矩更大，除卡车外，柴油机尤其适合 SUV 等多功能、越野车。④使用寿命远远超过汽油机。⑤振动和噪声远较传统的柴油机低。⑥维护成本低，二手车残值高，柴油便宜。

第四节　汽车新材料

随着汽车技术的发展，汽车的功能日益完善，汽车的结构越来越复杂。为满足汽车节能、环保、安全、舒适的要求，实现轻量化、高强度、高性能的目标，构成汽车的材料也发生了巨大的变化。

通常按照材料的成分，将汽车材料分为金属材料和非金属材料两大类。随着汽车技术的发展，复合材料、纳米材料将在未来汽车上获得广泛应用。

一、新型结构材料

1. 铝及其合金

铝合金已经成为仅次于钢材的汽车用金属材料。铝合金主要用于制造发动机缸体、活塞、进气支管、气缸盖、变速器壳体、轿车的骨架、车身、座椅支架、车轮等部件。

2. 镁合金

镁在地壳中的含量丰富，在海水中也含有大量的镁，绝大多数的镁是以镁合金的形式应用，镁合金具有密度小、比强度高、刚性好、抗冲击和抗振动性能好、加工性能好、散热性能好和屏蔽性能好等优点。镁合金比铝合金轻 30%，绝对强度接近于铝合金，比强度高于铝合金和钢，是汽车仪表板、方向盘、转向器导柱和座椅支架等的理想材料。

3. 钛合金

钛的密度为 $4.6g/cm^3$，仅是铁的 1/2，但强度和硬度超过了钢，且不易生锈。钛合金的主要成分为 6% 的铝、4% 的钒和 90% 的钛。用钛合金铸造的汽车发动机部件更轻、更坚固和更耐腐蚀，钛合金车身可以承受更大的作用力。

4. 工程塑料

工程塑料用于汽车可实现轻量化和节能，且可回收和循环利用。目前，六大类的塑料，PP、PUR、PVC、ABS、PA 和 PE 在汽车上得到了广泛的应用，通常用于制造车身覆盖件、车门槛、车身内外装饰件和散热器面罩、保险杠和车轮护罩等。

5. 陶瓷材料

由于陶瓷本身具有的特殊力学性能以及对热、电、光等的物理性能，陶瓷材料，特别是特种陶瓷在汽车上的应用日益受到人们的重视。陶瓷轴承、发动机涡轮增压转子等零部件具有耐高温、耐腐蚀、高速运转时离心力小、运转温升低等优良性能，可在高速、高温、腐蚀、无润滑等苛刻工况下正常运转，使用寿命大大延长。我国已成功研制钛酸铝陶瓷-铝合金复合排气管、氮化硅陶瓷柴油机涡轮增压转子和球轴承等汽车部件。

6. 复合材料

复合材料是一种多相材料，是由有机高分子、无机非金属和金属等原材料复合而成。

1)玻璃纤维增强树脂复合材料,又称玻璃钢(图10-21),其具有以下优点:①耐腐蚀、绝缘性好。②有良好的可塑性,对模具要求较低,对制造车身大型覆盖件的模具加工工艺较简易,生产周期短,成本较低。③强度高,有利于降低车辆的整备质量。应用有轿车车身覆盖件、客车前后围覆盖件和货车驾驶室等零部件。

2)碳纤维增强树脂复合材料是目前强度最大的复合材料,其具有与玻璃纤维增强树脂复合材料一样的优点,可用于制造赛车的传动轴、制动盘、悬架系统、车身覆盖件等零部件。

二、新型功能材料

1. 稀土材料

稀土永磁电动机(图10-22)、发电机比传统电励磁起动机、发电机的效率提高10%~20%。稀土永磁起动机除了具有传统起动机所具备的力学特性外,还具有体积小、重量轻、结构简单和运行可靠等优点。小功率稀土永磁发电机在车辆上也获得了广泛的应用。

图10-21 玻璃钢车身的首款印度超跑 Avanti

图10-22 稀土永磁电动机

使用汽车废气净化催化剂是控制汽车废气排放、减少污染的最有效手段。汽车废气净化催化剂,早期使用普通金属Cu、Cr、Ni,它们催化性差,起燃温度高,易中毒。其后采用Pt、Pd、Rh等做催化剂,具有活性高、寿命长、净化效果好等优点,但价格十分昂贵。

2. 纳米材料

纳米技术将在汽车上的结构材料、节能、环保等方面获得广泛的应用。

1)纳米陶瓷轴(图10-23)已经应用在奔驰等高级轿车上,使机械转速加快、重量减小、稳定性增强、使用寿命延长。

2)纳米汽油是一种利用现代最新纳米技术开发的汽油微乳化剂,纳米汽油可降低油耗10%~20%,可降低废气中有害气体含量50%~80%。

3)纳米润滑剂(图10-24)是采用纳米技术改善润滑油分子结构的石油产品,它不对任何润滑油添加剂、稳定剂、处理剂、发动机增润剂或减磨剂等产生不良作用,只是在零件金属表面自动形成纯烃类单个原子厚度的一层薄膜。由于这些微小的烃类分子间的相互吸附作用,能够完全填充金属表面的微孔,最大可能地减小金属与金属间微孔的摩擦。由于金属表面得到了保护,减小了汽车部件的磨损,使用寿命成倍增加。

4)纳米增强塑料是在塑料中填充经表面处理的纳米级无机材料蒙脱土、$CaCO_3$、SiO_2

等，这些材料对聚丙烯的分子结晶有明显的聚敛作用，可以使聚丙烯等塑料的抗拉强度、抗冲击韧性和弹簧模量上升，使塑料的物理性能得到明显改善。增强增韧塑料可以代替金属材料，可以大幅度减轻汽车重量，可以用于汽车上的保险杠、座椅、翼子板、顶篷盖、车门、发动机舱盖、行李舱盖以及变速器箱体、齿轮传动装置等一些重要部件。

5）纳米阻燃塑料是将纳米级无卤阻燃复合粉末阻燃剂添加到聚乙烯中制成的阻燃塑料。纳米阻燃塑料具有热稳定性高，阻燃持久，无毒性等优点，消除了普通无机阻燃剂由于添加量大对材料力学性能和加工材料污染环境带来的缺陷，可以取代有毒的溴类、锑类阻燃材料，有利环境保护。

6）抗紫外线老化塑料是将纳米级的 SiO_2、ZnO 等无机抗紫外线粉体混合填充到塑料基材中制成的塑料。这些填充粉体对紫外线具有极好的吸收能力和反射能力，因此这种塑料能够吸收和反射紫外线，比普通塑料的抗紫外线能力提高 20 倍以上，能有效延长其使用寿命。

7）抗菌塑料是将无机的纳米级抗菌剂利用纳米技术充分地分散于塑料制品中，可将附着在塑料上的细菌杀死或抑制生长。纳米级抗菌剂是以银、锌、铜等金属离子包裹纳米 $CaCO_3$、TiO_2 等制成。无机纳米抗菌塑料加工简单，广谱抗菌，24h 接触杀菌率 90%，无副作用，可以用在车门把手、方向盘、座椅面料、储物盒等易污部件。

图 10-23 纳米陶瓷轴风扇

图 10-24 科研人员给改装车加注纳米球固体润滑剂

思考题

1. 燃油分层喷射 FSI 的特点是什么？FSI、TFSI、TSI 三者的相同点和不同点是什么？
2. 什么是主动安全性？主动安全技术包括哪些？它们的作用分别是什么？
3. 什么是被动安全性？被动安全技术包括哪些？它们的作用分别是什么？
4. 压缩天然气（CNG）汽车和液化石油气（LPG）汽车各有哪些优点？
5. 汽车代用燃料有哪些？
6. 混合动力系统主要分哪几类？混合动力有哪些优点？
7. 汽车有哪些新材料？